Philippe Lévy

DÉCODEZ VOTRE SEXUALITÉ

Vers un accomplissement relationnel et sexuel

Préfaces de
Christian Flèche
& Margot Anand

Le Souffle d'Or
5 allée du torrent - 05000 Gap (France)
www.souffledor.fr

Illustration couverture : Marie Loiseau
Illustrations intérieures : Pike
Dessins techniques : Céline Dessaigne
Photocomposition : A' Prim / Fouras (17)
Impression et façonnage : Louis-Jean / Gap (05)

Dépôt légal : avril 2007
ISBN 978 2 84058 310 3

Le Souffle d'Or

5 allée du torrent - 05000 Gap (France)
www.souffledor.fr

Table des matières

Je dédie cet ouvrage,

à tous les chercheurs et trouveurs mus par un désir intérieur de transmettre leur savoir,

à mes parents et ancêtres,

aux enfants de ma vie,

à toutes ces personnes qui, par le partage de leur essentiel et de leur vulnérabilité, m'ont permis de mieux comprendre l'expérience humaine,

à la Vie.

Avertissement

Ce livre aborde un sujet très controversé : la sexualité. Ce qui y est écrit ne représente en aucun cas une autorité ou un dogme de quelque nature que ce soit. Je souhaite humblement aider le lecteur à réfléchir sur ses propres conditionnements.

Certains éléments de ce livre pourront paraître dérangeants ou choquants ; rappelons-nous que notre façon de *recevoir* les mots et les idées dépend en grande partie de notre histoire de vie. C'est pourquoi j'invite le lecteur à se faire aider autant que nécessaire d'un ou d'une thérapeute ayant la connaissance et la pratique professionnelle et personnelle de ce sujet. Ce livre propose l'exploration d'espaces spécifiques de soi mais n'a pas pour objectif de remplacer une démarche thérapeutique déjà existante.

Remerciements

Je remercie toutes les personnes qui ont participé à l'élaboration de cet ouvrage et, plus particulièrement, Yves Michel, éditeur et homme persévérant pour sa vision et la justesse de ses critiques, Margot Anand et Christian Flèche pour leurs préfaces et leurs conseils, Marie-José Dal Zotto pour son soutien et ses commentaires, Salomon Sellam pour ses encouragements, Claudine Heitzmann et Patrick Chevalier pour leur disponibilité et leurs corrections, Céline Dessaigne pour son enthousiasme, la qualité de ses dessins techniques et de ses recherches documentaires, Pike pour ses illustrations et Laurence Heitzmann pour son exigence rédactionnelle, la pertinence de ses questions et son accompagnement inconditionnel durant tous ces mois de gestation et d'accouchement de cet ouvrage.

Préface

de **Christian Flèche**

Vous pouvez changer d'avis ! Oui, il est encore temps de reposer ce livre et de ne pas saisir l'opportunité de changer.

Lire n'est pas anodin, c'est comme inviter un ami à la maison, dans son espace intime et créateur. Un ami inconnu et qui vous veut du bien. Tel sont Philippe et ce livre d'anges heureux et sans ciel autre que vos yeux.

Ouvrir ce livre, cheminer en compagnie de Philippe, c'est prendre le risque de la conscience, oui, de grandir en conscience. Et une fois que l'on sait... plus de retour en arrière, vers l'ignorance, ne sera possible ! Vous allez comprendre, sentir, vous connaître et vous rencontrer d'une nouvelle façon. De nouvelles facettes de votre être vont vous apparaître pour jaillir en pleine lumière. Je vous aurai prévenu. Mais apaisez-vous : tout cela est pour le meilleur ! Plus de santé et de bonheur intérieur.

Le décodage biologique est né dans les années 90 ; c'est une approche très jeune du vivant. De nombreux thérapeutes, formateurs, conférenciers, écrivains, œuvrent chacun dans son domaine : l'un peaufine les phrases des ressentis conflictuels de chaque symptôme, l'autre les liens entre ancêtres et maladies quand le troisième œuvre sur décodage et hypnose, décodage et actes symboliques, décodage et folie, et psychanalyse, et gisant, et comportements animaliers... La liste va s'élargissant.

L'apport de Philippe depuis de nombreuses années est placé sous le signe de la générosité et de la pratique.

Générosité dans son ouverture à tout ce qui peut aider l'être humain à se rencontrer en conscience donc en santé.

Générosité à transmettre, sans économiser son énergie, sous forme de conférences, d'ateliers, de supervisons, d'articles, de consultations,...

Et pratique. Car c'est là que se trouve sa signature et se déploie son envergure : les Bio-Protocoles. En effet, si de nombreux formateurs de talents savent **témoigner** de leur expérience, Philippe sait **donner de** l'expérience autour de lui, à ses patients, stagiaires, lecteurs. Chacun ainsi va pouvoir **s'approprier** le propos biologique et en tirer ses conclusions personnelles basées sur sa propre expérience. Et cela est tellement respectueux du rythme de chacun. Subséquemment, l'intention de l'auteur ne peut être de plaire à tout le monde, voie rendue impossible par l'indéniable et permanente projection de l'être humain égaré dans une galerie de glaces que certains appellent les jeux du transfert. Son intention est simplement de manifester et de vous rendre profitable sa maturité professionnelle.

Le décodage biologique dès son origine fut une révolution dans le monde de la thérapie. Philippe apparaît lui-même comme un révolutionnaire dans le monde du Bio-décodage. Et ce livre : une révolution dans le parcours de Philippe ! De rêves en révolutions, c'est l'évolution. Car *Décodez votre sexualité* vous conduira à redéfinir votre sexualité et plus, votre énergie, vos conditionnements, vos projets.

Pour vous préparer, voici un nouveau protocole que m'a inspiré la lecture de ce livre :

1 : Soulevez le drap pudique de vos préjugés.

2 : Enfoncez-vous sous la couette des douces confidences de votre inconscient et...

3 : Réconciliez-vous sur l'oreiller avec toute votre histoire.

4 : Et puis réveillez-vous !

Ce livre est à lire sur un cheval lancé au galop ! Attentif au paysage et à vos sensations, une partie de vous tournée vers l'extérieur, une autre vers l'intérieur. Un œil va lire les lignes de ce livre pendant que l'autre lira votre propre histoire.

Car vous avez là l'opportunité de... mais chut ! Plus de promesse... à vous de vous faire votre idée et cela à partir de vos expériences de *Lecteur – Acteur* de ce livre...

Christian Flèche

Préface

de **Margot Anand**

La passion et la logique nous semblent habituellement contradictoires. L'une, spontanée, intense, envahissante, incontournable, est pourtant porteuse du sens profond de l'être. L'autre, linéaire, sensée, avançant pas à pas dans le développement rationnel de l'analyse nous permet pourtant de séparer la réalité des faits des projections émotionnelles qu'ils suscitent.

L'apport original du livre de Philippe Lévy est qu'il nous permet de voyager dans un univers où la passion a sa logique, et la logique est si clairement et précisément exprimée, qu'elle nous inspire la passion de vouloir comprendre le sens de ce qui, par définition, reste un mystère : l'amour sexué.

En lisant *Décodez votre sexualité*, j'ai soudain eu envie de tout remettre en question. De tout mieux comprendre. De remonter à la source de ma vie. Il m'a soudain été démontré que l'inconscient peut être « conscientisé » et peut être porteur d'un sens révélateur. J'ai découvert dans ce livre que chaque mot, chaque geste, chaque événement de ma vie est relié à une histoire qui peut être décodée, comprise, transcendée.

Décodez votre Sexualité soumet notre développement sexuel à l'examen microscopique du Décodage Biologique. Tenant compte d'une vaste expérience et d'une recherche approfondie et passionnée dans de nombreux domaines aussi bien médicaux, scientifiques, didactiques, que transpersonnels et spirituels, Philippe Lévy démonte les nœuds, révèle les secrets, illumine les confusions et nous inspire à devenir, comme lui, détective et chercheur, décodant patiemment chaque aspect, chaque élément de nos pulsions sexuelles.

Tout en procédant pas à pas, ce livre nous offre une multitude quasi holographique de sens qui reflètent encore d'autres mystères, d'autres significations plus profondes, jusqu'à tisser une exquise tapisserie de l'origine de la passion humaine.

À travers cet ouvrage, l'auteur nous guide vers l'éveil du corps, du cœur et de l'esprit. Il nous amène à nous poser la question du « pourquoi » et du « comment » de notre sexualité, depuis son origine, jusqu'à son aboutissement. *Décodez votre sexualité* est un « livre guide », la cartographie d'un territoire mystérieux qu'on nous invite à « décoder » étape après étape.

Ce que j'apprécie particulièrement dans la démarche de Philippe Lévy, c'est qu'il a lui-même fait l'expérience directe de ce dont il parle. Cette introspection intime de tous les aspects de la question nous emmène dans une aventure comparable à celle d'un détective à la recherche d'indices permettant de réussir son enquête. Une enquête qui va aboutir à l'orgasmique joie de l'union !

Cette enquête pourrait s'envisager comme un voyage. Chaque chapitre pourrait être traité en un mois. Imaginons un collectif de recherche autour du thème : *Décodons notre sexualité*. On pourrait envisager une réunion mensuelle qui traiterait à chaque fois d'un chapitre différent. Et chaque personne ferait, pendant un mois, le décodage de chacun des aspects décrits dans le livre. Un travail à la fois privé et personnel ; accompagné d'un thérapeute et partagé avec tous les membres du groupe. Certaines personnes pourraient sans doute être choquées à l'idée de se révéler ainsi dans le plus intime de leur histoire. Philippe Lévy et moi co-animons depuis plusieurs années une formation annuelle et j'ai souvent trouvé qu'aborder ces thèmes intimes dans le cadre d'un groupe pouvait nous aider à dépasser notre complaisance et à confronter notre « ombre ». Cette confrontation n'est-elle d'ailleurs pas la condition même de notre guérison et de notre épanouissement ?

Quoi qu'il en soit, *Décodez votre sexualité* n'est pas un livre qui se lit, c'est un livre qui se vit !

Margot Anand

Introduction

Comment définir la sexualité ?

Qu'est-ce que la sexualité ? Vaste sujet... Quelques minutes de jouissance hebdomadaire ou mensuelle volées au quotidien ? Stimulation, frottement, agitation, coït, éjaculation, orgasme ? Oui, tout cela. La sexualité c'est aussi l'étreinte, la caresse, la pénétration, le regard, le cri, l'extase de deux corps l'un dans l'autre. Enfin et surtout, c'est une histoire d'énergie, celle contenue dans tous nos échanges, dans notre amour de la vie et dans nos espaces de créativité physique, sexuelle, émotionnelle et intellectuelle.

La sexualité touche tous les niveaux de notre être ; naissant dans les organes génitaux, elle imprègne chacune des parties de notre corps. Elle est le fondement même de notre vie, de la Vie. C'est grâce à elle que tous nous sommes là. Bien sûr parce que nos parents, nos grands-parents, nos arrière-grands-parents et ceux qui les ont précédés se sont unis un jour... mais aussi parce que cette énergie sexuelle est la source essentielle de notre énergie de Vie.

La sexualité commence bien avant notre première relation sexuelle et nous concerne tous. Elle est de nature archaïque. Pourtant, peu de personnes osent aujourd'hui encore vraiment en parler ; ce sujet demeure tabou dans de nombreuses familles et s'avère bien souvent délicat à aborder en thérapie, tant du côté du patient que de celui du thérapeute.

Nous appréhendons souvent l'ambiguïté de notre sexualité. Source de plaisir, fonction reproductive ou relationnelle, abondante ou absente, elle est dans bien des cas au cœur de malentendus et de non-dits générateurs de problématiques. Plus que toute autre fonction, notre sexualité parle de nous, de nos peurs et de nos croyances. Elle nous dévoile en révélant les bases de notre construction affective et sexuelle.

Objectif de ce livre

Grâce aux dernières recherches en neurobiologie et en sexologie, grâce également aux apports pratiques du Décodage Biologique des maladies, ce livre propose de nous aider à mieux comprendre le sens de notre vie. De la conception à la vieillesse, chaque étape de développement est une opportunité de visiter les fondements de notre sexualité ; de mettre à jour nos besoins sensoriels, affectifs et sexuels non satisfaits, abusés ou malmenés pour ensuite les réintégrer dans notre vie d'adulte. C'est ainsi que des éléments de notre sexualité restés figés dans certaines phases de notre développement vont pouvoir reprendre leur processus de maturation pour un meilleur accomplissement relationnel et sexuel.

Ce livre se veut concret et pratique et a pour objectif de nous aider à mieux comprendre, accepter et vivre nos choix et pratiques sexuels. Et quels que soient ces choix (homosexualité, hétérosexualité, bisexualité...), à pouvoir en percevoir les limites et les ressources afin de nous épanouir au sein d'une relation satisfaisante.

Chaque information n'est pas seulement théorique mais a pour vocation de nous permettre de comprendre quelque chose de nous-même. À cette fin, de nombreux protocoles serviront à explorer et à travailler notre conscience sexuelle.

Quelques explications sur la construction des chapitres de la seconde partie

Après avoir abordé quelques pré-requis dans la première partie de cet ouvrage, les chapitres de la seconde partie seront l'occasion d'un voyage intérieur et feront place au questionnement, comme un fil menant à l'infiniment précis et détaillé de soi.

Les informations théoriques

Chaque chapitre apportera des informations permettant d'accéder à de nouvelles ressources. La conscience de soi est une perception subjective qui se modifie au fur et à mesure de notre connaissance du Je. Il est plus difficile de décrire notre vécu subjectif en l'absence d'informations, c'est pourquoi des questions seront là pour vous aider à focaliser votre attention et vous laisser revivre cet enfant ou plutôt ces enfants (fœtus, nourrisson, enfant, adolescent...) à l'intérieur de vous.

Notre construction personnelle s'est faite à partir d'adaptations successives à des situations spécifiques, un climat relationnel, que nous avons vécus au plus profond de nous-même. Sur ces adaptations, nous avons empilé des croyances, des stéréotypes et des comportements.

Par définition, une généralité n'est pas vraiment modifiable : « Tous les hommes sont ceci, toutes les femmes sont cela, je n'y arriverai jamais, etc. ». C'est en rentrant dans le spécifique qu'il sera possible de réorganiser votre ressenti. Chaque chapitre sera donc l'étude d'un élément précis de votre construction sexuelle et pourra, je l'espère, permettre de mettre à jour des ressentis nouveaux sur le chemin de votre développement personnel et relationnel, voire thérapeutique.

Les indices physiques, comportementaux, sexuels...

Les *indices* sont des expressions de l'inconscient biologique ; des occasions que l'inconscient saisit pour se manifester dans notre conscient. Pour chaque thématique seront donnés quelques possibles qui ne doivent en aucun cas être pris au pied de la lettre ! Les listes proposées ne se veulent donc pas exhaustives.

Idées reçues, stéréotypes ou croyances

Ce sont des pensées restrictives que nous avons reçues de façon consciente et inconsciente et que nous avons tendance à transmettre et à pérenniser à cause :

- d'un manque d'informations : « Mes parents ne m'ont jamais parlé de sexualité »,
- ou de mauvaises expériences : « Ne parlons plus de l'incident avec mon oncle... »,
- ou d'une éducation fondée sur la peur : « Les hommes ne sont jamais là quand il faut »,

- ou de l'ignorance : « Il est dangereux de faire l'amour quand on est enceinte ».

En les étudiant, vous pourrez peut-être décider d'en remettre certaines en question ou, tout du moins, de vous laisser approfondir le sujet. Listes également non exhaustives. Vous trouverez des croyances de différents types :

- Les croyances au sujet des relations, et notamment au sujet du sexe opposé : « Les femmes sont toutes... Les hommes sont tous... ».
- Les croyances à propos de l'éducation des enfants, de la famille.
- Les croyances sur l'argent. En gagner, en avoir beaucoup, être pauvre, trop dépenser...
- Les croyances sur les professions, sur le statut social : les *mauvaises* professions...
- Les croyances sur la spiritualité, les religions, les superstitions.
- Les croyances au sujet de ses propres capacités et aptitudes : « Je suis nul(le) »...
- Etc.

Ces différentes thématiques demandent à être examinées de près afin d'éviter de s'empoisonner soi-même dans de si nombreux clichés de vie.

Croyance et réalité

Si une seule personne revendique une croyance, elle sera aisément considérée comme marginale, voire comme folle. Si plusieurs personnes se mettent à revendiquer une même croyance, elles créeront ensemble une certaine réalité. On appelle cela la loi du nombre. De plus, cette réalité grandira proportionnellement au nombre de personnes qui y croiront. Certains medias sont d'ailleurs devenus experts dans ce mode-là. « Tout le monde ! » dit le journal. « Si c'est écrit ou si c'est à la télévision, c'est que c'est vrai ! ». À un niveau plus individuel, une croyance peut se forger comme suit : « Je pars en vacances, il pleut ». Une autre fois, « je pars de nouveau en vacances... il pleut de nouveau ». Que risque-t-il de m'arriver ? D'avoir envie de dire... : « À chaque fois que je pars en vacances, il pleut ! ». C'est ainsi qu'une croyance se transforme en prophétie !

Une croyance nous empêche de percevoir la réalité telle qu'elle est. Notre raisonnement souffrant de distorsion a d'autant plus de mal à maintenir un cap logique qu'il est toujours verrouillé par notre objectif fondamental de prouver, à soi-même comme aux autres, que ce qu'on affirme est vrai... Alors, mettons nos croyances à l'épreuve !!

L'état de maturité

L'état de maturité d'une fonction se mesure, d'une part, par la sensation de pleine utilisation de cette fonction et, d'autre part, par la réintégration de cette fonction dans l'ensemble de l'organisme. La sous-utilisation ou la sur-utilisation d'une fonction est souvent le signe d'une compensation et d'une immaturité. En général, une fonction sous-utilisée devient de plus en plus insensible, cuirassée ou douloureuse selon la mémoire biologique à laquelle elle est rattachée. Si cette fonction devient à nouveau active, est alors nécessaire un temps d'apprentissage, même en l'absence de mémoire conflictuelle. Cet apprentissage va marquer de nouveaux circuits dans le cerveau afin que celui-ci intègre pleinement cette fonction.

Par exemple, lors d'un accident je me casse un bras. Depuis, je n'ai pas récupéré toute la mobilité de mon bras et reste 'accroché' à cet accident traumatique. Un premier niveau de mon travail personnel me permet de débloquer mes peurs autour de cet accident. Il me reste à réapprendre dans un deuxième temps à utiliser mon bras dans toutes les subtilités de sa fonction. Il est certain que moins il y a présence de mémoires restrictives et conflictuelles reliées directement ou indirectement à cet accident, plus la ré-utilisation de mon bras ou de la fonction sera rapide.

La maturité résulte de trois mouvements :

- Enlever le « négatif », c'est-à-dire les mémoires restrictives.
- Stimuler le « positif », c'est-à-dire développer de nouveaux circuits neurologiques.
- Réintégrer la fonction dans l'ensemble d'un système.

Cette maturité concerne les plans physique, sexuel, émotionnel, intellectuel et transpersonnel.

Le questionnaire

Grâce au questionnaire vous pourrez faire un état des lieux de votre ressenti.

Plus vos réponses seront spontanées, plus vous obtiendrez de nouvelles informations sur ce qui se vit en vous.

Quelques réponses au questionnaire

Les réponses au questionnaire pourront vous aider à vous auto-évaluer. Une fois de plus, il s'agit d'indications et de pistes plutôt que d'interprétations sauvages.

Protocoles

Faire évoluer sa conscience biopsychologique demande du temps et un travail régulier. Dans chaque chapitre, vous trouverez des protocoles à faire et à refaire qui peuvent vous aider à débloquer des conflits et des croyances. Certains de ces protocoles ont été expliqués dans un premier ouvrage intitulé *Les protocoles de retour à la santé*. Nous y faisons régulièrement référence et nous vous invitons à vous y reporter. D'autres protocoles vous seront, bien entendu, directement proposés.

En fin d'ouvrage, vous trouverez :

Les références bibliographiques

Ce sont les écrits sur lesquels je me suis appuyé en complément de mon expérience. Ces livres pourront vous aider à approfondir certains aspects abordés, si vous en ressentez l'envie ou le besoin.

Les références filmographiques et sites Internet

Certains chapitres sont agrémentés de propositions de films ou de sites Internet qui pourront vous permettre d'enrichir votre perception et vos connaissances du stade étudié.

Avant que nous ne plongions ensemble au cœur de votre construction sexuelle, j'aimerais vous souhaiter un bon voyage ! Puisse ce livre être un compagnon de route éclairant. Ces pages seront avant tout « à vivre » car le savoir intellectuel est intéressant à condition qu'il soit le support d'une nouvelle étude intérieure. Voilà l'objet de cet ouvrage, celui de vous accompagner dans votre introspection à la rencontre d'un de vos aspects les moins visibles : l'énergie créatrice qui est en vous, celle de votre sexualité.

Première partie

Dans cette première partie vont être abordés quelques fondements qui vont vous aider à mieux approfondir et élargir votre compréhension des chapitres de la seconde partie.

En premier lieu, nous allons voir ensemble les essentiels du Décodage Biologique. En effet, ma pratique et mes enseignements s'appuient principalement sur cette approche thérapeutique. Ensuite, nous aborderons le concept d'empreintes qui est une des clés de notre structuration. Puis, seront exposés les neuf langages de l'inconscient biologique qui seront à considérer comme des outils de lecture de votre inconscient. Enfin, nous définirons ce qu'est un ressenti et nous verrons comment chaque événement traumatique s'inscrit en nous de façon unique et spécifique.

Chapitre 1.

Les lois essentielles du *Décodage Biologique* et de sa pratique thérapeutique

Comme nous l'évoquions avec Christian Flèche dans *Les protocoles de retour à la santé*, « le décodage biologique des maladies repose sur un nouveau paradigme, autrement dit un nouveau système de pensée, de croyance, une autre manière d'aborder la question de la maladie ». Cette approche thérapeutique s'intéresse à comprendre de quelle façon l'homme devient malade et comment il se guérit. Elle ne se propose pas de se substituer à la médecine mais vise à aider l'individu à retrouver une part active dans son processus de mieux-être. Les éléments exposés ci-après reprennent les caractéristiques principales de cette discipline. La bibliographie en fin d'ouvrage vous éclairera également sur les différents auteurs qui ont écrit sur ce sujet. Vous y trouverez notamment les ouvrages de Christian Flèche, Salomon Sellam, Patrick Obissier, Mireille et Hervé Scala ou Laurent Daillie qui sont tous formateurs et chercheurs dans ce domaine.

Le Décodage Biologique en quelques points

1. À l'origine de toute maladie, de tout mal-être ou de tout problème comportemental se trouvent un ou plusieurs événements qui ont été vécus de façon traumatisante. Dans chaque événement traumatique, appelé aussi conflit biologique[1], on retrouve les composantes suivantes :

- la soudaineté, l'inattendu,
- l'absence de solution immédiate,
- une sensation d'isolement et d'absence de mots,
- une atteinte à l'intégrité vitale de façon réelle ou symbolique,
- un grand niveau de stress.

Ce seront par exemple : un accident de voiture, un licenciement imprévu, le départ soudain d'une personne aimée, un décès inattendu...

2. Psychisme, cerveau et organes sont en interaction constante. Chaque individu perçoit un événement traumatique (ou conflit biologique) sur ces trois plans et de façon unique, compte tenu de son histoire de vie.

3. La gravité des symptômes organiques est proportionnelle à la quantité de stress contenu.

L'autopsie de jeunes soldats a démontré un vieillissement prématuré du système nerveux et la présence de lésions organiques dues au stress (destruction de parties d'organes).

4. C'est en comprenant de quelle façon on a perçu et ressenti un événement traumatique qu'on peut défaire sa somatisation.

5. En conséquence du point 4, si une somatique n'a pas disparu complètement, c'est que le ressenti qui lui correspond n'a pas été complètement perçu, travaillé et résolu. Soit :

- à cause de l'émotion non exprimée,
- à cause d'événements plus anciens de même nature non exprimés,
- à cause d'événements transgénérationnels non exprimés.

6. C'est en faisant le tour avec détails des neuf langages de notre inconscient biologique que l'on peut se donner les moyens de « nettoyer » un ressenti.

Les neuf langages sont abordés plus loin dans cet ouvrage.

---

1. Un conflit biologique est donc une situation traumatique. Vous retrouverez le terme 'conflit' utilisé dans ce sens tout au long de cet ouvrage. Suivant les auteurs en décodage biologique, il est aussi appelé biochoc, psychoc.

7. Toute libération conflictuelle peut engendrer un réajustement du corps vécu quelquefois sous forme de maladie.

Ainsi, lorsqu'on se cogne, la réponse organique est : une forte douleur et un « bleu ». Si on court pendant, la réponse organique est : un épuisement et des courbatures. Douleurs, « bleu », épuisement et courbatures sont des réponses physiologiques normales. Bien d'autres réponses sont possibles selon la nature de son ressenti. Lorsqu'on comprend ce qu'on a ressenti face à l'événement conflictuel, les tissus organiques reviennent à une physiologie normale. Ce retour peut être perçu comme une maladie.

Attention, toutes les maladies ne sont pas forcément des libérations conflictuelles mais peuvent être, au contraire, l'expression d'un mal-être actuel. Par exemple, je peux avoir de la fièvre pour exprimer un manque actuel de chaleur affective (tel le nourrisson qui, surpris par le départ de sa mère, fait une montée de fièvre. Fièvre qui redescend comme par miracle lorsque sa mère revient... Quel parent n'a pas cette anecdote à raconter ?)

8. Bactéries, virus, champignons, parasites ont chacun des spécificités et des rôles à remplir dans le corps, soit pour aider notre organisme dans son processus de nettoyage, soit pour être regardés comme la manifestation d'un conflit.

9. Certains programmes de vie peuvent s'activer dans le corps à des moments précis qui sont reliés à des cycles cellulaires mémorisés. L'expression de ces programmes provient d'événements plus anciens survenus à la même époque et dont le ressenti n'a pas été nettoyé.

10. L'âge, le sexe et les hormones sexuelles ainsi que la latéralité (droitier ou gaucher) déterminent l'impact de l'événement sur l'organisme.

11. Quelquefois, la succession de « petits » événements est tout aussi traumatisante qu'un seul événement qui peut passer inaperçu aux yeux de l'environnement de la personne concernée. C'est ainsi que de régulières et « insignifiantes » remontrances verbales peuvent engendrer une dévalorisation majeure.

12. À degré égal de gravité, un événement traumatique aura un impact largement amplifié sur un enfant qui est en phase de « construction » par rapport à l'adulte dont le système neurobiologique est abouti.

13. Répondant à un besoin d'amélioration constante qui est inhérent à toute vie humaine, l'inconscient biologique a constamment le désir de se manifester pour permettre la résolution de conflits biologiques conservés en mémoire. Pour cela, il utilise tous les moyens possibles d'expression (cf. Chapitre 3 – Les neuf langages biologiques).

Le concept de résilience

« Nous voyons que la vie,
celle de notre esprit comme celle de notre corps,
est en état de transformation et de flux incessants.
Un changement radical est toujours possible.
À chaque instant – et cette expression n'est pas à prendre dans
un sens purement poétique ou figuratif, mais littéral –,
à chaque instant nous mourons et renaissons,
nous-même et tout ce qui vit ».

Sharon Salzberg[1]

La résilience est la capacité à surmonter les traumatismes. Le terme, emprunté à la physique, désigne le retour à l'état initial d'un élément déformé. Des psychiatres américains spécialisés ont adopté le mot dans les années 90. Il a ensuite été popularisé en France par Boris Cyrulnik. À en croire le psychothérapeute, « environ une personne sur deux subit un traumatisme au cours de son existence, qu'il s'agisse d'un inceste, d'un viol, de la perte précoce d'un être cher, d'une maladie grave ou d'une guerre ».

Dès leurs premiers jours, les bébés adaptent leur comportement en fonction de l'attitude des parents à leur égard. Quatre sortes d'attachement réciproque peuvent ainsi être distinguées :

- Sécurisant (65 %) : ces enfants ont les meilleures chances de s'en sortir en cas de malheur.
- Évitant (20 %) : ils maintiennent leurs distances.
- Ambivalents] (15 %).
- Désorganisés]

1. Extrait de *Offrandes* de D. et O. Föllmi, Éd. de la Martinière.

Selon le type de relation qu'ils réussissent à établir, ils sauront plus ou moins bien se reconstruire après une blessure de la vie. « Faire naître un enfant n'est pas suffisant, il faut aussi le mettre au monde », affirme Boris Cyrulnik. Ses travaux insistent sur l'importance des « nourritures affectives ».

Dans tous les cas, être résilient ce n'est pas être invulnérable, mais apprendre à résister aux traumatismes, en faisant appel à la confiance enfouie en chacun de soi et qui tarde parfois à s'exprimer...

Le cerveau, fruit d'une évolution permanente

Un courant scientifique fait actuellement voler en éclats une certaine vision statique du cerveau. Ce courant étudie la plasticité cérébrale. Prenons le temps de le décrire car il apporte une explication d'importance dans la sphère du travail psychobiologique.

Notre cerveau est en perpétuel remaniement synaptique[1] ; il s'adapte ainsi à la nature de nos expériences. Il est le produit de différents niveaux d'évolution :

1. Une évolution qui se déroule sur plusieurs millions d'années et qui influence des références d'espèces.
2. Une évolution qui se déroule sur plusieurs centaines d'années et qui contribue ainsi à nous donner des références sociales.
3. Une évolution individuelle qui se déroule sur quelques dizaines d'années.

Nous sommes ainsi le produit de cette construction à la fois d'espèce, de société et individuelle. À partir de cette théorie pertinente, ajoutons également que la construction neurobiologique est le fruit de cette évolution faite de conflits non résolus, de ressources et de limites acquises tout au long de cette structuration transgénérationnelle, *in utero* et postnatale.

1. Remaniement synaptique : réorganisation des connexions entre les neurones.

Pulsion de vie, pulsion de mort

Non, la Vie n'est pas l'inverse de la mort, de même qu'elle n'est pas la naissance. Par commodité de langage et d'écriture, différencions la vie – début de quelque chose, de la Vie – processus vital incluant aussi bien la vie que la mort.

Si nous regardons dans la nature, la naissance des pousses s'élabore sur le lit de mort d'autres plantes qui, en fertilisant la terre, stimule la vie prochaine... ou plutôt la vie en devenir...

La Vie est l'organisation de ce processus de la naissance à la mort, de la création à la destruction, du début de quelque chose à la fin de quelque chose.

Honorer la création et la naissance est tout aussi important qu'honorer la destruction et la mort. La naissance n'est pas seulement reliée au début de la vie humaine, mais aussi au début d'une relation, d'un projet et d'une action. La mort n'est pas seulement reliée à la fin de la vie humaine, mais aussi à la fin d'une relation, d'un projet et d'une action.

La Vie est aussi un processus continu de création. Je *vis* par exemple ma relation amoureuse aussi longtemps que je la crée – à chaque instant – et tant que j'y apporte ma contribution active. Créer ma relation signifie aussi la remettre en question, la modifier, reprendre de l'altitude... Je détruis ma relation au moment où je cesse de la créer ou lorsque je deviens passif.

Le non dans une relation ou une situation peut apparaître comme une destruction mais peut aussi correspondre au oui dans son processus personnel de Vie.

Nos références internes intégrées sous forme de mémoires, de programmes, etc., vont générer une véritable carte neuronale. Cette carte nous conduira vers ce que nous connaissons déjà d'agréable ou de douloureux. À chaque fois que nous réintégrons notre processus de conscience dans nos profondeurs et dans le détail de notre vie, nous acceptons un peu plus la Vie dans ce qu'elle contient de pulsion créatrice de vie et de mort.

Si l'on considère que sa sexualité n'est que l'expression d'une décharge de pulsions, ce n'est voir qu'une partie de sa sexualité dans son aspect mortifère. Je ressens une pulsion sexuelle (elle existe en moi et est donc « vivante ») et je fais l'amour pour assouvir mon besoin du moment. Après, je me sens plus détendu(e), la pulsion a disparu. Elle est comme morte... On suit un cycle qui va de la vie à la mort.

Si, au contraire, on considère sa sexualité comme une expression de son énergie de Vie, on peut aborder l'acte sexuel, non comme une simple pulsion, mais comme une opportunité de croissance personnelle et relationnelle. On suit alors un cycle en spirale qui va de la vie vers plus de Vie.

Les deuils et la sexualité

Arrêtons-nous quelques instants sur la notion de deuil. Le deuil concerne toute situation qui a été arrêtée, volontairement ou non, de façon soudaine et dont on a gardé des séquelles. Le processus de deuil est un véritable processus de digestion psychique. Lorsque cette digestion ne s'est pas faite complètement, des ressentis conflictuels se maintiennent et peuvent se percevoir au cœur de notre sexualité. Ces deuils peuvent arriver à n'importe quel moment de notre construction et sont plus ou moins prégnants. Par exemple, perdre un enfant en bas âge peut marquer plus profondément notre sexualité que de perdre un parent centenaire.

Notre construction psychique est une succession de métamorphoses (du fœtus à l'enfant né, de l'enfant à l'adolescent, de l'adolescent à l'adulte autonome, de l'adulte autonome au parent, du parent au grand-parent, de la vie à la mort...).

La naissance, par nature biologique, peut être vécue comme un deuil parce que dans cet acte, l'enfant se sépare de l'utérus de sa mère. Pour la mère aussi, donner naissance est une sorte de deuil ; elle se sépare de son enfant et vit l'arrêt de nombreuses fonctions biologiques mises en place durant la grossesse. Selon la façon dont est ressentie cette séparation, celle-ci pourra donc être vécue comme un vrai processus de deuil.

Lorsqu'un peu plus tard, la mère arrête d'allaiter son enfant, il s'agit alors pour ce bébé de vivre ce grand changement, de se séparer du sein de sa mère (a-t-il aujourd'hui, adulte, des problèmes dans la bouche, au niveau de la langue, de la mâchoire, de la succion ?...).

Les différents stades de développement de l'enfant peuvent être source de deuils (l'arrêt des couches, la marche, la parole...) s'ils sont reliés à des éléments clés d'identification.

Si un de mes frères (ou sœurs) est décédé avant ou après ma naissance, il se peut que cet enfant mort se mette à représenter une sorte d'enfant idéal. En tant qu'enfant restant, j'ai été ou suis peut-être négligé. Si je veux être vraiment apprécié, peut-être vaudrait-il mieux que je sois mort(e)...

La perte d'un frère ou d'une sœur aîné(e) peut être vécue de façon très douloureuse si l'on a fait son Œdipe sur lui ou sur elle. Cela équivaut alors au même ressenti que pour la perte d'un parent.

En tant qu'adulte, le jour où je dois faire le deuil de mes grands-parents, ce sera certainement plus difficile pour moi si ceux-ci m'ont élevé(e), car la relation qu'ils avaient avec moi relevait d'un rôle parental. Si, au contraire, ils avaient « juste » leur place de grands-parents, je ressentirais certainement du chagrin lors de leur décès, mais je serai aussi capable de me connecter à ce qu'il me reste d'eux, à une certaine valeur de transmission spirituelle. Leur décès me permettra de franchir une nouvelle étape, d'inscrire en moi une notion profonde transmise par-delà les générations, celle reliée à la protection de mes ancêtres. En effet, le décès d'un grand-parent ou d'un arrière-grand-parent s'inscrit dans une certaine logique biologique. Les plus âgés de la famille représentent pour les petits-enfants une vraie source de sécurité filiale et d'apprentissage de la vieillesse.

Le départ des parents peut être aussi un moment très difficile si l'on a vécu une relation fusionnelle avec eux. Ce passage sera facilité si nous avons nous-mêmes des enfants, voire des petits-enfants, car cette descendance permet de changer de rang dans la dynamique transgénérationnelle.

Tous ces deuils dits biologiques sont *a priori* plus faciles à gérer, car ils font partie d'un espace-temps biologique préhensile ; tout le monde vieillit, les plus âgés meurent avant les plus jeunes, certaines fausses couches s'inscrivent dans un processus de préparation à une prochaine grossesse... Ces événements, certes tristes, comprennent une certaine logique.

Mais qu'en est-il des deuils accidentels ?

Lorsqu'une personne meurt jeune, il est beaucoup plus difficile de gérer son décès que lorsque celle-ci est plus âgée. De même, la perte d'un bébé dans une fausse couche ayant lieu au-delà de trois mois de grossesse, les IVG, la perte d'un frère ou d'une sœur parti(e) très jeune, le décès d'un parent ou d'un conjoint en pleine force de l'âge... L'effet de surprise créé par un décès accidentel, imprévu, rend souvent délicat le processus de deuil qui fait suite.

Il y a aussi les deuils symboliques. La fin d'une relation sentimentale, la perte d'un objet ou d'un animal que l'on a affectivement fortement investi (une voiture, un travail, une place, un chien...) sont autant de situations qui peuvent être vécues de façon conflictuelle. On peut vivre aussi un vrai processus de deuil par rapport à son corps ; lorsqu'on se fait enlever un organe lors d'une opération chirurgicale, lorsqu'une partie de soi change complètement (faire le deuil de sa jeunesse...). On peut aussi être amené à faire le deuil d'un idéal : d'un père idéal, d'une mère idéale, d'un couple idéal...

Pour un enfant, le changement d'école, de maîtresse ou la perte d'un animal de compagnie ou d'un nounours fétiche peut être vraiment difficile. Plus cet enfant sera en manque de lien affectif, plus il vivra de forts transferts affectifs sur des objets ou des personnes de son entourage. Les deuils qui peuvent en découler seront d'autant plus délicats à vivre pour lui.

Tout peut être source de deuil...

Nombre de situations peuvent être vécues comme des deuils à partir du moment où l'autre (personne, animal ou objet) :

- est vécu comme un prolongement de soi (relation fusionnelle),
- ou est une compensation relative à un manque interne (« je suis entier grâce à toi »),
- ou est connecté à une mémoire de mort (si la peur de mourir est une mémoire que je porte en moi, les notions de mort et de séparation sont très probablement collées en moi. « Partir c'est mourir un peu »).

Le deuil est un processus de maturation relationnelle et personnelle qui comprend différentes étapes :

- le deuil : séparation soudaine
- je n'ai pas encore réalisé
- le déni : ce n'est pas possible
- le choc : je réalise
- la colère : c'est à cause de l'autre que je vis cette douleur en moi
- le marchandage : négocier la réalité pour que ma douleur soit supportable
- la dépression/tristesse : je ne m'en remettrai jamais
- l'isolement/le retrait : personne ne peut comprendre

- l'acceptation : finalement, chacun est à sa place. Je peux me connecter aux souvenirs des bons moments, mais aussi des moments plus difficiles,
- reprise de la vie sociale : je mûris à travers cette expérience. Grâce à cet événement, j'ai mieux compris le sens de ma vie.

En rompant symboliquement des liens virtuels avec une personne ou un objet, nous pouvons retrouver une place plus juste dans notre façon de nous relier à cette personne ou à cet objet. Certaines personnes ont parfois peur de rompre les liens pensant qu'elles « perdront » par là-même leur amour. En fait, il ne s'agit pas de cela, mais plutôt d'arrêter les projections compulsives avec cette personne ou cet objet. C'est tout.

Quand un deuil a vraiment été « traversé », une nouvelle vision de la vie et de la mort s'impose à soi. Il ne s'agit pas d'une tristesse ou d'un état dépressif, mais plutôt d'une profondeur attribuée à la vie et d'une sensation d'impermanence du vivant. À ce stade, plaisir et sexualité sont à nouveau présents et pleinement réinvestis.

Vous pourrez inclure cette notion de deuil lors de votre lecture des chapitres de la seconde partie. Peut-être vous apercevrez-vous que de telle ou telle étape de votre développement il vous reste une impression mortifère, une sensation de deuil non fait.

Si vous souhaitez travailler plus spécifiquement ce sujet, vous pouvez vous reporter aux *Protocoles de retour à la santé* :

- Protocole : Clarifier une relation difficile, p. 228.
- Protocole : Rompre des liens, p. 230.
- Protocole : La boulette ou comment révéler et transformer nos relations, p.242.

Douleur et plaisir

À l'instar de la mort et de la vie, le plaisir et la douleur ne sont pas forcément opposés. Ils résultent d'ailleurs des mêmes récepteurs cérébraux. Selon la nature de nos mémoires, la douleur peut être vécue comme source de plaisir et le plaisir comme source de douleur ; on parle alors d'inversion. Le plaisir est normalement une invitation à la survie et la douleur un signe de la non-survie. Si je mets la main sur une plaque chauffante, la douleur va me faire retirer ma main rapidement et me sauve... la main. Dans un processus thérapeutique, la douleur acceptable et passagère nous indique la présence d'une mémoire restrictive reliée à notre carte neuronale. En la « traversant », on peut accéder à une autre réalité souvent inconnue.

Par exemple, l'accouchement peut être acceptable à condition d'y être préparée et accompagnée. C'est un processus de Vie. Au final, et malgré parfois les difficultés, le plaisir l'emporte et cette nouvelle expérience est intégrée.

Intégrer la douleur revient alors à accepter sa vulnérabilité, clé d'un changement en profondeur.

Dans un processus thérapeutique, ressentir la douleur et le malêtre est l'expression du nettoyage de ses limites personnelles et aussi le signe d'un changement profond probable. On sait que plus une personne plonge au cœur de ses mémoires occultées, plus elle sera à même de retrouver plaisir et bien-être – à condition de s'y entraîner. « Je veux ressentir le plaisir des caresses mais j'ai peur d'être touché. Je devrai donc défaire mes traumatismes de contact et m'entraîner à recevoir des caresses bienfaisantes ». L'un ne remplace pas l'autre. De nombreuses personnes s'arrêtent souvent à la moitié du chemin...

Chapitre 2.

Les empreintes

Une empreinte est un ensemble de références marquées dans notre système neurobiologique. En décryptant la nature de nos empreintes à travers nos différentes étapes de développement neurobiologique, nous sommes alors à même de mieux comprendre de quelle façon notre sexualité s'est construite.

Le concept d'empreinte est tiré de l'éthologie[1] animale. La petite histoire raconte que Konrad Lorenz, quand il était enfant, était passionné par la vie des animaux. Un jour, bien décidé à assister à la naissance de canetons, il s'est couché tout près des œufs et a somnolé jusqu'à l'éclosion. Après la naissance, il a voulu rentrer chez lui mais tous les canetons se sont mis à le suivre en enfilade. Ils les a ramassés et portés près de leur mère, mais ils répétaient le même comportement dès qu'il s'éloignait ou bien se mettaient à piailler et ne se calmaient que groupés autour de ses jambes. Les canetons avaient avec lui le même comportement que celui qu'ils auraient dû adopter avec leur propre mère...

Les périodes sensibles

Certaines périodes du développement neurobiologique sont plus propices que d'autres pour « fixer » l'environnement. Elles sont appelées *périodes sensibles* et correspondent à des stades de maturation neurobiologique prévus génétiquement pour chaque espèce.

1. Ethologie : étude de la psychologie du comportement des êtres vivants dans leur milieu naturel.

L'être humain est « un animal qui pense », ce qui complique singulièrement les choses ! Si partout sur la Terre tous les bébés sont programmés génétiquement pour pouvoir s'asseoir, marcher, parler ou apprendre à lire potentiellement aux mêmes âges, leurs acquisitions sont très fortement influencées par leur culture, leur milieu, leur développement affectif, tout cela issu directement de l'histoire de leurs parents.

Sans éliminer cette notion de périodes sensibles, on parlera pour l'homme de **réceptivité variable**.

Tout conflit traumatique arrivant dans une période sensible sera délicat à défaire car l'enfant en devenir s'adaptera biologiquement à ce conflit et, souvent, considérera cette adaptation comme faisant partie de lui-même et de sa personnalité. Certaines acquisitions neurosensorielles lui feront défaut ou seront transformées en fonction de la nature du ou des conflit(s).

Dans les premiers mois de sa vie – y compris *in utero* – le bébé ne se perçoit pas et ne perçoit pas les autres distincts de lui. La mère, le père et tous ceux qui sont à proximité de lui font partie d'un environnement qu'il perçoit grâce à tous ses canaux sensoriels. Il perçoit des odeurs, voit des formes et des couleurs, entend des voix et des bruits, il touche et on le touche, il goûte des saveurs différentes... Toutes ces expériences sensorielles quotidiennes vont lui permettre de structurer une première représentation de l'environnement : à ce qui est connu, donc familier et sécurisant, va s'opposer ce qui est inconnu, inquiétant mais aussi « intéressant » parce que source de stimulations nouvelles.

C'est la répétition de ces messages sensoriels qui permet un ancrage neurologique des empreintes qui vont, au fil des années, établir une cartographie psycho-neuro-sensorielle unique pour chaque individu et **qu'il tentera de retrouver tout au long de son existence**.

Mais le système nerveux du bébé n'est pas une pellicule qui imprime tout ce qui lui vient de l'extérieur. Il est plus ou moins stimulé par une sensation, il réagit à cette sensation et interfère aussi dans la réponse qui lui sera apportée : l'empreinte est le fruit d'une interaction avec l'environnement. Par exemple, la façon dont la mère va interpréter les pleurs de son bébé, son inquiétude ou sa sécurité vont conditionner son attitude, qui va elle-même interagir sur les pleurs du bébé. Les principaux objets d'empreintes humaines étant d'autres individus avec leurs histoires issues de leurs empreintes, on peut comprendre l'extraordinaire richesse de ces interactions mais aussi la puissance des répétitions...

À partir de ces interactions précoces se développe l'embryon du lien affectif qui va déterminer toute la vie relationnelle future. Il n'y a pas de « bonnes » ou de « mauvaises » empreintes, elles sont nécessaires à l'enfant pour se structurer et s'intégrer dans son milieu. Les enfants qui grandissent dans l'isolement avec des expériences sensorielles réduites développent des troubles graves qui les rendent inadaptés et incapables de survivre dans un environnement normal.

C'est dans la lutte contre les empreintes, inscrites structurellement, ou dans la tentative pour les adapter à une réalité construite sur des représentations mentales que naît la souffrance psychologique inhérente à la nature humaine. En pratique quotidienne, de nombreux « conflits programmants » proviennent d'empreintes enfantines.

Les représentations

L'homme, on l'a dit, est capable de penser. Fonction psychique, la pensée est possible grâce au fabuleux réseau associatif des neurones et de leurs connexions. À partir d'une information sensorielle simple, le cerveau est capable de construire des représentations, des plus imagées aux plus abstraites[1]. Cette formidable aptitude est aussi source de nombreux malentendus.

Le bébé qui, dans sa période intra-utérine et dans les premiers mois de sa vie vivait dans un monde purement sensoriel va, au fur et à mesure du développement de son système nerveux, imprégner son environnement de façon de plus en plus complexe. En expérimentant tour à tour des sensations différentes, il va pouvoir commencer à intégrer des notions plus subtiles telles que le manque ou l'excès, la perte ou la fusion, le plaisir ou la frustration. Les bruits, les mouvements vont devenir porteurs de contextes qu'il peut identifier et sur lesquels il peut intervenir. Toute cette communication non verbale très riche contribue à apporter de la signification dans son univers.

Une grande étape est franchie quand enfin il se perçoit comme un individu différent des autres individus ; ceux qui étaient des objets deviennent des sujets d'empreinte avec lesquels il se met à parler. En grandissant, nous passons d'un monde sensoriel directement perçu à un monde fortement sémantisé[2] et imperçu[3]. Imperçu parce qu'entre toutes les espèces, l'humain seul a la capacité de se représenter ce qui n'est pas physiquement présent.

1. Abstrait : privé de réalité concrète ou de références à des éléments matériels.
2. Sémantisé : en relation avec le sens, l'interprétation, la représentation.
3. Cf. B. Cyrulnik, *Sous le signe du lien*.

Si notre corps garde en mémoire, telle quelle, cette réalité structurelle installée par les empreintes, notre mental, lui, s'enrichit des représentations d'informations qui deviennent de moins en moins « objectives ». Selon notre parcours neuro-sensoriel et affectif, nous sélectionnons certaines informations pour reconstituer une réalité fantasmatique qui à défaut d'être la Vérité n'en constitue pas moins une vérité pour la personne elle-même, et, à ce titre, mérite d'être décodée.

Nous sommes passés maîtres dans l'art de mettre en cohérence cette réalité interne avec la Réalité : analyses, raisonnement, logique, croyances, systèmes en tous genres... Mais *la carte n'est pas le territoire*[1] et la chose représentée n'est pas la chose elle-même. Tels les petits canetons, nous ne faisons que suivre nos leurres... en les justifiant.

Quelles sont nos empreintes reliées à notre projet-sens ?
Quelles sont nos empreintes reliées à notre conception ?
Quelles sont nos empreintes reliées à notre vie *in utero* ?
Quelles sont nos empreintes reliées à notre naissance ?
Quelles sont nos empreintes reliées aux différents stades de développement de notre enfance ?

Autant de questions que nous aborderons dans la seconde partie de cet ouvrage.

1. Cf. le travail effectué par Alfred Korzybski sur la sémantique générale.

Chapitre 3.

Les neuf langages de l'inconscient biologique

Notre organisme humain (psychisme, cerveau, organes) utilise neuf langages différents pour s'exprimer et percevoir des informations.

Chaque langage comporte des avantages et des limites. En les comprenant et en les utilisant consciemment, nous trouvons neuf opportunités de mettre en évidence et décoder l'inconscient biologique relié à notre sexualité.

1. Le langage réel

Ce langage se passe dans la réalité. En étudiant sa composante réelle, nous comprenons des éléments de notre puzzle inconscient. En apprenant à regarder avec attention notre réalité de vie, ce qui nous environne, ce qui fonde nos actions quotidiennes, nous pouvons obtenir de nombreuses informations au sujet de nous-même. Les connexions entre cette réalité et notre inconscient s'appellent des synchronicités. En fait, en regardant les choses de plus près, nous pourrions aisément dire que notre vie tout entière n'est que succession de synchronicités... même s'il n'est pas toujours aisé de mettre ces dernières en évidence. Le langage réel, c'est ce que nous percevons concrètement avec nos cinq sens, avec le moins de filtrage mental, de distorsions ou d'interprétations possibles. Ce langage est accessible grâce à des questions orientées sur des faits :

- Quel partenaire je choisis ?
- Comment est-il/elle ?
- Quelles sont ses caractéristiques physiques et comportementales ?
- Quel métier fait-il/elle ?
- Que s'est-il passé réellement entre nous ?
- Quand cela a-t-il eu lieu ?
- Où était-ce ?
- Qu'avons-nous dit exactement ?
- Qu'est-ce que cette personne m'a dit précisément ?

L'analyse de notre métier ou de nos passions permet de voir la nature du conflit que l'on désire régler à tel point qu'on peut en faire un objectif de vie. Par ce métier, cette passion, on tente donc ***quotidiennement*** de résoudre un conflit fondamental.

Par exemple : l'épicier qui a peur de manquer d'aliments, le thérapeute qui compense le manque d'écoute, le collectionneur de statues de nus qui s'interroge sur le corps de sa mère... Une fois encore, il peut être intéressant d'analyser chaque paramètre d'un métier ou d'une passion et les tâches concrètes qu'ils imposent afin de mieux saisir l'essence même d'un conflit. Attention aux symboles trop stéréotypés... Ce ne sont que des pistes.

Quelquefois, nous ne comprenons pas notre histoire et l'évaluons comme une suite d'événements « au hasard ». Ce fameux hasard représente pourtant nombre d'éléments biologiques non négligeables sur lesquels il peut être intéressant de s'arrêter un instant afin de vérifier leur pertinence par rapport à notre inconscient.

Si, par exemple, il y a une fuite d'eau dans ma maison. Dans quelle pièce ?

Dans la salle de bains : intimité sexuelle ? Bouche ? Anus ?

Dans la cuisine : système digestif ?

Ou si j'ai une panne de voiture. Quelle pièce est cassée, quel problème dans le moteur ?

À quoi correspond cet incident ? Que se passe-t-il actuellement autour de cet élément dans ma vie ?...

2. Le langage biologique

Il est proche du langage réel mais concerne une autre réalité, celle de notre biologie. Analyses biologiques, diagnostics, examens médicaux etc., en sont l'expression. Au niveau de la sexualité, ce langage permet de préciser ce qui se passe, biologiquement parlant, dans ma sexualité. Parfois, ce langage peut s'avérer trop vague. Un « j'ai mal en bas du corps », « j'ai des mycoses », « je n'ai plus de désir », etc., nécessitera d'être précisé. Où ? Quand ? À quel(s) moment(s) ?...

En conclusion

Concernant ces deux langages, les données sont toujours mesurables, quantifiables et précises. Ces deux langages ont des avantages et des inconvénients similaires. Quels sont-ils ?

Avantages

En décrivant ce qui est extérieur à moi, j'évite d'être trop submergé par mes états d'âme. Cet exercice de description m'apporte une certaine clarté mentale. Face à un problème, j'ai besoin d'inspecter la réalité. C'est elle qui va me permettre de faire émerger des solutions adéquates. Il s'agit ici de l'étude de faits précis. Grâce à ce langage, je peux objectiver ce qui va ou ne va pas changer dans ma vie sexuelle et relationnelle.

Inconvénients

L'inconvénient de ces deux langages est qu'ils peuvent me piéger dans l'apparence de faits sur lesquels je ne peux apparemment pas agir. « C'est l'autre qui n'éveille plus mon désir » ou « c'est le champignon à l'origine de mes mycoses »... Je n'ai donc, en mon for intérieur, rien à remettre en question. Ce langage peut donc m'empêcher d'accéder à mon ressenti si mes questions ne sont pas correctement ciblées. Si je choisis un partenaire qui n'a pas de désir pour moi, en quoi cela me concerne-t-il ? Si j'ai des mycoses chroniques, en quoi cela prend-il un sens dans ma vie ?

Pour vous entraîner à ces deux langages

- Différenciez les faits de leurs interprétations.
- Vérifiez vos informations. Peut-être ne sont-elles que des rumeurs...
- Ne pensez pas qu'une personne détient forcément la vérité parce qu'elle a tel âge, tel statut ou tel diplôme. Soyez prêt à remettre les choses en question aussi longtemps que nécessaire.
- Expérimentez les choses par vous-même.
- Ne vous laissez pas piéger par des mots compliqués ou une terminologie quelconque. Vérifiez-en le sens.

3. Le langage symbolique

> « *Le monde est un gigantesque livre d'images. Images rassurantes tant que nous gardons la conviction qu'elles témoignent de ce que nous nommons la réalité, images troublantes quand nous devinons qu'elles n'expriment peut-être qu'une apparence, images prodigieuses lorsque l'esprit leur rend la transparence et qu'elles nous entraînent, stupéfaits, sur l'autre rive de la réalité.* »
>
> Georges Romey[1]

Le langage symbolique est relié à l'inconscient collectif et culturel ; certains des éléments qui le constituent semblent être similaires pour un grand nombre de personnes. Alors que le langage irrationnel n'appartient qu'à une seule personne, le langage symbolique parle à plusieurs personnes.

Certaines valeurs reconnues de tous ont une portée précise mais symbolique : l'indépendance du chat, le chat noir porte malheur, etc. Cette réalité relève d'une mémoire culturelle, historique, géographique, sociale ou familiale. Ainsi, des centaines d'images/symboles vont relier le visible et l'invisible, dans toutes les cultures. L'image précède le langage, qui précède l'écriture, qui précède la grammaire. Le cerveau du bébé a perçu des milliers de visions avant même qu'il ait pu mettre des mots ou des phrases dessus. Des milliards de scènes proviennent de nos ancêtres sans que nous puissions y juxtaposer des paroles. Néanmoins, mon expérience thérapeutique me démontre chaque jour son accessibilité.

1. *Dictionnaire de la symbolique,* Éd. Albin Michel.

Il n'existe pas de symboles isolés mais plutôt une organisation symbolique à décrypter, à l'instar de nos réseaux neuronaux. L'étude des mythes, des cultures et des coutumes des différentes civilisations nous a permis de traduire de nombreux symboles. Seule l'expérience personnelle contribue à mieux comprendre ce domaine si merveilleux.

On peut classer les symboles en plusieurs familles : couleurs, minéraux, animaux, personnages, parties, formes, astres, nombres, éléments de la nature, mouvements, etc.

Si nous prenons le mot « rose », cela peut représenter symboliquement l'amour, la passion mais aussi l'enfance, la jeunesse, le début, la frivolité...

Les rêves trouvent aussi un support dans le langage symbolique. Ils sont souvent décrits comme un creuset d'informations en provenance de l'inconscient et nous invitent à observer notre activité psychobiologique intérieure. Ce rêve était-il agréable ou désagréable ? Il faut avant tout savoir que *chaque* élément du rêve délivre un message sur soi. Vous rêvez que vous égorgez un cochon ? Qu'est-ce que le cochon pour vous, qu'est-ce que le couteau, qu'est-ce que le sang ? L'erreur est de chercher dans des ouvrages riches en symboles des significations archétypales. Pour ma part, je vous invite plutôt à analyser vos rêves en explorant vos ressentis propres, à la lumière de votre vécu personnel.

De même que vous avez pu appréhender les passerelles qui existent entre Réel et Biologique, de même il en va entre Irrationnel et Symbolique. Les limites séparant ces deux notions sont parfois subtiles et donc délicates à distinguer. Pour utiliser le langage symbolique il est souvent nécessaire d'avoir une certaine connaissance de domaines tels l'histoire des religions, l'ésotérisme chrétien, juif, arabe, indien, amérindien, etc. Investiguer la symbolique à laquelle nous sommes culturellement reliés permet de faire émerger des symboles riches de sens. Découvrir et comprendre ces symboles peut nous ouvrir des horizons pertinents reliés à des étapes importantes de notre vie psychique et de notre développement essentiel. À ce propos, je vous renvoie aux travaux de Carl G. Jung, Annick de Souzenelle et George Romey.

Avantages

L'avantage de ce langage est qu'il permet de se connecter à quelque chose de plus important, plus vaste que soi. C'est une source de culture personnelle et transpersonnelle immense qui ne nécessite que notre motivation pour être approfondie et pleinement exploitée.

Cette culture s'associe souvent au monde du marketing et de la publicité. Ce langage nous aide aussi à mieux comprendre nos goûts et dégoûts. Il nous permet également d'explorer ce qui nous reste de notre culture alors que nous pensions peut-être ne pas y être connectés.

Inconvénients

Ses inconvénients ressemblent à ceux du langage irrationnel car la tentation peut être grande d'utiliser la symbolique pour justifier son mal-être plutôt que de faire un travail efficace d'introspection. Superstitions et croyances peuvent inhiber ou empêcher ce travail d'exploration. On risque de se référer à une interprétation livresque plutôt qu'à une découverte de soi...

Pour vous entraîner à ce langage

Vous pouvez analyser vos rêves, vos fantasmes et vos désirs, vos goûts et dégoûts, les métaphores que vous utilisez, etc.

4. Le langage irrationnel

Ce langage n'est, par définition, ni logique ni réfléchi. Il est association d'idées, apparemment sans queue ni tête. Ce langage est à la fois celui de la créativité et de la déraison. C'est à travers ce langage que nous pouvons comprendre nos mémoires, nos conflits, nos adaptations. Il est spécifique pour chaque individu, sauf si certains individus ont la même histoire conflictuelle.

Si je vous dis « rose », à quoi pensez-vous ?... « Vert, aïe, douleur, rupture, vitesse... ». C'est irrationnel. Maintenant, après un entretien individuel, une personne pourra vous dire : « Suite à une rupture difficile, j'ai pris ma voiture, j'ai dérapé dans un ravin, à côté d'un champ de roses. Et quand je suis descendu de ma voiture, je me suis piqué avec des orties. »

L'incohérence du départ trouve alors sa logique dans le cadre d'une mémoire traumatique.

Avantages

Ce langage est une porte d'entrée rapide et efficace nous permettant d'accéder à notre inconscient biologique. Même si nous essayons d'être parfaitement rationnel, il y a toujours des éléments irrationnels qui émergent car notre inconscient cherche constamment à s'exprimer et à se libérer. Ce langage est aussi une porte d'accès aux conflits quelle que soit leur origine (transgénérationnelle, *in utero* ou de notre vie récente...).

Inconvénients

Très souvent, l'irrationnel est insupportable et l'on cherche coûte que coûte à le justifier. Ce langage est source de confusion mentale et d'absence de repère. « Parce que je le sens, c'est vrai » pourrait être le credo de ce langage et des dérives de toute-puissance auxquelles il peut conduire. Combien de personnes sont accrochées à la vision d'autres personnes plutôt qu'à la leur ?! Ce langage est rempli de fausses réalités, de croyances, de superstitions, de rumeurs. Si j'ai eu deux fois au moins une mauvaise expérience dans un certain contexte, j'aurai tendance à en tirer une généralité qui deviendra alors tout à fait irrationnelle.

Par exemple : à l'âge de 12 ans, un garçon s'est fait menacer dans un parc à la tombée de la nuit. À l'âge adulte, il enseigne à ses enfants qu'il est toujours dangereux de se promener à la nuit tombante. Il va même jusqu'à récolter des informations pour valider sa pensée.

Pour vous entraîner à ce langage

Laissez-vous associer librement, sans vous censurer, avec n'importe quel mot facile ou difficile ; soit vous obtenez des mots logiques qui font référence à votre espace culturel, intellectuel ou familial ; soit vous obtenez des mots illogiques faisant référence à des mémoires et des conflits. D'après mon expérience, le don de créativité dans ce domaine se révèle souvent être une adaptation métaphorique à des conflits.

5. Le langage virtuel

Ce langage virtuel m'est apparu comme évident et important à considérer en écoutant de jeunes patients et mes propres enfants. Les univers livresque, télévisuel, informatique et cinématographique sont si proches de la réalité qu'ils peuvent induire des chocs et des constructions psychiques particulières.

Ce langage virtuel permet de faire des liens entre fantasme, rêve et réalité, mais il peut également inculquer des croyances et de fausses réalités. « Parce que la télévision en a parlé, c'est vrai. » Ce langage cible des publics différents et génère une culture particulière.

Avantages

Ce langage propose une grande quantité d'informations en très peu de temps. Il peut nous inciter à observer le pourquoi de nos attirances et répulsions pour certains mots ou images.

Il nous met en contact avec des cultures différentes, parfois même à un niveau planétaire. Il nous aide à créer des liens avec des personnes.

Inconvénients

Ce langage peut nous faire confondre le virtuel et la réalité. Il nous plonge dans l'illusion du lien.

Si on ne ménage pas des pauses écran régulières, on risque de confondre virtuel et réalité.

Pour vous entraîner à ce langage

Nous sommes tellement stimulés de toutes parts par des composantes de ce langage qu'il est difficile de ne pas le rencontrer et donc de ne pas en améliorer sa maîtrise presque à notre insu !

Se tenir informé, en alternant les médias, reste un moyen pertinent de s'entraîner à la maîtrise de ce langage : télévision, radio, Internet, journaux, cinéma...

6. Le langage corporel

Le langage corporel est la façon dont le corps exprime nos conflits.

- Position de la tête ?
- Épaules ?
- Thorax ?
- Bassin ?
- Jambes ?
- Façon de parler ?
- Démarche ?...
- Symptôme ?

Tout cela indique notre façon de gérer nos conflits et nos ressources. Cela met également en exergue les zones de pression ou de détente, nous invitant ainsi à imaginer comment sont les organes sous-jacents : compressés, « à l'aise »...

Le dos voûté indique-t-il par exemple une dévalorisation, un manque d'espace, un poids trop lourd à porter ?

Des genoux qui rentrent vers l'intérieur sont-ils ainsi pour cacher sa sexualité ?

Un long cou permettra-t-il de se placer « au-dessus » afin de ne pas se sentir dévalorisé ?

La bioénergie en parle beaucoup, sous l'égide des travaux de W. Reich, A. Lowen et bien d'autres praticiens et chercheurs. Ces approches s'intéressent au travail sur la posturologie, les chaînes musculaires, les fascias ou à certaines techniques ostéo-articulaires, d'énergétique chinoise, etc. Elles mettent à jour les cuirasses que le corps a bâties pour se défendre et s'adapter aux stress affectifs, relationnels ou sociaux. Une cuirasse est comme une enveloppe dure et imperméable qui insensibilise notre corps. Elle est l'expression du blocage d'une émotion et de certaines sensations. En fonction du type de conflits auxquels elle est reliée et de l'âge auquel elle se forme, les muscles de certaines zones du corps vont se contracter et durcir.

La cuirasse pelvienne bloque le libre mouvement du bassin et des organes génitaux et donc notre vitalité.

La cuirasse abdominale est reliée au besoin de contrôler, de retenir, et aux sensations de vide.

La cuirasse thoracique est une cuirasse de protection, elle se manifeste par une respiration bloquée et une colonne vertébrale raide ; l'individu se rigidifie pour ne plus souffrir. Il a comme un « nœud dans la poitrine ».

La cuirasse de la tête cache certaines émotions telles que la tristesse, la colère ou la terreur ; le cou, les muscles des joues, de la bouche et des yeux sont tendus.

À ces cuirasses de base, s'ajoutent celles reliées aux identifications à teneur plus comportementale ou posturale. Citons la cuirasse parentale (nous ressemblons physiquement à nos parents), la cuirasse du groupe (phénomènes de mode, rites, etc.), la cuirasse du paraître (besoin d'exister à travers le regard de l'autre) et la cuirasse sociale reliée à la conformité, à ce qui est socialement acceptable.

On peut en déduire que le corps est un média s'exprimant sans cesse dans sa structure, ses masses musculaires, la répartition de ses tensions, les différentes couleurs de la peau, l'emplacement des grains de beauté, les formes du visage, des ongles, etc.

À chaque fois que nous mobilisons notre corps ou qu'une personne le touche de multiples façons – amicale, sociale, sensuelle ou thérapeutique – certaines mémoires peuvent se réveiller et nous déranger. Ainsi, en agissant sur le corps, on agit aussi sur le cerveau et l'inconscient. De nombreuses techniques à médiation corporelle permettent à des patients de contacter des ressentis et de s'en libérer. Tout ce qui touche notre corps fait vraiment partie de notre réalité inconsciente.

En observant les gestes qu'une personne utilise pour s'exprimer, on obtient alors des informations complémentaires :

« J'en ai marre... »

La personne repousse avec les mains une masse invisible qui part du ventre.

« Si tu continues ce geste, qu'est-ce que tu sens que tu repousses ? »

Les vêtements sont également porteurs d'informations. Les motifs, les couleurs, les inscriptions sur un T-shirt ou un pantalon nous montrent sur quoi on cherche à mettre l'accent. L'analyse de ces éléments est à inclure dans un contexte d'écoute et de curiosité. Nous sommes loin ici de l'idée de faire une analyse sauvage visant à psychologiser les moindres faits et gestes d'une personne.

Avantages

Ce langage invite à la prise de conscience de soi dans une dynamique corporelle : mouvement, voix, posture, respiration. Il implique une présence au corps comme interface entre le soi psychique et le soi biologique et corporel. Il apporte des informations pertinentes au sujet de la construction psychique personnelle. Il permet d'augmenter le ressenti. La sexualité est particulièrement concernée par le mouvement des jambes, du bassin, du bas du dos et du ventre. Le lien affectif est, quant à lui, plus relié à la zone du cœur et aux bras. Quelle différence de perception avons-nous entre le haut et le bas du corps ?

Inconvénients

Ce langage nécessite une certaine culture afin d'éviter les stéréotypes. Sinon, cela équivaut à agir vis-à-vis de quelqu'un en se basant sur des présupposés de compréhension que l'on n'a pas forcément vérifiés.

Pour vous entraîner à ce langage

Toute pratique corporelle peut aider à mieux saisir ce langage.

Observer et se former : ceci reste le meilleur des apprentissages.

7. Le langage sémantique

Ce langage, appelé aussi langue des oiseaux, utilise les mots dans leur sens littéral mais aussi les mots dans les mots. Notre cerveau enregistre les mots, leur double sens et leurs ressemblances. En voici quelques exemples :

« Quel est votre métier ?

— Masseur

— Que vient-elle faire ici ?

— J'ai toujours rêvé d'en avoir une !

— De sœur ?

— Non de masseuse... »

- Je me noie dans mes problèmes
- J'ai la pêche
- Cette situation est dégueulasse
- Tout me fait chier
- Je suis gavé par...

Dans les exemples ci-dessous, les mots représentent l'expression de nos organes et sont à entendre comme un lapsus biologique :

- « J'en ai marre » (liquide ? reins ?)
- « Je m'en tape » (agression de contact)
- « J'ai les boules » (ganglions ? gonades ?)
- « Ça me tombe dessus » (système nerveux ? colonne vertébrale ? Choc ?)

Le prénom et le nom de famille

Ils reflètent un axe de vie, une façon d'être, un sens que l'on porte toujours avec soi comme une toile de fond qui donne une empreinte particulière à notre existence. Le désir de changer de nom et les doubles prénoms sont autant de pistes permettant l'accès à des ressentis intéressants à explorer.

Nous trouverons aussi les lapsus, les contresens, les erreurs de noms, de mots, les difficultés d'orthographe ou celles reliées à la maîtrise des langues étrangères.

Cette langue se définit par :

- L'origine étymologique ou approximative.

  Exemples :

  Sylvain : s'il vaint – si le vin – si levain

  René : re-né : né deux fois

  Amusé : âme usée
- L'arrangement proche des consonnes et voyelles : le Coran – le courant – l'écœurant
- L'inversion de syllabes : Caillou / Yucca (plante)

- La séparation des mots :

  Maladie : mal à dit : mala dit : m'Allah dit

- La très proche ressemblance des mots :

  Nourrir : mourir

  Nature : mature : rature

- Le G et le GUE

  Guérison : j'ai raison

Le jeu d'esprit étant aisé, il faudra viser le décryptage du mot sous-jacent porteur d'une nouvelle information.

Avantages

Ce langage permet d'enrichir son écoute relationnelle, de ne pas être dupe de ses contresens ou de ses lapsus, de ses expressions et de son inconscient concernant ce qu'on aurait aimé dire ou ne pas dire. Il invite à découvrir d'autres sens à un texte ou une expression.

Inconvénients

Les mots nous ouvrent à de nouvelles pistes ou secteurs de notre inconscient, mais restons vigilants car une approche intellectuelle n'est pas suffisante pour déverrouiller nos conflits. Une carte de l'Espagne ne nous dispense pas du voyage. Il en va de même avec notre inconscient...

Pour vous entraîner à ce langage

Écoutez, écoutez et écoutez encore. Répétez les mots, les expressions et explorez en vous les effets de leur sonorité.

8. Le langage numérique

Ce langage nous fait entrer dans la compréhension des chiffres. Cette réalité numérique est très présente dans notre inconscient. Elle s'y inscrit de façon très précise.

Par exemple, notre date de naissance peut faire écho à des dates similaires dans les générations passées au sein de notre famille. Un décès qui tombe le même jour qu'une naissance passée ou une naissance qui arrive le même jour qu'un décès passé peut révéler des programmes conflictuels au niveau transgénérationnel. Les dates de naissance et les dates de conception indiquent aussi des liens transgénérationnels (cf. ouvrages de Salomon Sellam).

Les travaux de Marc Fréchet sur les cycles cellulaires mémorisés nous plongent pleinement dans ce langage numérique. En voici quelques aspects :

Le cycle d'autonomie

Ce concept majeur en décodage biologique nous permet de mieux comprendre certains faits de notre vie. Tout d'abord, déterminons le moment où nous nous sommes séparés de nos parents, c'est-à-dire le moment où nous avons pris notre indépendance financière ou lorsque nous avons créé notre propre famille. Cette autonomie s'établit couramment entre 19 et 25 ans. Cette phase d'indépendance correspond en fait à une renaissance. Qui dit renaissance dit aussi traverser certaines difficultés rencontrées entre la naissance et la prise d'autonomie véritable.

Par exemple, Patrick a pris son autonomie à 20 ans. Cela veut dire que tous les vingt ans, il se remet à parcourir, sur des harmoniques différentes, ce qu'il a vécu entre 0 et 20 ans (de 0 à 20 ans puis de 20 à 40 ans, puis de 40 à 60 ans...).

À l'âge de 5 ans, il a perdu son père décédé dans un accident de voiture. À 25 ans, Patrick est profondément meurtri par une séparation conjugale ; sa femme est partie avec son meilleur ami. À 45 ans, il perd son emploi car son poste est attribué à son meilleur ami. On voit qu'un événement majeur qui s'est déroulé lorsqu'il avait 5 ans retrouve un écho à 25 ans puis à 45 ans.

Ce langage nous permet de comprendre que certaines situations de vie arrivent dans un certain ordre et répondent à une logique spécifique. En établissant nos cycles cellulaires mémorisés, nous donnons sens à notre passé en lien avec notre présent. Quant à notre futur, il nous démontrera si nos conflits ont été résolus ou non...

La moitié

Si vous prenez une corde de guitare, la tendez et la faites vibrer, vous obtiendrez alors un son spécifique. Si vous partagez cette même corde en deux, vous obtiendrez le même son mais une octave plus haut.

À la lecture d'une lettre écrite par son ami, Aline, 24 ans, sombre dans une grande confusion et décide de mettre fin à ses jours. Pourtant, son ami ne faisait mention ni de rupture, ni d'échec relationnel. En fait, Aline réactivait un événement très précis. Alors qu'elle était âgée de 12 ans, son père lui avait envoyé une lettre dans laquelle il lui expliquait qu'il ne la reverrait plus que très sporadiquement.

Cet exemple illustre que nous pouvons retrouver des conflits majeurs en divisant l'âge concerné par deux.

Les mois de grossesse

Les mois de grossesse peuvent être ponctués d'événements précis qui peuvent se revivre dans le mois correspondant après la naissance. Si le troisième mois de grossesse a été très conflictuel, le troisième mois après la naissance pourra être vécu dans un climat de grande peur ou de vulnérabilité. Les pressions importantes subies par le fœtus lors du huitième mois de grossesse peuvent se manifester sous forme de peur et de dépression huit mois après la naissance.

La fratrie

L'ordre d'arrivée dans une fratrie a une grande importance dans notre histoire et notre relation aux autres. L'aîné a le numéro 1, le second a le numéro 2 et ainsi de suite. Il faut compter les mort-nés, les enfants décédés en bas âge, les fausses couches et les avortements thérapeutiques ou volontaires. En effet, le décodage biologique comptabilise toute vie commencée pour déterminer la place de fratrie.

Considérer le rang de fratrie permet de mieux comprendre les relations entre les membres d'une même famille. On trouve souvent plus d'affinité entre personnes nées à la même place. Elles se comprennent mieux. Un parent a souvent plus d'affinité avec l'enfant de même position alors qu'il peut être « en conflit » avec un enfant de position différente.

Les positions 1-4-7 sont en connivence. 2-5-8 et 3-6-9 également.

1	2	3
4	5	6
7	8	9

L'ordre de naissance est confus ou décalé s'il y a eu des IVG et des fausses couches. Des organisations transgénérationnelles s'éclaircissent à la lumière de ces rangs de fratrie.

Comme nous l'avons vu, les différents âges de vie peuvent laisser apparaître des mémoires spécifiques. Il en va de même pour les numéros de rue, d'immatriculation, de chambres, etc. Les indications biologiques indiquent, quant à elles, des quantités : marqueurs biologiques, analyse de sang, taux de cholestérol, etc. Tout ceci peut être intéressant à explorer.

Avantages

Ce langage nous permet d'accéder à des renseignements de tout premier ordre qui agissent avec une logique étonnante. Il met en évidence toute la richesse et la cohérence du langage biologique. Le hasard n'existe pas et cette logique des chiffres le démontre dans bien des situations. Accéder ainsi à son arbre transgénérationnel est une source supplémentaire de connaissance.

Inconvénients

Quelquefois, ces calculs ne fonctionnent pas bien et il est important de les relativiser. Par exemple, lorsque le moment de prise d'autonomie n'est pas clairement défini, il devient presque impossible d'utiliser cette grille de calcul.

Et, comme pour les autres langages, toujours le même écueil à éviter... celui d'utiliser cette grille numérique pour justifier des échecs plutôt que de les confronter.

Pour vous entraîner à ce langage

Étudier et rechercher les dates de décès, de naissance, de conception (+ ou – 9 mois avant la naissance) dans votre arbre transgénérationnel vous permettra de déterminer les liens inconscients avec vos ancêtres.

Étudiez l'histoire de votre vie et vos cycles cellulaires mémorisés.

Repérez les autres chiffres de votre vie, particulièrement quand ceux-ci se répètent.

Exemple : il est impératif pour Claire de perdre 19 kilos. Elle aurait pu dire « plusieurs kilos » ou arrondir à « 20 kilos ». Eh bien non, elle insiste pour dire 19 kilos qui correspondent en fait au départ d'un ami, parti lorsqu'elle avait 19 ans et qu'elle refuse d'oublier depuis.

9. Le langage transgénérationnel

Ce langage correspond à notre ressenti biologique à l'intérieur de notre propre famille. Lorsqu'on est chez ses parents ou dans une fête familiale, on peut souvent revivre des comportements automatiques. Avez-vous déjà observé votre voix changer en parlant à votre père ou à votre mère ? Êtes-vous dans un rôle de nourrisson, d'enfant, d'adulte, de parent ou de grand-parent ?

Ce langage est une opportunité pour vérifier ce qui a réellement changé dans votre position familiale.

Avantages

Ce langage permet de mieux voir sa position dans la hiérarchie familiale et transgénérationnelle. Comment les gens de votre famille ont-ils résolu les problèmes similaires à ceux que vous rencontrez aujourd'hui ? Quels genres de métiers, de comportements, de couples, vos ancêtres ont-ils eus ?

Connaître ses ancêtres, c'est reconnaître le fonctionnement de sa biologie.

Inconvénients

Vous pouvez vous sentir limité par des loyautés familiales. Certaines libérations thérapeutiques peuvent devenir conflictuelles dans votre inconscient familial.

Exemple : Patrick aimerait être plus satisfait de sa sexualité. S'il le devient effectivement, il devra s'opposer à toute une lignée masculine de prêtres et d'hommes sans sexualité.

Pour vous entraîner à ce langage

Prenez conscience des mémoires de clan présentes en vous.

Informez-vous auprès des membres encore vivants de votre famille. Observez vos réactions lors des regroupements familiaux car les attirances, les ressemblances, les conflits, les ruptures etc. sont autant de moyens d'expression du langage transgénérationnel.

Les synchronicités et les neuf langages

« *Le hasard est le moyen que prend Dieu pour voyager incognito.* »
A. Einstein

La compréhension de ces neuf langages nous fait entrer dans le royaume de la synchronicité. Carl G. Jung fut d'ailleurs le premier à définir cette notion dans le cadre de sa pratique psychanalytique.

Voici quelques éléments de compréhension tirés de mon expérience.

Un événement se produit de façon soudaine en dehors d'une logique apparente de temps ou d'espace. Cet événement est porteur d'un sens précis qui n'appartient qu'à l'observateur ou à un groupe relié par une même réalité (clan familial, groupe de travail, etc.).

Chaque langage est porteur de synchronicités. Par exemple, Alain a un accident de voiture le 13 juillet 2000, sa voiture est une 206 Peugeot et il se blesse légèrement à l'épaule gauche rue du Bât d'Argent à Lyon. En considérant les neuf langages biologiques que nous venons d'aborder, Alain devra comprendre toutes ces/ses réalités présentes dans cet accident et leur donner un sens à la lumière de l'histoire de sa vie. Ceci lui permettra de déprogrammer : toute douleur chronique, toute peur ou émotion excessive dans sa voiture, toute répétition accidentelle dans le futur, etc. Il ne s'agira pas de donner une vague explication métaphysique voulant satisfaire une recherche de sens non porteuse de changement réel. Il sera plutôt question d'une recherche intérieure qui engendrera une nouvelle compréhension de soi, de sa vie et de son histoire personnelle et, éventuellement, transgénérationnelle.

Conclusion

Différents courants de psychologie (Freud, Jung, Reich, Erickson...) et de neurobiologie (Damasio, Changeux, Hamer, J. Ledoux, Prochiantz) ont permis de donner différents sens à l'inconscient. À la lumière de ces abondantes informations, il apparaît clairement que l'exploration de son inconscient permet de :

- obtenir des informations sur soi, son cerveau, son corps, sa vie, son enfance, sa famille,
- déverrouiller des conflits physiques, psychiques et comportementaux,
- découvrir de nouvelles ressources en soi,
- être en lien tant au niveau personnel que transpersonnel.

Amélioration et aggravation

Tout ce qui améliore un symptôme, un comportement, un problème relationnel... se décode comme un éloignement du conflit. Tout ce qui, au contraire, l'aggrave se décode comme le rapprochement d'une situation conflictuelle.

Ces neuf langages permettent donc d'explorer neuf facettes d'une situation, d'un comportement, d'un problème auquel j'ai envie de donner sens.

Par exemple, prenons le mot « naissance » :

- De quelle façon concrète suis-je né ? / langage réel
- Quelle réalité interne ai-je vécu lors de cette naissance ? / langage biologique
- À quoi est-ce que j'associe cette naissance ? / langage irrationnel
- Quels seraient pour moi les symboles représentatifs de la naissance ? / langage symbolique

- Lorsque je dis le mot « naissance » plusieurs fois de suite, quels autres mots ou quelles sonorités est-ce que j'entends ? / langage sémantique
- Si je regarde un film sur la naissance, qu'est-ce que je ressens, vois, retiens ? / langage virtuel
- À quelle(s) partie(s) de mon corps est-ce que je relie ma naissance ? / langage corporel
- À quoi correspond ma date de naissance (événement familial, social, mondial...) ? / langage numérique
- Quelle place ma naissance prend-elle au sein de ma famille ? / langage transgénérationnel

Chapitre 4.

Le ressenti

Le ressenti biologique est la clé de voûte de notre travail en décodage biologique. Idées et théories sont potentiellement intéressantes si elles permettent de modifier notre ressenti. Alors étudions cela de près.

Qu'est-ce que le ressenti ?

Le ressenti biologique est un mouvement vécu à l'intérieur de soi. Il inclut différents niveaux d'activité intérieure que nous tenterons de définir :

- Modification et prise de conscience de son système de pensée.
- Modification et prise de conscience de différentes sensations.
- Émergences d'émotions.
- Changement corporel (limitations ou libérations).

Le ressenti biologique est à la fois intérieur et extérieur.

Intérieur et invisible car quelque chose se passe en soi que nul ne peut voir sauf peut-être un thérapeute aguerri à l'écoute et à l'observation de son patient.

Extérieur et visible car ce ressenti se manifeste de différentes façons. Observons comment une personne bouge avec son corps, s'exprime verbalement ou bien quels mots elle utilise.

Accéder à son ressenti nécessite un certain entraînement. La bonne nouvelle est que cet entraînement est simple et très stimulant car il produit des résultats positifs sur soi. L'aspect délicat est que cela demande de prendre conscience de zones d'ombre, souvent douloureuses.

Le ressenti concerne l'ensemble de notre corps car, par essence, un mouvement intérieur peut surgir de n'importe quel endroit de notre corps. Grâce à notre attention, nous pouvons zoomer sur une partie précise. Si par exemple je décide de zoomer sur le bas de mon dos car il est souvent sensible, je veux y découvrir ce qui le rend si sensible.

Un ressenti peut contenir une histoire toute entière remontant à la conscience. Il peut aussi se manifester par une sensation de changement intérieur grâce à la description complète de ce ressenti.

Patrick revoit sa naissance et, grâce à cela, il libère de nombreuses tensions dans sa cage thoracique.

Juliette décrit très précisément sa douleur et apprend à dialoguer avec elle. À chaque fois qu'elle le fait, la douleur qu'elle ressent à son genou se modifie, diminue, pour progressivement s'éliminer.

Les émotions : expression du ressenti

Si les grandes émotions fondamentales sont universellement identifiables par les mimiques et les attitudes qu'elles provoquent, d'autres sont plus subtiles. Émotions et sentiments colorent la vie de chaque individu de façon unique.

Opposées à la noble raison, les émotions ont eu et ont encore mauvaise réputation, sans doute à cause de leur nature pulsionnelle. Il est intéressant de noter que les définitions du dictionnaire insistent sur l'aspect « trouble », ce qui n'a pas grand-chose à voir avec l'étymologie du mot qui signifie « mouvoir vers l'extérieur ». Les émotions sont donc une expression d'un ressenti interne précis. Ainsi, la tristesse tend, par exemple, à exprimer la perte ou la séparation... ; la colère, le refus ou l'envahissement...

Le siège des émotions se situe dans le cerveau limbique avec l'amygdale (partie supérieure du tronc cérébral) qui constitue schématiquement une sorte de « centrale de sécurité » qui évalue les perceptions selon un critère simple : « est-ce bon ou mauvais pour moi ? ».

L'amygdale n'est pas très logique dans son fonctionnement parce qu'elle est le support de la mémoire affective ; elle confond certains éléments de la réalité présente avec des souvenirs ou des représentations et, par association, elle se réactive. C'est ce qui donne aux réactions émotionnelles un caractère quelquefois irrationnel. En cas de stress, cette stimulation de l'amygdale provoque une hypersécrétion de certaines hormones (adrénaline, cortisol, endorphines...) impliquées dans de nombreuses réactions physiologiques mais aussi, si le stress est persistant, une diminution du système immunitaire.

Cette étroite interrelation entre les émotions, le système hormonal et le système immunitaire, montre à quel point l'équilibre psychique peut collaborer à la santé physique.

Dans les premières années de la vie où l'enfant ne possède pas ou peu le langage, les émotions vont avoir un rôle décisif dans l'organisation des circuits nerveux. Plus l'amygdale est stimulée, plus l'information s'imprègne profondément. Ces empreintes précoces à fort contenu émotionnel vont réapparaître périodiquement dans notre existence. Elles sont d'ailleurs d'autant plus submergeantes qu'elles sont privées des mots qui pourraient nous aider à retraduire l'expérience, et qu'elles provoquent des débordements d'émotion inexplicables.

Le comportement émotionnel d'une personne est relié à sa culture mais surtout à son histoire et à son éducation. On peut expliquer physiologiquement certaines différences entre les attitudes émotionnelles des hommes et des femmes, mais c'est l'éducation qui fixe ces comportements : « Ce sont les filles qui pleurent. Les garçons n'ont pas peur... ».

La façon dont les émotions du petit enfant sont perçues par ses parents et son environnement et les réponses qui sont apportées vont organiser son comportement émotionnel adulte. On peut diviser ce comportement en quatre types de réactions :

Le refoulement

Parce qu'elle est associée à une expérience douloureuse ou parce qu'elle a été réprimée ou connotée péjorativement, une émotion peut être rayée de la palette d'expression d'une personne au point qu'elle n'en a même plus conscience.

L'émotion transgénérationnelle

Les émotions transgénérationnelles appartiennent à un ancêtre. Quand elles se manifestent, la personne ne sait pas vraiment expliquer ce qui se passe en elle à un instant précis, cela reste vague et confus. Elle a souvent l'impression, soit que cela ne lui appartient pas, soit qu'elle ne peut pas du tout la relier à son histoire.

L'émotion compulsive ou secondaire

La personne a tendance à réagir systématiquement et de manière répétitive avec une seule émotion à toute situation la mettant en difficulté. Les émotions secondaires remplacent d'autres émotions que l'individu est souvent incapable d'exprimer. Elles ne sont pas adaptées à la situation. Par exemple, une personne est blessée par une parole et se met en colère au lieu d'exprimer sa tristesse.

La réponse adaptée ou primaire

Les émotions primaires sont adaptées à la situation et en adéquation avec ce que la personne est en train de vivre. La personne est capable d'exprimer une émotion adaptée au contexte. Les émotions s'expriment librement et disparaissent au moment où la perception de la personne change. Elles ne sont pas prévisibles.

Elle pleure si elle perd quelqu'un, rit quand on plaisante, se met en colère si on exagère à son encontre...

Ce dernier comportement est bien sûr le plus souhaitable mais, la plupart du temps, nous sommes organisés sur l'une des deux tendances suivantes : la maîtrise excessive qui donne l'apparence trompeuse d'un équilibre, ou des excès encombrants pour soi-même et pour l'entourage.

Les nœuds émotionnels sont souvent à l'origine de difficultés relationnelles parce qu'ils ne favorisent pas l'empathie qui est la capacité à prendre le point de vue de l'autre, de percevoir ce qu'il ressent, faculté indispensable pour métacommuniquer[1].

1. Toute communication a un caractère complexe puisqu'elle oblige à un double processus : comprendre le contenu du message et interpréter la façon dont il est représenté – les intentions, les sous-entendus qu'un sourire ou un geste de la main suffisent à indiquer. En terme de niveau, cela veut dire que la relation est d'un niveau supérieur au contenu, d'où le terme de métacommunication.

La connaissance de soi et des autres est indissociable de la connaissance de notre fonctionnement émotionnel. Ce travail passe par l'identification des émotions, quand et dans quel contexte elles s'expriment, à quels événements elles font référence. Permettre l'expression des émotions, c'est permettre de défaire des encodages trop restrictifs dans le cerveau et tout l'organisme.

Les étapes du processus du ressenti

Un ressenti se déploie en plusieurs étapes.

Dans le processus d'un ressenti négatif, la première étape est de nommer le problème et de reconnaître son ressenti tel qu'il est. Elle se caractérise par des sensations plus ou moins fortes de mal-être interne.

La deuxième est l'acceptation et l'amplification du ressenti. Il se développe naturellement, nous pouvons ainsi nous laisser nous immerger dans les sensations.

La troisième est son développement dans l'ici et maintenant. Au fur et à mesure que le ressenti apparaît, je peux percevoir ses modifications en moi.

La quatrième correspond à la prise de conscience : je comprends le lien entre ce qui se passe là, maintenant, et l'origine de ce ressenti.

La cinquième étape est reliée à la circulation interne et à un lâcher-prise. Des sensations de bien-être, d'équilibre, de libération d'énergie apparaissent.

Enfin la dernière phase permet la réorganisation globale. À ce moment-là, des bâillements, des soupirs peuvent se faire entendre et on peut ressentir le besoin de se reposer et de se détendre.

En résumé :

- Étape 1 : J'identifie un comportement, un mal-être, une pensée que j'ai envie de faire changer : par exemple, je n'ai pas de plaisir sexuel.

  En m'aidant des neuf langages, j'identifie son apparition et son expression en moi : je ne supporte pas la vue d'un sexe. Face à une photo, une pensée ou un événement, j'accepte cette sensation désagréable à travers tout mon corps.

- Étape 2 : Je décris ce qui se passe dans mon corps et ma tête : douleur à la tête, nausée, mal au ventre, dégoût...
- Étape 3 : Au fur et à mesure que j'accepte de traverser ce tunnel de sensations, commence à venir à moi une situation d'enfance. Alors que j'avais 10 ans, un exhibitionniste m'a montré son sexe. J'ai été profondément choqué et n'ai jamais pu en parler à quiconque.
- Étape 4 : En prenant conscience de toute ces terreur et peur accumulées en moi, ces tensions intérieures se libèrent et je me sens de mieux en mieux dans mon corps.
- Étape 5 : Suite à cette prise de conscience, je sens des courbatures dans tout mon corps mais aussi un grand soulagement interne.

Ne pas vouloir reconnaître un ressenti négatif peut être une source de stress, de fatigue, de somatisation (c'est la biologie qui s'exprime), d'introversion et de renforcement des cuirasses.

Face à un ressenti agréable, nous pouvons accueillir la sensation, l'explorer et la savourer. La respiration, en l'amplifiant, aide à sa diffusion dans tout le corps. Quand nous ressentons quelque chose d'agréable, nous nous sentons en harmonie avec l'environnement.

Conclusion

Vous et votre corps

Nous entretenons chacun une relation avec notre corps qui est influencée et donc caractérisée par notre culture historique, géographique, familiale et sociale. Aussi peut-on dire que notre perception corporelle est multifactorielle et multisensorielle.

La vue de votre propre corps est-elle pleinement acceptable ? Pouvez-vous aisément vous regarder nu(e) dans un miroir, sans mensonge ni jugement ?

La vue de nos mains et de notre visage est envisageable pour la plupart d'entre nous car nous avons l'habitude de voir ces parties dénuées de vêtements... Mais qu'en est-il du haut et du bas, de l'arrière et de l'avant ? De la forme et des imperfections de notre corps ? Notre corps n'est-il qu'un ensemble de parties mises bout à bout... ? Nous trouvons que nous avons juste de beaux yeux, le reste est si laid... Qu'en est-il du corps des autres ? Comment vivons-nous notre spécificité corporelle au milieu de tous ces artifices virtuels d'hommes et de femmes, objets rêvés et intouchables, standards implacables où tous les corps semblent devoir se ressembler ?...

Et le contact ? À cause d'une séparation bien trop souvent abrupte et rapide entre la mère et l'enfant, le contact à l'autre n'a pas eu le temps de pleinement se construire. Dans ce contexte d'inachevé, il n'y a qu'un pas pour considérer la relation au corps comme taboue, indiscrète ou ambiguë... Est-il acceptable de se toucher ? Si peu...

Aujourd'hui, plus que jamais, des procès ont lieu pour réserver le monopole du « droit à masser » à des kinésithérapeutes – qui ne massent d'ailleurs même plus car ce n'est pas suffisamment rentable...

Lorsqu'on étudie différentes civilisations, on y retrouve souvent l'idée que le corps naturel est un corps estimé. Par contre, notre civilisation islamo-judéo-chrétienne est riche d'exemples montrant la séparation entre le corps et l'esprit, le vital et le spirituel. Dompter le corps permet d'anoblir l'esprit ; cet animal biologique et sauvage face à un esprit si civilisé... C'est ainsi qu'on se laisse à considérer que le corps est méprisable. Concept intellectuel certes mais qui induit également un déni du corps au niveau sensoriel. Idée toute-puissante laissant croire que seule l'éducation peut se targuer de rendre notre corps « humain » !! Derrière tout cela, que reste-t-il ? La peur de soi et la peur de l'autre, la peur de sa chair, de son sexe, la peur de ses désirs...

N'est-il pas venu le temps de cesser la guerre et de faire la paix avec son plus grand ami : son corps ?!

Seconde partie

Les différentes facettes de votre sexualité

Chapitre 5.

Comment avez-vous été pensé(e) ?

Le projet-sens : la toute première étape de votre existence

« *Permets à mon sourire*
de te dire ma tendresse,
Permets à ma main
de t'apporter du doux,
Permets à mon regard
de te dire ton importance.
J'aimerais que mon amour
t'agrandisse jusqu'à moi,
Et te porte loin dans tes projets.
J'aimerais que mes désirs
cisèlent les tiens
Pour en faire un diamant bleuté. »

Jacques Salomé[1]

1. Extrait de *Je t'appelle Tendresse*, Éd. Albin Michel.

« Le fait biologique, l'acte sexuel, ne suffit jamais à expliquer une conception. Il y a tant de femmes qui veulent des enfants et qui sont stériles, tant d'autres qui n'en veulent pas et qui sont enceintes... Il y a quelque chose qui est plus fort que le désir conscient : le désir inconscient. Nous pilotons rarement consciemment notre voiture, nous sommes souvent les passagers de notre vie. »

Christian Flèche[1]

Au commencement...

Lorsque deux êtres se rencontrent, ils se sentent attirés l'un par l'autre sans vraiment savoir pourquoi. Puis, ils échangent leurs points de vue sur le temps, leurs vies, leurs soucis, leurs similitudes et leurs différences de fonctionnement. Progressivement, commencent à s'ouvrir l'intimité, le contact, les baisers. Ils découvrent mutuellement leurs corps et leurs caresses. Mus par la curiosité, l'excitation et le désir de sexualité, leurs corps se mélangent et s'embrasent dans le plaisir d'être soi et d'être l'autre. La vie continue, la relation s'affine et vient alors le besoin de co-créer ensemble. Ils veulent maintenant donner une forme à cette création. Cette création, dans sa forme biologique, s'appellera un enfant.

Dans un contexte idéal de conception, le projet d'enfant est très conscient. Les deux adultes ont chacun pris un temps pour méditer sur le sens de cette création et y donner individuellement leur plein accord. Ils ont aussi communiqué ensemble au sujet de leurs peurs et de leurs doutes en sachant que la volonté et le désir de partager sont plus importants que leurs hésitations... Cet enfant en devenir est déjà porteur de désir, d'amour et de volonté d'incarnation des deux parents... deux parents qui posent des actes symboliques sur leur volonté de créer ensemble et qui inventent des rituels d'union afin de sacraliser chaque acte important de leur vie ; la sexualité en est un.

Le projet qui se trouve à l'origine du sens dont l'enfant est investi (projet-sens) prend forme durant les neuf mois (+ ou –) qui précèdent l'acte sexuel de conception. L'ambiance, l'environnement et le climat relationnel dans lesquels ce projet émerge, sont des paramètres qui imprègnent consciemment et inconsciemment la conception.

1. Extrait de *Mon corps pour me guérir* Éd. Le Souffle d'Or.

Quel projet se trouve à notre origine biologique ? Que vivaient nos parents à ce moment-là ? Quelles ont été leurs demandes conscientes et inconscientes à notre sujet ?

Toutes les composantes de ce projet vont se vivre à l'intérieur de nous comme un programme de fond de notre histoire formant un des fils conducteurs de notre vie. Un enfant conçu dans une période de guerre n'aura pas le même projet que celui conçu dans une communauté. Celui-ci n'aura pas non plus le même projet que celui conçu durant un tour du monde ; ou bien encore que celui conçu après un échec amoureux ou un deuil difficile. Ces projets-sens sont à la fois révélateurs de limites mais ils peuvent être aussi porteurs de qualités et de capacités. En nous intéressant à notre projet-sens, nous mettons en lumière un des fondements qui exprime le sens même donné à notre vie ; en comprendre les limites et les potentiels permet de faire grandir conscience de soi et droit à l'existence.

Histoire de Patrick

Patrick aime faire des études. L'objet de ses études est la recherche biologique. Il en est passionné.

Voici son projet-sens : son père et sa mère aimaient les études et surtout la biologie qu'ils étudiaient. Mais à cause de la guerre, ils n'ont pu mener leurs études à terme. L'objectif de vie de Patrick sera donc : « faire des études » et non pas « finir des études ». Son objectif conscient et inconscient est de suivre le projet de ses parents qui est de « faire des études ».

Patrick appelle « une étude » chacun de ses projets de recherche.

Ainsi il obtient de son projet-sens :

- une capacité : continuellement se ressourcer dans ses études,
- et une limite : l'incapacité à finir des études afin de rester en loyauté avec son projet-sens.

Patrick s'interroge beaucoup sur sa sexualité et son premier réflexe sera de s'informer sur la sexualité en étudiant de nombreux ouvrages.

Quelques pistes de recherche...

Le projet-sens...

« *Le problème est : on a oublié la question, mais on a gardé la réponse.* » Christian Flèche

Voici quelques éléments qui vous proposent de mieux cerner votre projet-sens. Vous pouvez vous retrouver dans plusieurs des différentes caractéristiques décrites.

Afin de bien comprendre ce tableau, il faut savoir qu'on peut mettre en place deux grands types de stratégies par rapport à son projet-sens :

- L'une est d'être dans la loyauté par rapport au projet-sens,
- L'autre est d'être dans la compensation par rapport au projet-sens.

En étudiant les deux aspects, on comprend mieux le projet-sens de ses parents sur soi.

Environnement parental 9 mois avant la conception	**Projet-sens**
Un des parents est dépendant d'une substance (drogue, alcool, médicaments)	Attirance pour cette substance ou lutte contre le fléau de cette substance
Deuil dans la famille	Remplacer celui qui manque ou dépression sur un deuil impossible
Conflits entre les parents	Éviter ou résoudre les conflits, coûte que coûte
Relation parentale idyllique	Tout doit toujours bien aller, le conflit est inacceptable
Climat de guerre	Lutter contre le stress de la vie. Être boosté par les situations stressantes
Enfant extrêmement désiré	Être à la hauteur des attentes de ses parents. Tentative récurrente de construire sa véritable autonomie

Manque de nourriture	Besoin impératif de faire des réserves Impression constante de manque ou jubilation à gâcher de la nourriture
Manque d'argent	Besoin impératif de gagner de l'argent N'avoir jamais assez d'argent ou jubilation à gaspiller l'argent
Manque d'amour	Recherche constante de partenaires ou célibat convaincu. Difficulté à être satisfait(e) par la relation
Parents préoccupés par leur vie professionnelle	N'exister qu'au niveau professionnel Ne pas trouver sa voie professionnelle
Excès en tous genres (fêtes, alcool, sexe...)	Recherche permanente de vie saine, ascétisme ou débauche
Plaisir de vivre, sentiment général de satisfaction	La vie vaut la peine d'être vécue, je suis de nature optimiste
Peur de l'absence de descendance due à l'âge	Sentiment de devoir rester avec ses parents pour les soutenir ; ne pas pouvoir créer sa propre famille. Ou bien, faire des enfants très jeunes

Questionnaire

1. Que vivaient mes parents durant les 9 mois qui ont précédé ma conception, soit 18 mois avant ma naissance ? Je peux interroger mon entourage familial : je demande à mes parents (ou des personnes proches d'eux) ce qui s'est passé durant les neuf mois avant ma conception.

   Si je suis né le 15 mars 1960, j'enlève 9 mois approximativement de grossesse soit 15 juin 1959, il s'agira de la période de temps entre le 15 septembre 1958 et le 15 juin 1959. J'écris tous les événements importants de cette période (décès, naissances, mariages, maladies, déménagements, accidents...).
2. Quels événements familiaux ont eu lieu durant cette période ?
3. Quels événements mondiaux ont eu lieu durant cette période ?
4. Qu'ai-je vécu durant les 9 mois qui ont précédé la conception de mon ou mes enfants ?

Réponses au questionnaire

1. Toute création est précédée d'une phase d'élaboration immatérielle. La façon dont je vis ces phases de pré-création (personnelles, professionnelles, relationnelles...) repose en partie sur ce que vivaient mes parents avant ma conception.
2. et 3. Bien sûr mon histoire peut se relier à de grands événements familiaux ou mondiaux (décès, guerre, rupture, départ, etc.).
4. Il est probable que vous puissiez établir un parallèle entre votre conception et celle de vos enfants. Cela vous donne des éléments de recherche afin de comprendre ce que vos enfants expriment de votre histoire, de façon plus ou moins inconsciente.

Protocoles

1. Protocole extrait de *Les protocoles de retour à la santé*, page 245 : Défaire l'histoire d'une difficulté.

La ligne de temps permet de voyager dans un espace virtuel et d'accéder à un événement programmant ou structurant de son histoire personnelle. Utilisez ce protocole en imaginant dans une main votre lignée paternelle et dans l'autre main votre lignée maternelle. Progressivement ces deux lignées se rencontrent, que ressentez-vous lorsque vous rapprochez vos mains l'une de l'autre ?

2. Protocole avec pâte à modeler : prenez deux boules de pâte à modeler de couleurs différentes. Décidez quelle couleur représente votre mère et quelle couleur représente votre père. Mettez une boule de pâte dans chaque main en décidant qui ira dans la main droite et qui ira dans la main gauche. Malaxez les en ayant l'intention de mieux comprendre votre projet-sens. Puis mélangez les deux boules. Que ressentez-vous ?

L'état de maturité relié au projet-sens...

L'état de maturité est atteint lorsque nous avons la capacité à différencier ce qui nous appartient « librement » de ce qui provient des limites du projet-sens de nos parents. Il faut donc retrouver l'intention posée à l'origine de ce projet et décider si celle-ci est encore valable pour soi aujourd'hui. Il faut évaluer cela du côté de la lignée paternelle et du côté de la lignée maternelle. Une sexualité épanouissante et source de croissance relationnelle est porteuse d'un sens directement inspiré du projet-sens conscient et inconscient de nos parents. En mettant la lumière sur cela, nous nous libérons de nos premières limites sexuelles car nous mettons de la conscience sur la façon d'être en lien avec l'autre.

Quelles impressions avez-vous ressenties à la lecture de ce chapitre ?...

Notes personnelles sur ce chapitre :

Chapitre 6.

Comment avez-vous été conçu(e) ?

La conception : première étape de votre existence sexuée

« *Je ne peux m'empêcher de t'aimer au présent*
dans l'immédiateté de tous mes sens éveillés,
dans le fugace instant de mes élans,
dans le toujours de mes emportements.
[...]
Je t'aime non seulement dans l'azur de ma jouissance
Quand tu m'envoies dans les étoiles
Mais dans l'incertitude des petits riens
Qui traversent ma vie. »

Jacques Salomé[1]

1. Extrait de *Je t'appelle Tendresse*, Éd. Albin Michel.

Quelle a été l'expérience sexuelle de mes parents durant ma conception ?

Prendre conscience de cette phase de notre « vie », c'est être mieux à même de comprendre les schémas que nous avons répétés ou pourrons répéter dans la conception de nos enfants (ou futurs enfants) ou de nos enfants symboliques (création et projet).

Cette expérience est importante car elle est représentative de notre façon de créer, dans tous les aspects de notre vie ! Toutes les intentions premières plus ou moins inconscientes de nos parents colorent notre vie et donnent des tonalités différentes à tous nos commencements.

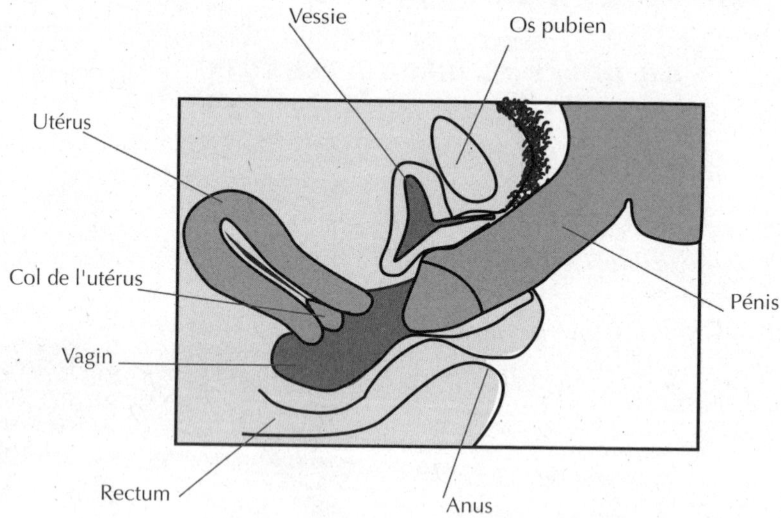

Pénétration vaginale

La conception résulte de la rencontre entre un homme et une femme qui ont chacun leurs croyances personnelles concernant leur propre sexe, celui de l'autre mais aussi concernant la vie tout simplement. De cette étape de conception nous reste une transmission, comme une imprégnation parentale qui se manifeste en nous sous forme d'idées fondamentales. Ces idées sont inscrites dans nos profondeurs et nous ne pensons même pas, la plupart du temps, qu'elles pourraient être transformées. C'est pourquoi nous les appelons des **croyances** ; nous en défaire, est-ce prendre le risque de nous défaire de nous-même ? Et pourtant, plus nous aborderons la teneur complète de nos croyances conflictuelles autour de notre conception, plus nous pourrons en approcher le contenu positif, c'est-à-dire les **valeurs** qui ont pu ou pourront représenter de véritables ressources de fonctionnement. Cette conception illustre nos premiers encodages biologiques (souvent inconscients) concernant nos polarités masculine et féminine.

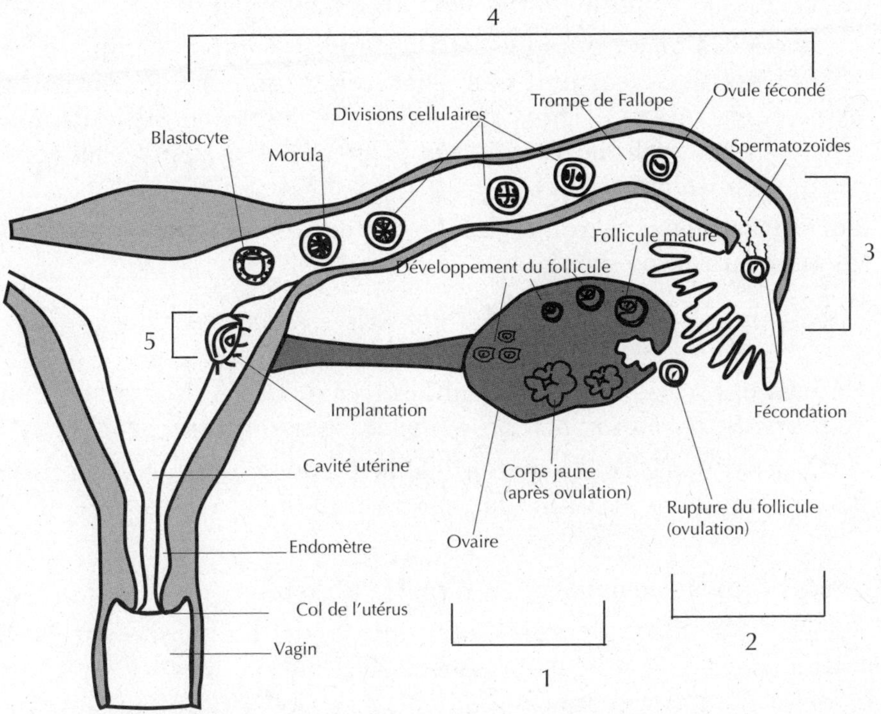

Ovulation, fécondation et descente de l'ovule vers l'utérus

1. Cycle ovarien : chaque mois, à partir de la puberté, un ovocyte (cellule sexuelle de la femme) reprend sa maturation parallèlement à celle de son enveloppe, le follicule.
2. Ovulation : elle se produit le 14e jour du cycle. L'ovaire expulse l'ovocyte dans la trompe utérine. A l'intérieur de l'ovaire, le follicule dégénère et se transforme en corps jaune.
3. Fécondation : un spermatozoïde fusionne avec l'ovocyte, qui devient alors un ovule. L'ovule est la première cellule de cette nouvelle personne.
4. Migration de l'ovule : l'ovule va subir une succession de divisions cellulaires. Il devient une morula puis un blastocyte. Le blastocyte est une petite sphère contenant un amas de cellules qui deviendra l'embryon.
5. Implantation : elle commence environ 6 jours après la fécondation. L'embryon va chercher l'endroit optimum de l'utérus pour se fixer.

Quelques pistes de recherche...

Voici quelques éléments qui vous proposent de mieux cerner votre conception. Vous pouvez vous retrouver dans plusieurs des différentes caractéristiques décrites.

1. La mère s'est trompée dans les dates d'ovulation.

Croyances possibles : Je suis décalé dans le temps. Temps externe et interne ne concordent pas. Distorsion temporelle. Toujours en avance, en retard... Dans ma sexualité, peut-être ai-je du mal à trouver mon rythme. Difficultés éventuelles à rendre ma contraception consciente.

Valeurs possibles : Je relativise le temps, les erreurs. J'accepte la gestion du temps de chacun.

2. La conception est planifiée, désirée et conçue.

Croyances possibles : Je suis stable et j'exécute mes projets, l'environnement est admiratif ou exaspéré par ma stabilité.

Valeurs possibles : Tout est réalisable à condition que je le décide. J'ai cette même attitude dans ma sexualité.

3. L'enfant qui n'est pas conçu dans le plaisir.

Croyances possibles : Je suis exclu du plaisir. L'intimité est conflictuelle. La sexualité est forcément difficile.

Valeurs possibles : Je cherche le changement et le plaisir par différents moyens. Je suis actif concernant mon processus de développement personnel (thérapies, loisirs, etc.).

4. La conception a lieu malgré la pilule, le stérilet ou le préservatif.

Croyances possibles : J'aime la sexualité lorsque je traverse des épreuves. Plus c'est difficile, plus c'est excitant. Je dois faire beaucoup pour être reconnu. Tendance à la dévalorisation dans ma sexualité.

Valeurs possibles : J'utilise chaque épreuve de ma vie pour mieux me comprendre. Je suis persévérant dans tout ce que j'entreprends. Capacité à gérer les imprévus ; j'arrive même à les considérer comme une source de richesse. Les grandes découvertes sont souvent le résultat d'accidents !...

5. La conception a lieu lors d'une nuit intense sans lendemain.

Croyances possibles : Mon plaisir est déconnecté de ma vie quotidienne. J'ai peur du lien avec un(e) partenaire.

Valeurs possibles : De jour comme de nuit, je dialogue avec moi-même et suis conscient de mes actes.

6. La conception est illégitime, l'un des partenaires pense à un(e) autre.

Croyances possibles : Je ne suis jamais avec la bonne personne, j'ai peur que mon partenaire me trompe avec un(e) autre.

Valeurs possibles : J'inclus mes fantasmes dans ma sexualité et je les partage avec mon partenaire.

7. La conception est reliée à un partenaire de travail.

Croyances possibles : Le travail est plus excitant que la famille.

Valeurs possibles : J'intègre ces deux espaces comme des espaces complémentaires et enrichissants.

8. La conception a été multipartenariale.

Croyances possibles : J'ai du mal à trouver un partenaire unique. Mon plaisir, mon fantasme est de rechercher des expériences multiples.

Valeurs possibles : Je comprends le rôle que chaque partenaire représente pour moi et j'en mesure les conséquences.

9. L'enfant conçu pour garder le père.

Croyances possibles : Il faut manipuler pour exister et avoir. Difficultés à ressentir la sécurité du lien homme/femme.

Valeurs possibles : J'ai la capacité à observer les comportements manipulateurs autour de moi.

10. La conception a lieu à l'insu du père.

Croyances possibles : La polarité masculine est évincée de la conception. Pour un homme : je ne suis pas responsable de mes actes sexuels ou j'ai du mal à me faire reconnaître en tant que père. Pour une femme : l'homme n'est pas très important ou toujours absent quand j'ai besoin de lui.

Valeurs possibles : Que je sois un homme ou une femme, je prends conscience des mémoires de conception dans mon clan et je réintègre l'homme dans sa vraie place de géniteur et de père.

11. La conception est programmée en vue d'un couple monoparental.

Croyances possibles : J'ai du mal à trouver ma place, je suis toujours mieux ailleurs.

Valeurs possibles : J'exprime mes « ailleurs » et j'apprécie le présent aussi.

12. La conception a lieu pour accompagner une fratrie.

Croyances possibles : Je n'existe que pour l'autre. Je suis au service de... Difficultés à faire un couple à cause de l'attachement incestueux au sein de ma fratrie.

Valeurs possibles : Je suis aussi important que l'autre que j'aime ; j'exprime mes besoins sans peur de le perdre.

13. La conception induit un danger financier pour mes parents.

Croyances possibles : Mes aventures sexuelles sont des galères financières.

Valeurs possibles : J'intègre le lien entre l'argent et la sexualité, je différencie le personnel et le professionnel.

14. La conception a lieu pour sauver un mariage difficile.

Croyances possibles : J'utilise ma sexualité comme échappatoire au lieu de résoudre mes conflits.

Valeurs possibles : J'utilise mes ressentis sexuels comme une possible grille de lecture de mes conflits.

15. La conception a lieu sous drogues, alcool ou médicaments.

Croyances possibles : J'ai du désir seulement sous drogues, sous alcool ou médicaments et je les recherche inconsciemment pour m'aider à lâcher prise. En analysant les « noms » des drogues, alcools ou médicaments, je peux obtenir des informations complémentaires sur ma conception.

Valeurs possibles : Je m'intéresse aux états modifiés de conscience, y compris dans ma sexualité.

16. La conception a lieu dans la violence.

Croyances possibles : Je suis excité par la violence et je la recherche inconsciemment même si j'en ai peur. La violence est consciemment inconcevable.

Valeurs possibles : Ma sexualité est une aventure, je ressens la force de cette énergie vitale. Je peux expérimenter douceur ou fougue sans avoir peur de violenter l'autre ou de me blesser.

17. La conception est médicalement assistée ou avec don de sperme ou mère porteuse.

Croyances possibles : Je suis attiré et excité par l'univers hospitalier. L'homme ou la femme que je désire n'est jamais là. Je recherche souvent des solutions artificielles.

Valeurs possibles : Je décode mes éventuels fantasmes reliés à l'univers médical. Le lien est possible malgré les obstacles physiques ou biologiques.

18. La conception est reliée à un contexte de maladie génétique où seul un sexe précis est envisageable car non porteur de maladie.

Croyances possibles : Je porte le mal en moi, j'ai peur de moi ou d'une partie de moi.

Valeurs possibles : Je me relie à tout ce qui s'exprime en moi à travers mon clan. J'explore toutes mes parties sombres ou lumineuses.

19. La conception fait suite à un décès.

Croyances possibles : Je porte la mort, je suis un mort vivant. J'ai du mal à vivre ma sexualité qui peut être morbide et à travers laquelle j'ai peur de disparaître.

Valeurs possibles : J'intègre la mort comme faisant partie de la vie. Je comprends le mort que je remplace. J'utilise ma sexualité comme une magie de transformation.

20. La conception a lieu sous le contrôle de ma religion ou de ma culture qui exige un sexe précis pour l'enfant.

Croyances possibles : Si le sexe de l'enfant est celui qui a été attendu, ma culture ou religion est plus importante que mon désir et je me soumets à elle. Si le sexe de l'enfant est celui qui a été rejeté, je ne corresponds pas à ce que l'on attend de moi. Il y a alors conflit familial.

Valeurs possibles : J'explore différentes religions afin de me sortir d'un mode unique de pensée.

21. La conception a lieu dans le but de faire venir un être supérieur.

Croyances possibles : Je suis la personne la plus importante qui soit. Chaque partenaire n'est jamais assez bien.

Valeurs possibles : J'aime sentir que mon/ma partenaire s'épanouit avec moi. Je partage mes imperfections autant que mes capacités.

22. La conception a lieu par adhésion religieuse, sectaire ou idéologique.

Croyances possibles : Ma vie et ma sexualité s'appuient sur des idéaux. Mon corps et mon esprit sont plus ou moins séparés.

Valeurs possibles : J'intègre le divin dans ma sexualité.

Questionnaire

1. Que vivaient mes parents au moment de ma conception, soit 9 mois avant ma naissance ? (Je peux interroger mon entourage familial.)
2. Quels événements familiaux ont eu lieu autour de la date de ma conception ?
3. Quels événements mondiaux ont eu lieu autour de la date de ma conception ?
4. Comment s'est passée la conception de mon ou mes enfants ?
5. Est-ce que ma date de conception correspond à d'autres dates (naissance, décès, accident, etc.) dans ma famille ?

Réponses au questionnaire

1. Ma détermination à concevoir des projets provient souvent du contexte de ma conception.
2. et 3. Bien sûr mon histoire peut se relier à de grands événements familiaux ou mondiaux (décès, guerre, rupture, départ, etc.)
4. Il est probable que vous puissiez établir un parallèle entre votre conception et la leur. Cela vous donne des éléments de recherche par analogie possible.
5. Par ressemblance de dates, cela marque un lien particulier avec telle ou telle personne de votre famille. Vous pourrez ainsi enquêter sur les conflits et les ressources que vous portez en vous, via cet ancêtre.

Protocoles

1. Photo d'un ancêtre

Portez la photo d'un ancêtre avec lequel vous êtes lié par la date de conception et laissez-vous dialoguer sur ses conflits et ses ressources. Laissez émerger toutes les impressions agréables ou non (émotions, pensées, sensations, alternance de refus et d'acceptation...).

2. Photo des parents

Portez une photo de vos parents datant si possible de l'époque de votre conception. Rapprochez lentement ces deux photos en imaginant que cela génère votre propre conception. Quelle impression avez-vous ? Écrivez tout ce qui vient sans censure. Puis prenez du recul et refaites-le autant de fois que nécessaire jusqu'à ressentir que cette connexion est facile et non conflictuelle.

L'état de maturité relié à la conception...

La maturité de ce stade est atteinte lorsque notre capacité de création réelle ou symbolique, personnelle et professionnelle, est satisfaite, nourrie et reconnue.

Projet-sens et conception sont des notions assez proches en termes de ressentis biologiques ; l'un et l'autre se côtoient et s'associent au gré de l'histoire de nos parents. Le projet-sens s'inscrit dans l'immatériel alors que la conception représente la première marque matérialisée de soi.

Quelles impressions avez-vous ressenties à la lecture de ce chapitre ?...

Notes personnelles sur ce chapitre :

Chapitre 7.

Et dans le ventre de votre mère, c'était comment ?

Décodez votre phase in utero

« *Mystérieuse et lumineuse*
Pleine et généreuse
Tu voiles de pudeur
Ton corps en rondeur
Dans l'ombre de toi-même
Tu laisses le temps qui veille
Caresser de ses doigts fins
Cet enfant pour demain »
Christine Sionnet[1]

1. Extrait de *L'éternel féminin ou la mission sacrée*, Éd. Le Souffle d'Or.

Neuf mois de douceur, neuf mois d'agitation, neuf mois de cocon, neuf mois de transformation... Comment avons-nous donc vécu cette période si précieuse dans le ventre de notre mère ? La grossesse est un temps de gestation où la vie est au service de la vie dans l'intimité de notre fabrication. Et notre état d'humain nous donne la grâce de pouvoir comprendre et déprogrammer une période où notre système neurobiologique n'était même pas fini. N'est-ce pas là un vrai miracle ?

Certaines expériences orgasmiques nous font plonger dans les profondeurs de nos mémoires *in utero*... Prenons ce chapitre comme une invitation à voyager dans tout ce qui nous connecte à la sensation d'enceinte fusionnelle. La sexualité n'en est-elle pas une des portes principales ?

De l'espèce à l'individu

L'ontogénèse est le développement de l'individu depuis sa phase utérine jusqu'à sa phase adulte (quelques dizaines d'années). La phylogénèse s'intéresse au développement des espèces (plusieurs milliards d'années). Il est intéressant de comparer ces deux processus d'évolution car on leur trouve bon nombre de similitudes.

Vues sous cet angle, la fécondation correspond à l'apparition des organismes sexués sur Terre et la vie intra-utérine à une répétition de la vie aquatique apparue au cours de l'évolution de la vie sur Terre. La phase d'assèchement de la Terre avec la disparition des océans et l'apparition de la vie terrestre trouve son équivalence avec la naissance : passage du milieu aquatique au milieu terrestre.

Il semblerait que notre développement utérin ait gardé en mémoire toutes les grandes mutations intervenues à l'échelle planétaire, celles-là mêmes qui ont engendré l'évolution des espèces vivantes. C'est ainsi qu'en l'espace de quelques mois, nous revivons en accéléré le grand film de la Vie sur Terre, tant dans son aspect de croissance tranquille que dans son caractère inéluctable, rapide et terrifiant.

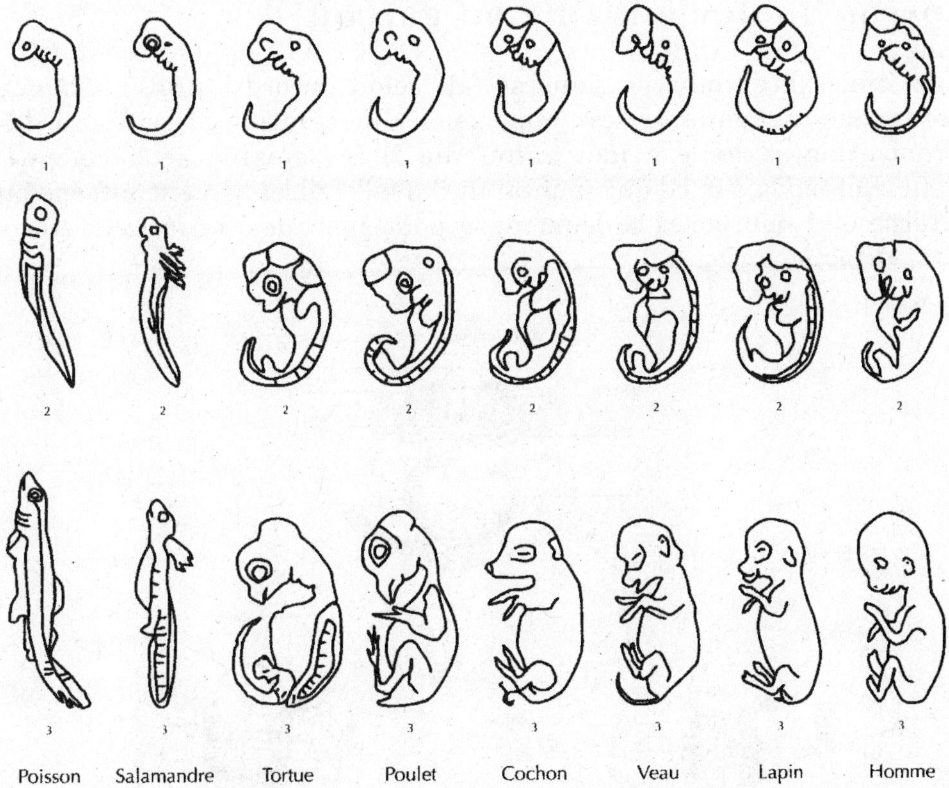

Dessin inspiré des travaux de Haeckel représentant le développement embryonnaire de plusieurs espèces (une par colonne). Selon Haeckel, toutes les espèces passent par le même stade embryonnaire précoce.

Loi biogénétique de Haeckel

Les trois matrices

Durant neuf mois, notre développement biologique se fait à l'intérieur d'une première enceinte ou matrice : l'utérus maternel. Puis, durant vingt ans environ, nous grandissons à l'intérieur d'une deuxième matrice, notre famille, qui n'est pas sans faire écho à la première. Enfin, une fois adulte, nous expérimentons une matrice encore plus vaste au sein de laquelle nous créons notre propre univers familial et professionnel : la matrice sociale.

Lorsqu'on devient fille ou garçon

La croissance embryologique se fait selon un ordre précis. Chaque tissu, chaque organe se développe selon une certaine priorité. La différenciation sexuelle a lieu autour de la 8e semaine de développement. Retenons que ce qui se produit dans l'environnement interne ou externe de l'embryon à ce moment-là peut avoir des conséquences sur cette *différenciation.*

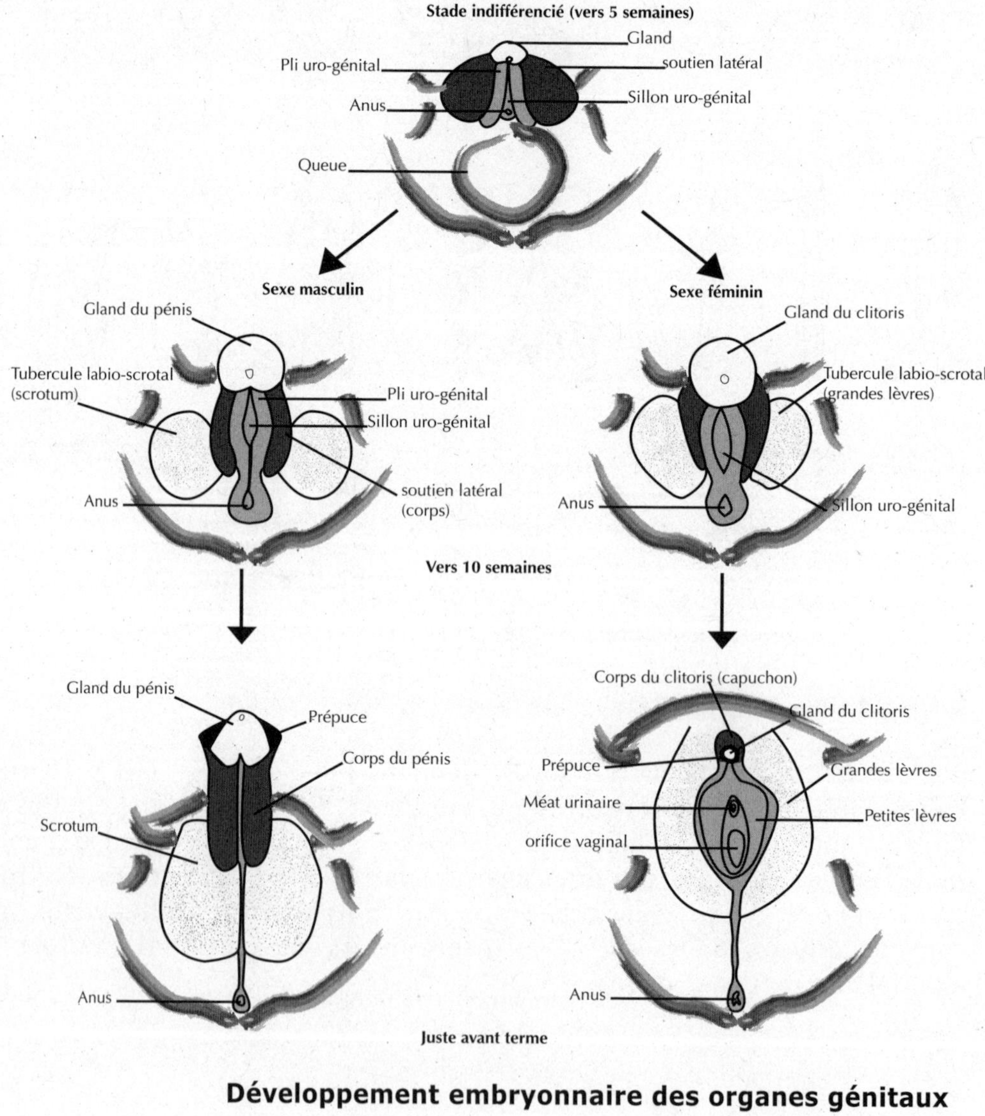

Développement embryonnaire des organes génitaux

Ovules et spermatozoïdes

La formation des gamètes, cellules sexuelles, est différente chez l'homme et chez la femme.

L'homme produit des spermatozoïdes depuis la puberté jusqu'à la fin de sa vie. Ce processus, appelé spermatogénèse, permet la production d'environ 400 millions de spermatozoïdes chaque jour. Pour la petite histoire, chaque millilitre de sperme peut contenir jusqu'à 200 millions de spermatozoïdes.

Pour la femme, la formation des gamètes, l'ovogénèse, commence dès le stade fœtal. Durant cette phase, les cellules sexuelles commencent à s'élaborer puis stoppent leur croissance ; à sa naissance, la fille possède donc un stock d'environ 400 000 gamètes immatures qui reprendront leur développement à la puberté. Dès lors, une petite quantité de ces gamètes sera chaque mois activée mais un seul sera choisi pour poursuivre sa maturation. Cette maturation ne sera définitivement complète que si a lieu la rencontre avec un spermatozoïde.

Dessins des tailles de l'embryon puis du fœtus

Tableau des étapes du développement embryonnaire	
Fin du mois	**Principales évolutions**
1	Ébauche des membres Formation de la colonne vertébrale Bases du système nerveux central
2	L'embryon devient le fœtus (cf. schéma des tailles réelles de l'embryon puis du fœtus) Différenciation sexuelle (cf. schéma développement embryonnaire des organes génitaux) Dessin plus net des parties du corps Mise en place du tube digestif et de tous les organes vitaux, non encore matures Début de l'ossification
3	L'urine apparaît Les membres sont bien formés Les différents systèmes continuent de se développer
4	Le système immunitaire se met en place Les articulations se forment Le fœtus prend les traits d'un humain
5	Mois de croissance rapide Premiers mouvements que la mère peut sentir
6	Prise de poids importante Harmonisation des proportions du corps
7	Bébé viable Descente des testicules dans le scrotum
8	Achèvement définitif du système respiratoire Mouvements du bébé qui se retourne Présentation de sa tête devant le passage
9	Moins de mouvements car l'espace est devenu étroit La délivrance, immense pulsion de vie La naissance : 1re indépendance au niveau respiratoire

Durée de gestation

Il semblerait que ce soit la grosseur du cerveau de l'enfant qui détermine le temps de gestation. Au bout de 9 mois, le fœtus a tout juste fini son développement. Il est très fragile mais sa tête a encore la possibilité de passer à travers le bassin de la mère. Si la gestation devait durer plus longtemps, la tête gagnerait encore en volume et ne pourrait plus passer à travers le bassin de la mère. Pour la survie de la mère et de sa progéniture, l'enfant naît donc relativement tôt, après 9 mois de gestation seulement.

Le corps de la mère durant la grossesse

Les trois premiers mois s'accompagnent souvent de nausées et de somnolence. Physiquement, le tour de taille s'arrondit, les seins sont plus lourds, l'aréole des mamelons change pour préparer la production de lait. Psychiquement, les hormones bouleversent l'équilibre précédant la grossesse, provoquant parfois une humeur instable. À partir du 4e mois, le corps de la femme s'arrondit vraiment, elle commence à sentir les mouvements du fœtus dans son utérus. L'activité de son cœur, de ses poumons et de ses reins augmente considérablement. Vers le 6e mois, la femme peut prendre du poids très rapidement. Au moment de l'accouchement, le volume de sang dans le corps de la femme double, les articulations se remplissent d'eau pour faciliter le passage du bébé. Des difficultés pour dormir peuvent apparaître.

Les femmes peuvent rencontrer des conflits liés à la grossesse, notamment au niveau esthétique : le corps change, il grossit ; les seins et le ventre se modifient. Lorsqu'on est une femme, il peut être intéressant d'étudier comment sa propre mère a vécu sa grossesse car il est possible de vivre des conflits similaires.

Dans le ventre de la mère

Le fœtus est en relation avec sa mère :

- Par l'alimentation : il goûte tout ce qu'elle mange. Il perçoit déjà les 4 principales saveurs : sucré, salé, acide, amer.

- Par les sons : il baigne de l'intérieur dans un univers sonore composé des gargouillis intestinaux, des battements du cœur de sa mère, de son flux sanguin. Il perçoit également des sons extérieurs : la voix de sa mère et celle de son père. Il réagit à ces sons par un accroissement de ses mouvements et de son rythme cardiaque. Des expériences ont été réalisées à ce sujet. Un fœtus qui, pendant la grossesse, entend une musique classique appréciée par sa mère sera apaisé par cette même musique après sa naissance. En revanche, une musique rock que sa mère n'aime pas, l'agitera. À l'inverse, un fœtus qui, lui, est baigné par les sons de musique rock que sa mère adore sera, une fois né, calmé par cette même musique et énervé par de la musique classique. Ce sont les prémices de la communication affective.

Franz Veldman, en fondant l'haptonomie, science de l'affectivité, a permis aux futurs parents d'établir un contact réel avec leur bébé, bien avant sa naissance. Grâce à des mouvements précis des mains sur le ventre de la mère, le fœtus peut répondre en ondulant et bougeant doucement. L'échange s'établit ainsi. Le rôle de l'amour ainsi que celui du contact et de la relation sont primordiaux au commencement de la vie.

Notions d'empreintes

Ce que la personne va vivre durant cette période est essentiel à son développement personnel et relationnel futur. Les chocs émotionnels, psychologiques, l'environnement affectif de la mère, la prise de médicaments, de drogues, de tabac, tout cela crée des « marques » appelées empreintes. Celles-ci s'inscrivent dans le système nerveux et entraînent des transformations physiologiques qui modifient la biologie du fœtus. Par exemple :

- si le fœtus est en train de construire son système hormonal et qu'à cette période des conflits sont présents dans l'entourage de la mère, le fœtus peut les encoder[1] sur son système hormonal.

- Si la mère encode un conflit au niveau pulmonaire, le fœtus pourra l'encoder aussi sur ses poumons.

1. Encoder : enregistrer suivant un ressenti spécifique et personnel, des éléments d'une situation vécue comme traumatique.

- Enfin, il peut exister également des traces transgénérationelles : si la grand-mère n'a pas pu mener une grossesse à terme, la mère peut « rejouer » le même scénario, en étant obligée de s'aliter par exemple.

Des angoisses prénatales douloureuses pourraient aussi conditionner une angoisse réflexe sans contenu psychologique.

Les examens médicaux de la grossesse

Les examens médicaux pratiqués pendant la grossesse peuvent être vécus de façon invasive ou au contraire rassurante. L'impact de tels actes dépend de l'état d'esprit de la future mère et de la manière dont ils sont pratiqués. Voici un aperçu des techniques employées :

Le toucher vaginal effectué entre la 6e et la 7e semaine confirme la date de début de grossesse.

L'échographie est un examen d'imagerie médicale réalisée à partir des ultrasons. Elle permet l'observation de la morphologie, de la taille et de la position du fœtus en temps réel.

L'examen nuccal est une échographie particulière permettant de voir la nuque du fœtus. L'observation de cet endroit précis est utile pour éloigner tout soupçon de maladie chromosomique.

La biopsie dite « de Villocorial » consiste en un prélèvement de cellules recouvrant le placenta. Elle permet de déceler des altérations génétiques.

Des examens sanguins sont aussi réalisés tout au long de la grossesse pour vérifier les différents taux d'hormones ou la présence ou non de maladies.

L'amniocentèse consiste à prélever un peu de liquide amniotique à l'aide d'une fine aiguille introduite dans la cavité amniotique. Son but est de détecter d'éventuelles anomalies chromosomiques ou des virus. Elle sert aussi à déterminer l'âge de l'enfant à naître si l'accouchement est provoqué ; et cela afin d'éviter les risques de naissance prématurée.

Cet examen est exceptionnel car il n'est pas sans danger pour le fœtus ; mais il peut se révéler important et soulager la mère s'il existe chez les parents des antécédents de fausses couches ou maladies congénitales.

La choriocentèse est l'introduction d'une aiguille dans la veine ombilicale dans laquelle est prélevé un peu de sang.

Le test de Coombs est effectué seulement si le fœtus a un rhésus différent de celui de sa mère. Il permet d'éviter une éventuelle destruction du sang du bébé par les anticorps de la mère.

Enfin, des examens de fin de grossesse vérifient la vitalité du bébé : ce sont le doppler, la cardiotocographie et l'amnioscopie (étude de la couleur du liquide amniotique).

Outre la question de l'innocuité de tous ces examens se pose donc la question des éventuels conflits reliés essentiellement à la façon dont la mère va les vivre.

La sexualité du fœtus

L'enfant en gestation a déjà une sexualité, bien différente de celle de l'adulte certes, mais présente. Des échographies ont montré un fœtus en train de sucer son pénis. Il ne s'agit pas à ce stade de comportement sexuel mais plutôt d'une exploration par l'enfant de son milieu utérin. Aussi la sexualité existe-t-elle dans cette corporalité ; des conflits touchant la survie du fœtus pourront affecter la sexualité du futur adulte.

Plus tard, un des critères de recherche de plaisir sera de recontacter le bien-être et la plénitude intra-utérine. Cette période peut donc représenter une référence dans notre cartographie sensorielle et sexuelle.

Stade *in utero* et intimité

Le temps de la gestation va correspondre à notre première intimité. Aquatique, confortable, chaude et douillette, cette période est celle d'une intense symbiose avec la mère. Elle sera source de toutes nos mémoires concernant l'intimité.

La fin de la période (à 8 ou 9 mois) est moins agréable ; le bébé ayant moins de place, il peut ressentir des sensations d'étouffement, être trop à l'étroit et avoir envie de sortir.

Adultes, nous retrouvons des aspects de ce déroulement intime dans nos relations amoureuses. En effet, le début d'une relation se vit souvent sur le mode de la fusion constante avec l'autre. La sexualité est intense, à chaque seconde nous désirons être avec l'autre ; nous mangeons ensemble, dormons ensemble, aimons ce que l'autre aime, etc.

Au bout de 8 ou 9 mois, nous pouvons ressentir l'envie de plus de liberté et d'espace personnel. Les premières crises arrivent en général à ce moment-là. C'est une première étape à franchir pour le couple.

Grossesse et sexualité des parents

Beaucoup de fausses informations circulent concernant la sexualité de la femme enceinte. On dit qu'elle serait dangereuse pour la vie du fœtus et pourrait même provoquer des fausses couches. Au niveau biologique, cela s'imprime de la façon suivante : si la mère a du plaisir, c'est contre l'enfant.

Le couple peut certes rencontrer des problèmes mécaniques liés à la grossesse de la femme. Les hommes peuvent avoir peur de blesser le bébé et retenir leurs élans alors que la femme a très envie de faire l'amour. Ceci étant dit, la sexualité n'en demeure pas moins bienfaisante et même importante pour la femme pendant la grossesse : elle favorise la relaxation des tissus. De plus, la présence du père permet à la femme de se réguler sexuellement et affectivement ; et au fœtus d'imprimer des empreintes au niveau de l'oreille, de la sécurité et du contact.

Le deuil périnatal

Le deuil périnatal a diverses formes : l'interruption de grossesse volontaire ou involontaire, mort d'un enfant *in utero*, mort de l'enfant à la naissance.

Il est important d'en prendre vraiment conscience et de poser des mots et des sensations sur le contact avec l'enfant perdu et avec la notion de plein et de vide que cette situation engendre.

Il est aussi nécessaire de vérifier l'inversion possible entre vie et mort et de donner un sens à cette mort par rapport à son arbre transgénérationnel.

Vous pouvez aussi vous laisser imaginer ce qui se serait passé s'il avait vécu : son nom, sa forme, l'âge qu'il aurait... Repositionner l'enfant dans la famille est également important : dans la relation aux parents (utiliser des objets si nécessaire) et parmi les frères et les sœurs. Quel aurait été son rang de fratrie ? Enfin ne pas hésiter à faire un acte symbolique autant de fois que nécessaire : une bougie dans un lieu de culte, une fleur dans une rivière... Cela peut nécessiter de recourir à un praticien mais le bien-être qui est au bout en vaut la peine.

Les indices physiques, comportementaux, sexuels... reliés à la phase *in utero*

Si vous vous sentez corporellement ou mentalement concerné par la phase *in utero*, voici quelques manifestations que vous pouvez rencontrer en tant qu'adulte et qui font écho à ce stade.

Indices corporels

Douleurs au ventre (spasmes)

Sensations mortifères (peur d'être éliminé dans une interruption de grossesse volontaires ou non, danger de grossesse)

Problèmes de poids (se protéger des agressions, prendre de l'espace)

Voix viscérale, chaude, pleine et nourricière

P.S. : *Pour la femme, il peut être nécessaire de différencier ses traumatismes de grossesse en tant que femme enceinte de ceux ressentis en tant que fœtus, même si des liens sont possibles.*

Indices sexuels

Relation conflictuelle à la pénétration

Échec existentiel (procréation, don de la vie...)

Indices comportementaux

Difficultés dans les petits espaces

Relation conflictuelle à la femme enceinte
Se sentir menacé par des objets pointus
Se sentir sous pression
Se sentir en cage
Coincé à l'intérieur
Impression de dédoublement
Recherche impossible de partenaire
Attachement à la théorie des âmes sœurs (recherche fusionnelle)
Crainte excessive concernant la survie du fœtus
Attraits pour certaines techniques : eau chaude, hutte à sudation, cabinet de consultation, etc.

P.S : *Lorsqu'on s'adresse à son fœtus intérieur (les sensations de soi en tant que fœtus), il est nécessaire de différencier ses propres peurs de celles de sa mère. Une des spécificités des traumatismes encodés dans la phase in utero est ce mélange des ressentis mère/enfant.*

Croyances et idées reçues

Du côté de la femme

La femme enceinte est fragile.
Elle doit rester allongée.
Tout plaisir est dangereux pour le bébé.
La pénétration endommage le bébé.
Elle doit manger deux fois plus.
Ce que j'ai entendu sur la femme enceinte dans ma famille :...

Du côté de l'enfant

Ça dort tout le temps.
À partir du 8e mois, il ne peut plus bouger.
Il n'entend rien.
Ce que j'ai entendu sur le fœtus dans ma famille :......

Histoire de Corinne

Elle a des difficultés à trouver sa place. Elle a l'impression de vivre dans l'ombre et les secrets sans vraiment comprendre pourquoi elle se satisfait de cette vie.

Durant la période où elle a été conçue, ses deux parents avaient une vie plutôt dure. C'était la guerre mais ils arrivaient à s'en sortir grâce au marché noir. Il fallait beaucoup travailler et avoir un enfant était source de tracas.

Leur objectif était de faire en sorte que leur enfant soit le moins visible possible. La mère s'était même bandé le ventre et raconta plus tard avec fierté à sa fille que son ventre avait commencé à se voir seulement à partir de 8 mois. En conséquence, sa fille était née très maigre, et refusait de manger.

Toute la vie de Corinne s'organise autour d'un besoin constant d'espace. Elle se sent rebelle par rapport aux gens qui l'entourent, n'aime pas être flattée et veut disparaître dès qu'il y a le moindre conflit ; ce comportement lui permet de se sentir exister. Elle vit une sexualité solitaire et secrète s'organisant avec des amants souvent indisponibles. Ainsi, elle reste fidèle à son histoire *in utero*.

Le message de la grossesse de sa mère est : tu existes si je ne te vois pas. La réponse de sa fille est : je n'existe que dans l'ombre.

En présence de conflits aussi structurants, il sera nécessaire pour Corinne de comprendre que cette référence-là croisera régulièrement sa vie existentielle.

Ce qu'il faudra libérer concernant la phase *in utero*

Les interruptions de grossesse volontaires ou involontaires

Les pertes de jumeaux

Les accidents ou traumatismes pendant la grossesse

Questionnaire

1. Quelles sont mes impressions lorsque je vois une femme enceinte ?
2. Pour moi, la grossesse représente...
3. Comment est-ce que j'imagine un fœtus à l'intérieur du ventre de sa mère ?
4. Si je me mets en position fœtale, qu'est-ce que je ressens ?
5. Un fœtus c'est comme...
6. Un fœtus écrit son journal sur 9 mois. Quels seraient les événements majeurs ?

Quelques réponses au questionnaire

1. Chaque impression, même imaginaire, peut être un ressenti correspondant à ce stade de développement.
2. Chaque image même imaginaire peut être un ressenti de ce stade.
3. Je peux m'entraîner à le dessiner.
4. Mon corps peut me donner des impressions selon les mouvements que je fais.
5. Impressions diverses de fœtus.
6. Quelques événements réels ou symboliques peuvent m'apparaître.

Protocoles

1. Massage du nombril

Le nombril renferme de nombreuses mémoires qui sont en lien avec la mère, la phase *in utero* et la rupture du cordon (naissance).

Dans l'idéal, choisissez quelqu'un qui puisse vous masser. Cependant, vous pouvez aussi le faire seul(e). Allongez-vous, faites quelques respirations de détente. Débutez le massage (avec ou sans huile) en faisant quelques petits cercles lents autour, puis sur, et dans le nombril. Quelquefois cela génère de l'agacement. Trouvez la pression acceptable. Massez jusqu'à ressentir détente et absence de sensation désagréable.

2. Défaire l'histoire d'une difficulté

Protocole extrait de *Les protocoles de retour à la santé*, page 245.

La ligne de temps permet de voyager dans un espace virtuel et d'accéder à un événement programmant ou structurant de son histoire personnelle. Utilisez ce protocole en imaginant que chaque pas correspond à un mois de grossesse.

3. Guérison par le dessin

Protocole extrait de *Les protocoles de retour à la santé*, page 250.

Le dessin révèle des éléments inconscients de l'individu : observer et comprendre ces éléments en pleine conscience ouvre la voie du changement. Sujet : Comment est-ce que je m'imagine en tant que fœtus à l'intérieur du ventre de ma mère ?

L'état de maturité relié à la période *in utero*...

Aider, regarder, toucher et sentir une femme enceinte est agréable.

Toutes les sensations désagréables autour de l'enfant ont disparu.

Les sensations telles que « quelque chose est stressé en moi » n'ont plus lieu d'être.

Même si les petits espaces ne me concernent pas, ils ne sont pas source d'angoisse.

Mon corps bouge librement dans la position fœtale.

Je ne me sens plus menacé par des objets pointus. Je ne me sens pas fusionnel(le) avec mon/ma partenaire.

Je n'ai pas d'angoisse existentielle autour de ma survie.

Quelles impressions avez-vous ressenties à la lecture de ce chapitre ?...

Notes personnelles sur ce chapitre :

Chapitre 8.

La sortie, c'est par là !

Décodez votre naissance

« *C'est au début de notre existence,*
dans l'incomparable douceur et le sentiment vécus dans le sein maternel,
que nous découvrons la fraîcheur du premier regard sur le monde,
de la première perception et du premier contact ;
nous découvrons la sensation physique immédiate associée à nos cinq sens et à nos besoins.
Il est essentiel de réveiller cette immédiateté,
de regagner une confiance spontanée et entière en ce que nous savons et ressentons. »

Jack Kornfield[1]

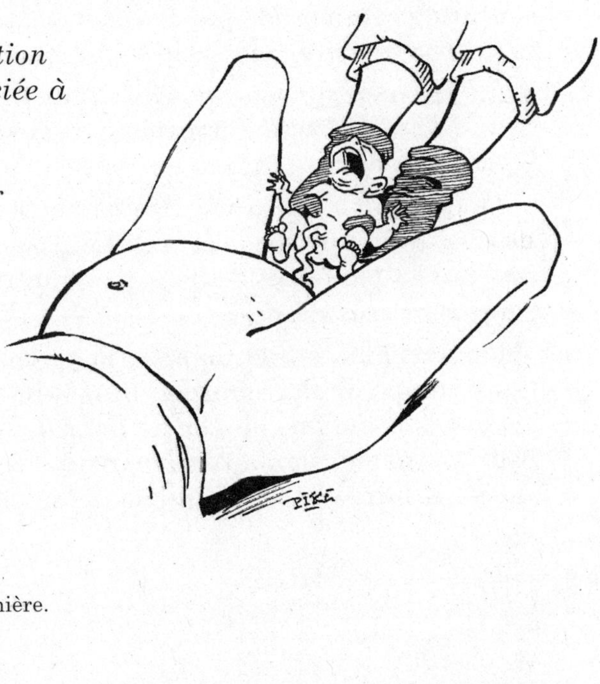

1. Extrait de *Offrandes*, Éd. de la Martinière.

La naissance est un passage... sortir à tout jamais de l'univers utérin et entrer dans notre monde est une étape essentielle de notre développement. C'est le moment irrévocable de la séparation biologique d'avec la mère. Bien sûr, d'autres séparations suivront, parfois plus symboliques et psychologiques (sevrage, entrée à l'école, premier voyage sans les parents, séparations amoureuses, mort, etc.) mais la naissance demeure la première d'une série sur le chemin de l'indépendance et fera donc office de référence.

La naissance est aussi à intégrer comme stade sexuel du développement de l'individu. Par exemple, plusieurs théories tendent à considérer ce moment comme potentiellement orgasmique. Il est donc intéressant de visiter sa naissance lorsqu'on cherche à décoder sa sexualité.

> « *Survivre à sa propre naissance a créé en nous une puissance de vie extraordinaire.* »
>
> Anne-Marie de Vinci[1]

Les étapes de la naissance

Examinons tout d'abord les étapes de la naissance sous l'angle des sensations ressenties par le bébé et grâce aux quatre transformations majeures de l'utérus décrites par Stanislas Grof.

La première phase est constituée de sensations de flottement, d'infini, d'illimité ; elle correspond à l'existence intra-utérine du fœtus. C'est l'univers océanique où tout est un et amour.

La deuxième se caractérise par la sensation qu'il n'y a pas de sortie, de place pour le bébé, de solution possible. Tout est bloqué et ce qui procure du bien-être ne peut pas durer ; les violentes contractions utérines sont très désagréables pour le bébé.

La troisième étape marque la progression dans les voies génitales. C'est l'étape de la compression maximale. L'enfant se sent étouffé par les fortes pressions et souffre énormément. Il a peur de mourir mais il peut en même temps ressentir une excitation sexuelle et de la jouissance. Il lutte entre les pulsions de mort et les pulsions de vie.

---

1. *La respiration consciente*, Éd. Ronan Deniel.

La quatrième étape correspond au passage final ; c'est le soulagement. Toutes les tensions des étapes précédentes sont libérées. Le nouveau-né a réussi à se séparer de sa mère, il devient autonome par rapport à son ventre. Il peut avoir confiance en ses ressources et en ses capacités de création et de réalisation.

Chaque naissance visite ces quatre étapes qui sont plus ou moins bien vécues en fonction de l'environnement, de la préparation de la maman et de son état émotionnel, psychique et physique.

Pour une naissance facilitée...

Imaginons maintenant ce que serait une naissance facilitée, à condition bien sûr qu'aucun des éléments énoncés ne soit conflictuel pour la mère. Si, par exemple, la mère n'est pas à l'aise dans l'eau, il serait stupide de lui proposer un accouchement... dans l'eau !

Tout commence par une préparation à l'accouchement. En effet, une bonne connaissance de la naissance et des étapes qui la précèdent permet de diminuer l'angoisse de la mère et de favoriser une naissance dans la sérénité et la douceur.

Le cadre a son importance. L'endroit est accueillant et calme. Des lumières tamisées et douces sont privilégiées. Une agréable musique de fond peut accompagner le travail.

La mère attend l'événement en faisant un peu d'exercices, de marche par exemple, pour faciliter les contractions.

Lors de l'accouchement, certaines positions améliorent la sortie du bébé : debout ou accroupie, par exemple. Ainsi, le bassin de la femme est bien positionné et le poids du bébé aide au passage. Il existe aussi un type de naissance bienfaisante pour l'enfant et la mère : la naissance dans l'eau. Elle est très douce car elle permet d'offrir au bébé un milieu aquatique caractéristique de sa vie *in utero*. L'enfant peut donc, à son rythme, s'habituer au monde extérieur grâce à ce temps intermédiaire passé dans l'eau. Comme le cordon ombilical le relie toujours à sa mère lui apportant ainsi oxygène et nourriture, il peut donc rester en toute sécurité plusieurs minutes sous l'eau. Ainsi, le bébé décide de lui-même du moment où il remonte à la surface pour prendre sa première inspiration.

Un massage du ventre avant et pendant l'accouchement facilite la venue du bébé.

La présence du père...

Le père aide par sa présence à la progression du travail. Si la femme accouche debout ou accroupie, il peut se positionner près d'elle pour l'accompagner. Le père invite l'enfant à venir au monde et l'accueille dans celui-ci. Pour la petite histoire, il était de coutume au XIXe siècle, lorsque les accouchements étaient longs et difficiles, qu'un bonnet de nuit appartenant au père soit présenté entre les cuisses de la femme pour que l'odeur paternelle invite le bébé à naître...

Ceci dit, il est important de vérifier auprès du père s'il est réellement pertinent qu'il soit présent lors de l'accouchement. En effet, si le père a vécu sa propre naissance comme un épisode traumatique, sa présence peut créer une certaine retenue chez sa compagne plutôt que lui apporter du soutien. À un autre niveau, l'accouchement peut créer un état de tension dramatique chez le père ; quelquefois, le fait de voir que la vulve qui lui a donné du plaisir se dilate et se transforme en un appareil expulseur crée une sorte de choc et engendre une forte diminution de sa libido. Dans ce cas, le retour à un comportement sexuel normal est parfois long et laborieux.

Aussi, chaque père doit évaluer ses conditions de présence, d'accompagnement et d'accueil de l'enfant. Conscience, dialogue et ajustement personnel sont préférables à un suivi de consignes, aussi intelligentes paraissent-elles.

L'accueil

Une fois né, l'enfant est déposé dans les bras de la maman. À ce stade, le cordon ombilical le relie toujours à sa mère. Pendant quelques minutes, ce cordon lui apporte encore l'oxygène nécessaire à sa respiration. Attendre avant de le couper est important car ce lien lui permet de prendre conscience, à son rythme, de son nouveau milieu. Une fois que le bébé a appris à respirer, le cordon ombilical va arrêter naturellement sa fonction. À ce moment-là, le père peut le sectionner comme un premier acte symbolique. Il contribue à aider son enfant à découvrir le monde.

Le placenta pourra être enterré, comme un symbole d'ancrage de l'enfant à la terre. De telles pratiques sont réalisées notamment au Burkina Faso où le placenta rendrait fertile la terre où il est déposé.

Le personnel médical

L'attitude du personnel médical constitue une autre condition essentielle au bon déroulement d'une naissance : attention et écoute des besoins de la mère et de son enfant. Le facteur temps joue un rôle primordial. Ceci induit que les processus naturels soient autant que possible encouragés et accompagnés, que rien ne soit fait dans la précipitation et que la sage-femme et le médecin soient patients. Biologiquement, il est intéressant de considérer que c'est l'enfant qui décide de sa venue, posant ainsi son premier acte d'autonomie...

Les besoins du nouveau-né

Le nouveau-né est un petit être certes dépendant mais qui comprend et « sent » tout. Il perçoit la qualité du contact avec ses parents. Très tôt déjà, il sait déterminer si son environnement est sécurisant ou non. Il connaît ses besoins. Et quand ses besoins sont satisfaits et qu'il est aimé, le nouveau-né est joyeux, vif et stable tant sur le plan émotionnel que sur le plan affectif. Par ailleurs, s'il a la possibilité d'exprimer ses angoisses ou ses peines, il peut en guérir spontanément.

Le nouveau-né étant encore dans un état de fragilité, ses besoins sont ceux du fœtus qu'il a été et ceci afin que le passage entre l'utérus et son nouvel environnement se fasse en douceur. Il a donc besoin de contact, de peau à peau, d'entendre les battements du cœur, etc.

Lorsque la naissance est source de conflits...

Plonger dans la réalité du contexte de notre naissance c'est aborder une zone souvent traumatique et, quoi qu'il en soit, majeure, de notre vie.

Voyons maintenant comment se déroulent la plupart des naissances depuis bien des générations. Les besoins de la mère et de l'enfant ne sont pas assez respectés. L'accouchement a lieu le plus souvent à l'hôpital, c'est-à-dire dans un environnement inconnu. Les péridurales rendent les sensations de la mère moins intenses (les contractions de l'utérus sont plus faibles et moins fréquentes) et anesthésient le bébé. L'accouchement peut aussi être provoqué ou être fait par césarienne.

Il arrive aussi que la femme subisse une intervention appelée épisiotomie afin d'élargir l'orifice vaginal et, ainsi, prévenir d'éventuelles déchirures. La coupure est faite dans le périnée sous anesthésie locale. Cette opération entraîne souvent douleurs et appréhension. La cicatrice qui en résulte est source d'inconfort et reste sensible longtemps après l'accouchement.

Au moment du passage, le nouveau-né peut ancrer des impressions visuelles qui seraient à l'origine d'une peur à la vue des organes génitaux de la femme. Le cadre est peu accueillant. Le bébé arrive au monde entouré de plusieurs personnes qui lui sont inconnues ; les lumières et les bruits de la salle d'accouchement (ou du bloc opératoire dans le cas d'une césarienne) marquent ses yeux et ses oreilles. Pour la première fois, le bébé doit faire face aux variations de température. Le cordon ombilical est coupé avant que ses pulsations ne se soient arrêtées, rendant cette étape très brutale. Le bébé reçoit des tapes sur les fesses destinées à le faire respirer et crier.

Il s'ensuit une batterie d'examens obstétricaux (poids, mesure et administration de produit dans les yeux pour empêcher toute infection oculaire, etc.) durant lesquels l'enfant est séparé de sa mère. Le bébé n'est pas mis au sein mais nourri avec des aliments de substitution.

L'acte visant à séparer l'enfant de sa mère est contre nature ; le bon sens et la connaissance des besoins du bébé voudraient qu'il reste en contact avec sa mère directement après la naissance.

Les différents types de naissance

La naissance par césarienne est très médicalisée et peut être perçue comme brutale et miraculeuse. Elle a pour fonction d'éviter que l'accouchement n'endommage la mère ou l'enfant. Le bébé ne ressent pas les pressions et le massage occasionnés par sa sortie par les voies naturelles. Une fois devenu enfant puis adulte, il aura tendance à attendre pour que les choses se produisent. Plutôt passif par rapport à ses projets, il comptera sur les autres pour leur réalisation.

Sa sexualité peut ne pas être très satisfaisante par « peur de faire mal ». La personne ne s'abandonne donc pas totalement et peut avoir des difficultés à parvenir à l'orgasme.

En résumé, « je dois planifier ma vie et me donner beaucoup de règles pour arriver au plaisir ».

Lors de ***la naissance sous anesthésie***, la mère et l'enfant ne sont pas actifs. L'enfant peut se sentir frustré et seul. Ce ressenti de départ imprimera sa conduite de vie de telle façon que, une fois adulte, il pourra avoir tendance à recourir aux médicaments ou aux drogues en cas de mal-être ou de douleurs physiques et/ou psychiques. Il pourra aussi ressentir des angoisses reliées au fait d'avancer dans la vie, se sentant souvent très seul. Au niveau de sa sexualité, il pourra, pour parvenir au plaisir, avoir besoin de se relaxer artificiellement grâce à des drogues, de l'alcool ou des médicaments.

La naissance par forceps imprime chez l'enfant plusieurs notions : pour survivre, sentiment qu'une aide extérieure est nécessaire ; pour survivre, besoin de percevoir une certaine « contrainte » de la part de son environnement. La personne adulte n'aimera pas être contrariée et pourra avoir peur d'être manipulée.

La naissance par le siège est souvent synonyme de souffrances et de résistance. Par cette position, le bébé montre qu'il lui est difficile de lâcher-prise ou de s'abandonner. À quoi ?... Dans sa vie, la personne pourra avoir peur de confronter les choses en face. Dans sa sexualité, elle aura peur de blesser son partenaire et aura tendance à apprécier les changements de position et la sodomie.

Dans ***la naissance prématurée***, tout se passe très vite. La personne a la sensation d'être en avance sur les autres. Elle ne se sent jamais prête. Si c'est un homme, il peut être gêné par un problème d'éjaculation précoce. On retrouve le même type de problèmes si la naissance a été très rapide avec, en plus, une tendance à aimer le sexe rapide.

L'adulte développe une capacité à démarrer un projet très rapidement mais l'arrête en chemin sans le terminer. Les personnes qui ont vécu un temps en couveuse peuvent se sentir séparées de leur partenaire, spectatrices de leur sexualité et seules : l'intimité est source de stress.

Dans ***la naissance tardive***, la personne aura au contraire besoin de temps. « Je suis souvent décalé dans ma sexualité et par rapport aux attentes de mon environnement. »

Dans ***une naissance gémellaire***, même si les deux enfants sont issus du même placenta et même si leurs différences physiques sont minimes, il est erroné de penser qu'ils auront ressenti la même chose et qu'ils adopteront le même comportement. Souvent, le premier sorti imprime qu'il faut faire un effort pour avancer, il est celui qui ouvre la voie ; pour le deuxième, le passage sera plus facile.

Si ***la naissance*** a été ***retenue***, la personne aura tendance à se sentir impuissante. Lors de relations sexuelles, cela pourra se percevoir dans le fait de retenir les orgasmes. Chez ces personnes, l'excitation sexuelle grimpe rapidement pour redescendre aussi très vite.

Une ***naissance longue et laborieuse*** pourra engendrer une lenteur dans l'apparition de l'excitation sexuelle, de la frustration et l'impression de ne pas avoir suffisamment de temps pour atteindre l'orgasme.

Une ***naissance provoquée*** aura pour conséquence de créer, au niveau relationnel, une tendance à attendre que l'autre vienne nous chercher, nous provoquer, nous séduire. La personne peut aussi avoir l'impression que l'autre la force dans ses actes.

Si ***le bébé naît avec le cordon ombilical autour de lui***, l'adulte qu'il sera devenu pourra avoir peur de s'abandonner car, pour lui, l'intimité sera dangereuse et risque de mort. Ce qui est censé me donner la vie peut créer ma perte (il est d'ailleurs possible qu'il y ait eu des suicides ou des pendaisons au niveau transgénérationnel). Ses fantasmes sexuels peuvent inclure une idée de strangulation.

Si ***la naissance est très douloureuse***, je pourrais ressentir une culpabilité d'avoir fait mal à ma mère. J'ai peur de faire mal dans ma sexualité.

Si ***la naissance a occasionné la mort de la mère ou la presque mort de l'enfant***, la sexualité et la mort sont sources de confusion et de mal-être ; écho de mort transgénérationnelle.

Si ***la grossesse a été agréable mais suivie d'une naissance douloureuse***, alors « si j'ai du plaisir, j'ai de la douleur ensuite ».

Si ***la naissance est un combat pour survivre***, je vais aimer la sexualité combative et l'intimité sera source de conflits.

Si ***les parents ne sont pas satisfaits du sexe de leur enfant***, celui-ci aura plus tard du mal à accepter son propre sexe et aura peur que l'autre rejette son sexe.

S'***il y a eu une transfusion à la naissance***, cela signifie que j'ai besoin de l'autre pour exister ; mes ressources et mes excitations sont plutôt portées à l'extérieur de moi.

Si ***j'ai été longuement séparé de ma mère juste après la naissance***, plus tard je pourrais me sentir séparé des femmes et ressentir que les femmes ne me veulent pas. Je n'arrive pas à faire l'amour comme je le veux. Je me sens séparé de ceux que j'aime.

Si ***la naissance est bloquée***, je me sens bloqué dans mes relations, bloqué dans ma sexualité et frustré.

Si ***j'ai été adopté à la naissance***, je ne me sens pas aimé par la personne que j'aime. Celui ou celle qui m'aime n'est pas celui ou celle que je crois.

Soyez vigilants à prendre ces éléments uniquement comme des pistes de travail et de recherche personnelle. Ces éléments peuvent s'additionner les uns aux autres et donner de nombreux ressentis subtils et nuancés.

Douleur et accouchement

La douleur de la contraction est liée, entre autres, à l'étirement des fibres musculaires de l'utérus qui permet l'ouverture du col. En même temps, d'autres fibres doivent se relâcher pour favoriser cette même ouverture. L'alternance des phases de contractions et de relâchement est capitale pour le bon déroulement du processus. N'oublions pas qu'une contraction dure environ une minute et qu'elle revient toutes les 4 à 8 minutes. Le temps de détente est donc prédominant tout au long du travail. De sa qualité dépend bien souvent le déroulement de l'accouchement car de sa qualité va dépendre la souplesse du col. Mais c'est aussi dans ce temps de détente que le bébé peut faire sa rotation pour se faufiler dans le bassin.

Chaque individu, chaque famille, chaque culture possède ses propres références au sujet de la douleur et sa façon d'y remédier ; certains prônent l'endurance et la patience, d'autres se sentent submergés et tristes, d'autres la perçoivent comme insupportable et dramatique, d'autres encore veulent l'empêcher coûte que coûte ou se médicalisent avant même de la ressentir ; pour d'autres enfin, elle est expiation ou source de libération... Dans tous les cas, elle nécessite d'être exprimée, ressentie, partagée, comprise et oubliée...

Alors, quelle information m'a transmise ma mère sur la souffrance ?

Si elle crie lors de l'accouchement, la souffrance doit être exprimée.

Si elle endure sans rien dire, la souffrance doit être réprimée.

Si elle jouit, la souffrance peut être source de plaisir.

Si elle médicalise sa douleur, la souffrance doit être interrompue ou évitée grâce à des remèdes – naturels ou allopathiques.

Il faudra ainsi différencier la perception de la douleur de ce sur quoi elle repose. La souffrance et/ou l'angoisse dramatisées font écho à des mémoires.

Histoire de Marie

Marie a de grandes peurs concernant son accouchement jusqu'à ce qu'elle réalise que sa mère a failli mourir lorsqu'elle lui a donné la vie et qu'il en a été de même pour sa grand-mère à la naissance de sa mère. À chaque fois, le mari était absent.

En conclusion, Marie gardait en elle sa peur de mourir et l'angoisse de ne pas avoir son compagnon à ses côtés. En se libérant de cette mémoire, elle put accoucher sereinement dans des douleurs acceptables.

Rituels de naissance

Les rituels faits autour de la naissance d'un enfant – garçon ou fille – peuvent également avoir des conséquences sur son développement psychoaffectif et sexuel.

Chez le tout jeune garçon

La circoncision consiste en l'ablation totale ou partielle du prépuce. Elle fait partie de rituels religieux chez les juifs et les musulmans. Cette mutilation s'organise autour de croyances concernant l'excès sexuel et la masturbation ou autour de croyances au sujet de l'hygiène et de la prévention contre le phimosis (le prépuce est trop étroit et empêche le gland de sortir).

Chez les filles

Il existe trois types de mutilations sexuelles :

La circoncision féminine vise à enlever le capuchon du clitoris.

La clitoridectomie est l'ablation totale du clitoris et de tout ou partie des petites lèvres.

L'infibulation, forme extrême de mutilation, est l'ablation du clitoris et des petites lèvres et la suture des grandes lèvres. Lorsqu'elle est complète (l'orifice vaginal est aussi suturé), elle oblige à une désinfibulation pour permettre le rapport sexuel ou l'accouchement.

D'autres types de mutilations sexuelles féminines existent comme le grattage du vagin, l'introduction de substances à l'intérieur du vagin pour qu'il se resserre et que l'orifice devienne plus petit.

Les raisons de ces pratiques sont, comme pour le garçon, reliées à la religion et à l'hygiène, avec en plus une volonté de préserver la virginité de la femme avant son mariage et d'intensifier le plaisir de l'homme pendant le rapport sexuel.

De tels actes engendrent de nombreuses conséquences. Très douloureux, ils entraînent souvent des hémorragies, des dysfonctionnements de l'urètre et de la fonction sexuelle. À ces blessures physiques, s'ajoutent des blessures psychiques qui marquent à vie ces hommes et ces femmes dans leur identité sexuelle. Les mutilations sexuelles, notamment lorsqu'elles sont faites peu de temps après la naissance, atteignent l'enfant dans sa capacité à se laisser aller avec confiance dans le contact à l'autre et peuvent générer en lui la peur d'être sexuellement touché ou blessé.

Un certain nombre de traumatismes entourent donc la naissance. Les conflits ultérieurs qui en résulteront apparaîtront sous forme de perte des instincts naturels et de troubles relationnels et du comportement sexuel. De plus, ces traumatismes fonctionneront comme des références et des empreintes et risqueront fort d'être légitimés pour les générations suivantes sous forme de loyauté à son clan.

Histoire de Pierre

Sa mère a eu une anesthésie générale et des forceps ont été utilisés pour le sortir. Elle demande une anesthésie car elle est submergée par la douleur ; elle a peur d'avoir mal comme pour son premier enfant.

Pierre, en cas de stress, a souvent mal à la tête et essaye de régulièrement juguler sa douleur avec des médicaments. Ses douleurs à la tête sont principalement localisées sur les côtés de la tête, là où les forceps l'ont tiré.

Il a souvent des expériences mystiques et il est difficile pour lui d'intégrer son corps. Son objectif de vie sera de chercher à s'éveiller coûte que coûte et de déprogrammer ses douleurs existentielles. Ainsi il répondra à son exigence de naissance.

Au niveau sexuel, il est important pour Pierre d'éviter la douleur mais, en même temps, il se rend compte qu'il est attiré par elle.

Histoire de Clara

Voici l'ambiance de la naissance de Clara : sa mère arrive en urgence à l'hôpital. Malgré son insistance, le médecin ne croit pas qu'elle va accoucher tout de suite. Elle s'énerve, contracte tout son corps et finalement accouche en catastrophe et très rapidement.

Clara développe une crainte concernant la médecine et pense souvent que les médecins font des erreurs. Sa caractéristique est l'impatience ; elle trouve toujours que ses projets n'avancent pas assez vite. Au cours de leur réalisation, elle a souvent l'impression qu'elle doit se débrouiller toute seule. Finalement, elle obtient gain de cause et est souvent étonnée et surprise de l'accomplissement de ses projets.

Dans sa sexualité et ses rencontres, Clara développe la rapidité, une tension interne et un refus de l'autre. Au gré de l'évolution de son chemin de vie et de sa maturation intérieure, elle se rend compte que la patience est source de profondeur, que l'autre peut l'aider à se détendre et à s'ouvrir.

Prénoms

> « *Comment te nommerais-je, toi qui n'as pas de nom, toi qui es mon histoire avant d'être la tienne ?* »
>
> Christine Sionnet[1]

Mettre son prénom en conscience c'est considérer l'origine d'une partie de son identité sexuée.

C'est à la naissance que les parents choisissent définitivement un prénom pour l'enfant. Ce prénom le suivra toute sa vie durant. Quel est le sens de ce prénom ? Comment va-t-il influer sur le développement de l'enfant ?

Dans le cas d'un prénom androgyne, par exemple Dominique, nous pouvons nous interroger sur l'identité que les parents donnent à l'enfant. Est-ce un garçon ou bien est-ce une fille ?

Dans le cas d'un prénom composé, par exemple Jean-Marie, il est intéressant de comprendre l'histoire des polarités. C'est un prénom à la fois masculin et féminin. Comment l'enfant va-t-il le vivre ?

1. *L'éternel féminin ou la mission sacrée,* Éd. le Souffle d'Or.

Nommer son enfant, c'est lui donner le droit d'être :

- Lui-même à travers la reconnaissance des autres. Si quelqu'un prononce mon prénom, je me retourne.
- Unique : mon prénom et mon nom sont uniques.
- En lien avec son clan. Existe-t-il ce même prénom dans la famille ? Ai-je un lien invisible avec cet ancêtre ?

Le prénom se transforme en signification. Son sens latin, grec, etc., me met en lien avec une mémoire historique, géographique, religieuse ou autre.

Le prénom se transforme en date par le calendrier des saints.

Le prénom est sexué, féminin, masculin ou les deux et nous marque au sujet d'une lignée masculine, féminine ou ambiguë.

Si le prénom est double, il marque un lien douloureux, incestueux, fusionnel.

Si le prénom est multiple, il garantit soit la possibilité de choix ultérieur donné à l'enfant, soit des liens multiples avec le clan. Il peut également être une mémoire de multiples personnalités.

Si le prénom est l'effet d'une mode, cela indique, d'ores et déjà, que pour cette famille le social est primordial ou bien que l'enfant est relié à un inconscient collectif précis. Lequel ?

Il arrive aussi que le prénom devienne un diminutif et un qualitatif fonctionnant comme une rengaine souvent un peu toxique : Didou le gaffeur, Élise la pénible, etc.

Il faut savoir que certaines sociétés n'attribuent pas un prénom unique pour toute la vie. Les aborigènes d'Australie, par exemple, peuvent changer de prénom à chacun des passages de leur vie. Le prénom devient alors le reflet de ce que la personne vit et ressent à un moment donné.

Les indices physiques, comportementaux, sexuels... reliés à la naissance

> « *Donner un enfant à la vie*
> *C'est aussi l'offrir à la mort*
> *Enfant, je te pousse à la vie*
> *Dans la brûlure de mon ventre*
> *Et t'accorde à la mort*
> *Dans la brûlure de mon âme*
> *Enfant, je vibre à l'unisson de ton sang*
> *Je me raidis ou me dilate*
> *J'ai peur et j'ai confiance*
> *Tu es amour et douleur à la fois*
> *Mais qu'importe la douleur*
> *Face à la vie qui règne*
> *Enfant, tu nous enseignes*
> *Qu'il n'y a pas d'amour sans douleur* »
>
> Christine Sionnet[1]

Si vous vous sentez mentalement ou corporellement concerné par la naissance, voici quelques manifestations qu'il vous est possible de ressentir en tant qu'adulte et qui font écho à ce stade.

Indices corporels

Sinusite (être séparé de l'odeur de sa mère).

Sensibilité respiratoire (être séparé du bercement de la respiration de sa mère).

Tout ce qui est relié à la tête (connecté aux pressions lors de l'accouchement).

Suivant la façon dont a été vécu l'accouchement, des pressions vont se mémoriser sur des zones spécifiques du corps.

Selon la façon dont l'enfant aura été accueilli à sa sortie du ventre maternel, des peurs ou, au contraire, des ressources se seront imprimées en lui (personnes, lumière, position du corps).

---

1. Extrait de *L'éternel féminin ou la mission sacrée,* Éd. Le Souffle d'Or.

Indices sexuels

Dégoût relié à la sexualité féminine.

Dégoût relié à la sexualité masculine si la fécondation était non désirée ou si l'enfant mâle est non désiré.

Être choqué ou attiré par les femmes ayant les jambes écartées.

Indices comportementaux

Ce qui est relié au démarrage d'une action, d'une activité professionnelle ou d'une relation.

Le passage : changement d'un état à un autre, d'une situation à une autre.

Ne pas arriver à terminer ses projets.

Stress concernant le temps.

Attirance vers les voyages astraux, les sorties hors du corps.

Les réincarnations.

Croyances et idées reçues

Naître est dangereux.

La naissance ne peut se faire qu'en présence d'un obstétricien.

La seule position valable pour accoucher est couchée.

Sans péridurale, la douleur de l'accouchement est intolérable.

Déclencher un accouchement n'a aucune conséquence sur le bébé.

On évite les déchirures grâce à l'épisiotomie.

Les examens et le nettoyage du bébé sont nécessaires tout de suite après la naissance.

La naissance ne peut se faire qu'à l'hôpital.

La naissance c'est la mort.

Ce qu'il faudra libérer concernant la naissance

La séparation avec la mère, l'utérus et le placenta.

Les différentes étapes de l'accouchement : contraction, passage, libération, contact avec la mère à l'intérieur de soi.

Il peut être nécessaire de se libérer des traumatismes reliés aux naissances dont on a été témoin (souvent pour les pères) : épisiotomie, tension du périnée, etc.

L'attirance ou le dégoût concernant les médecins, les hôpitaux, les systèmes médicaux.

Lorsque la mère ou la grand-mère ont accouché d'enfants mort-nés, il n'est pas rare que la ou les générations suivantes vivent de grandes peurs d'accoucher.

Les décès de mères en couche sont également facteur d'angoisses pour la génération suivante.

Repérer si la date de naissance correspond à une date déjà connue dans l'arbre transgénérationnel.

Questionnaire

1. Est-ce que mes projets professionnels ont du mal à se concrétiser ?
2. Pour moi, la naissance c'est comme...
3. Comment est-ce que j'imagine une naissance ? Est-ce douloureux ?
4. Je lis un journal où quelqu'un raconte sa naissance. Voici ce qu'il dit....
5. J'imagine ma mère accoucher. Comment cela se passe-t-il ?
6. Est-ce que des endroits de mon périnée sont douloureux ou inaccessibles ?
7. Ai-je facilement des pressions dans la tête ?
8. Si je suis détendu et que l'on me touche la tête est-ce agréable ?
9. Ai-je peur du sexe féminin ?
10. Est-ce que ma date de naissance correspond à d'autres dates (naissance, décès, accident, etc.) dans ma famille ?

Réponses au questionnaire

1. La façon dont se matérialisent mes projets professionnels est souvent reliée aux difficultés rencontrées lors de ma naissance.

2. et 3. Toutes mes images autour de cela font écho, de façon réelle ou symbolique, à mes propres références de naissance.
4. Une façon détournée pour regarder mes références de naissance.
5. Deux références principales s'enregistrent autour de ma naissance et tendent à se confondre :

   - Le ressenti de ma mère, sa souffrance et ce qu'elle a elle-même enregistré dans sa lignée de femmes.

   - Mon ressenti et ma souffrance en tant que nourrisson.

   Les deux ressentis se travaillent et se modifient. Il peut être important de les différencier et de les reconnaître.
6. Cette question s'adresse particulièrement aux mères et aux filles.

   Aux mères : le passage de l'enfant peut laisser des cicatrices : déchirures, opérations, anesthésies, etc. Cette zone peut devenir insensible ou douloureuse au contact.

   Aux filles : elles pensent s'identifier avec la souffrance de la mère et programment déjà cette limitation dans leur périnée et leurs organes génitaux.
7. De nombreux maux de tête semblent être reliés à la naissance, ainsi que la tendance à s'attirer des chocs sur la tête.
8. L'hypersensibilité de la tête renvoie souvent à la naissance.
9. La peur ou le dégoût du sexe féminin peut renvoyer à ce passage douloureux. Cela peut inclure aussi le rejet de la femme en général.
10. En étudiant les correspondances de dates dans mon arbre, je peux comprendre la nature des liens qui m'unissent à mes ancêtres.

Protocoles

1. Protocole sur la naissance

Regardez la photo d'un ancêtre avec lequel vous êtes lié par la date de naissance et laissez-vous dialoguer sur ses conflits et ses ressources.

2. Déblocage des cicatrices et automassage du périnée

Protocole extrait de *Les protocoles de retour à la santé*, page 216.

Suite à un acte médical (chirurgie, déchirures, épisiotomie, etc.), la trace laissée dans le corps sous forme de cicatrice peut poser un problème. Cette trace peut également créer ou exprimer un conflit.

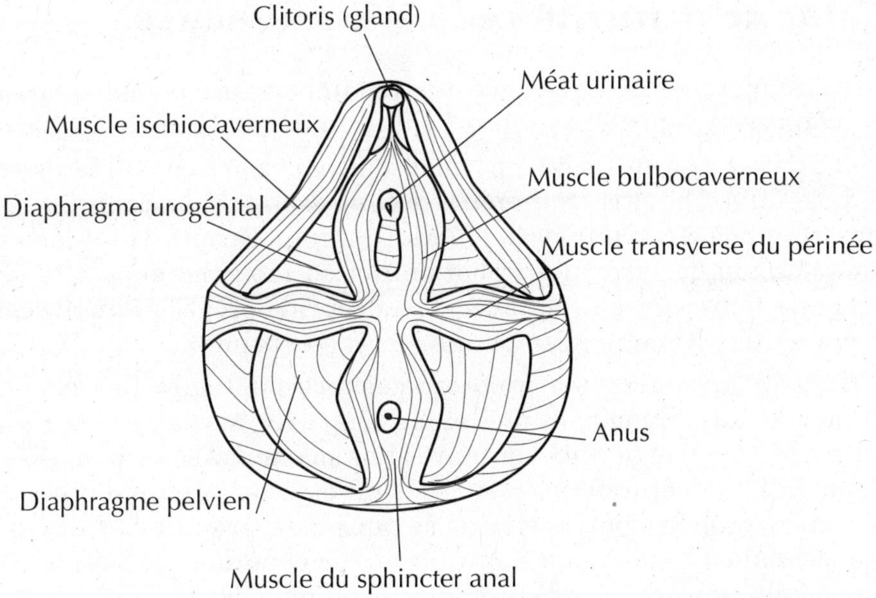

Le périnée

3. Défaire l'histoire d'une difficulté.

Protocole extrait de *Les protocoles de retour à la santé*, page 245.

La ligne de temps nous permet de voyager dans un espace virtuel et d'accéder à un événement programmant ou structurant de son histoire personnelle. Utilisez ce protocole en localisant votre naissance sur la ligne de temps.

4. Mon prénom dans la relation intime

Demandez à votre partenaire de vous appeler par votre prénom pendant une relation intime et sexuelle. Exprimez ensuite vos impressions.

5. Prénom : main droite, main gauche

Écrivez votre nom et votre prénom sur une feuille de papier avec en alternance votre main droite puis votre main gauche jusqu'à ce que toute la feuille soit remplie. Décrivez vos impressions.

Note : *Si vous avez changé de nom suite à un mariage ou à une séparation, ou si vous avez d'autres prénoms, refaites les exercices avec les autres prénoms et/ou noms et prenez note de vos différentes impressions.*

L'état de maturité relié à la naissance...

Cette référence de naissance est très importante à débloquer car elle va avant tout représenter chez l'adulte indépendance et initiative.

« Clarifier » sa naissance permet d'affiner son sens du respect de la femme – que l'on soit un homme ou une femme. L'apprentissage et la connaissance de l'archétype féminin s'imposeront d'eux-mêmes ; la femme donne la vie et toute notion qui se rattache donc à la polarité féminine nous met en lien avec le concept de création, quelle que soit la manière dont celle-ci se manifeste et s'exprime.

Mieux comprendre ma propre naissance peut modifier ma relation au monde, aussi bien avec mes enfants qu'avec mes ancêtres. Cela peut me permettre d'être plus confiant dans ma sexualité car ma présence au monde ne s'établit plus sur le mal-être ou la culpabilité « d'être là ». Mes projets sont porteurs de plus de pérennité et ont plus de chance d'aboutir. Je peux enfin traverser chaque « passage » dans ma vie comme une source de confiance et de transformation.

Quelles impressions avez-vous ressenties à la lecture de ce chapitre ?...

Notes personnelles sur ce chapitre :

Chapitre 5.

Le toucher, une histoire de peau

Décodez votre contact

« *Les enfants*
Ah les enfants, ils inventaient,
Jouaient avec des caresses nouvelles,
Proposaient des trocs incroyables...
Un sourire contre un regard bleu,
Un câlin doux contre un baiser orange,
Un abandon étoilé
Contre une respiration silencieuse...

Les enfants au corps lisse et rond
Ne s'encombrent pas de caresses inutiles,
Ils savaient, eux, offrir et recevoir,
Mais aussi faire
circuler et
transmuter
Les sensations
en émotions,
Les émotions en
contacts
Et les contacts
en échanges.
[...] »

Jacques Salomé[1]

1. Extrait de *Je t'appelle Tendresse,* Éd. Albin Michel.

La peau n'est pas simplement un emballage, c'est avant tout un organe sensoriel riche de mémoires. La peau s'étend sur 18 000 cm^2 et est composée de 1 500 000 récepteurs sensitifs. Rien que sur la surface de peau qui couvre la main on trouve autant de récepteurs sensitifs que sur le tronc, les bras et les jambes réunis !

La peau est aussi le miroir des organes en profondeur ; d'ailleurs de nombreuses techniques réflexologiques représentent les extrémités du corps comme un reflet de l'ensemble du corps (mains, pieds, oreilles, tête).

La peau constitue à elle seule un vaste univers d'imprégnation sensitive ; de la qualité et de la justesse du contact que nous avons eu enfant dépendent le rapport que nous entretenons adulte avec notre corps et la plénitude de nos relations affectives et sexuelles. Voyons maintenant de quelle façon ce sens du contact s'instaure chez le jeune enfant.

Aux origines de l'attachement...

L'attachement est fondé sur un état de bien-être ressenti en présence de l'autre. Lors de notre développement, l'attachement parental précède l'attachement sexuel. Grâce à l'odeur, aux caresses, à certains aliments, à des paroles, à des chansons, à des sourires ou mêmes à des rituels comportementaux, des liens fondés sur des stimuli sensoriels vont se mettre en place avec le parent. Ces liens sont les pierres de construction de notre attachement sexuel et affectif en devenir.

Une ouverture aux sensations corporelles...

Après la naissance, le bébé découvre de nouvelles sensations qui peuvent l'effrayer car elles sont bien différentes du calme, des bercements et de la volupté aquatique intra-utérine.

En nourrissant sa peau, en le touchant, en le caressant, on l'aide à se sentir moins seul et à satisfaire ses besoins de sécurité et de contact aimant. Grâce au massage, le jeune enfant prend conscience de son propre corps, de ses limites et de son environnement.

Plusieurs études démontrent les bienfaits du toucher. Celui-ci permet de faire baisser le taux d'adrénaline chez les prématurés, favorise leur prise de poids et leur croissance par augmentation des hormones de croissance. Le toucher est nécessaire pour le développement du cerveau et la mise en place d'une connectique neuronale efficace.

Le massage a aussi un effet stimulant sur les différentes fonctions de l'organisme : respiration, digestion, circulation, immunité. Il facilite le sommeil et apporte calme et assurance. Il améliore la mobilité des articulations. Il est, à ce titre, très bénéfique au développement psychomoteur. Il instaure une communication non verbale basée sur le toucher et l'échange visuel entre les parents et le bébé. Il permet ainsi d'apprendre à comprendre son enfant, ses gestes et ses réactions.

Le massage du bébé n'est pas nouveau, il est pratiqué dans de nombreux pays d'Afrique et en Inde. Dans ce dernier pays, le massage s'appelle Shantala, c'est un art traditionnel transmis de mère en fille. En Europe, c'est Frédéric Leboyer, obstétricien, qui a favorisé cette pratique.

> « *Le massage, véritable chef-d'œuvre, se construit avec de la tendresse. Et la tendresse s'associe à la beauté, dans cette communication par le toucher, beauté de la mère, beauté de l'enfant.* »
>
> Nade Thiery[1]

Lorsque le contact répare...

Nous avons vu l'importance du toucher post-natal. Voyons maintenant dans quel état d'esprit ce contact doit être réalisé car, pour être juste, il ne doit être ni envahissant ni subordonné au chantage affectif des parents. *La méthode Loczy* ou *le maternage insolite* nous apporte des éléments de mise en lumière. Cette méthodologie, créée par le Dr Emmi Pikler, a été développée dans une institution se situant rue Loczy à Budapest. Créé en 1946, ce centre accueille aujourd'hui des enfants de 0 à 6 ans, orphelins, abandonnés, handicapés ou qui ont des parents en grandes difficultés affectives et/ou sociales. On offre à ces enfants la possibilité de grandir psychiquement et physiquement dans de bonnes conditions. L'expérience menée dans cette institution

1. *L'émerveille du toucher,* Éd. N. Thierry.

montre que de graves carences peuvent être évitées par des soins adaptés permettant ainsi à ces enfants de trouver une famille d'accueil ou de retrouver leurs parents dans un bon état émotionnel et physique.

Cette approche se base sur une constante écoute des besoins de l'enfant, sans les anticiper, et sur le respect de ses rythmes biologiques. L'accent est mis sur :

- l'activité autonome et spontanée de l'enfant. La liberté de mouvements qui lui est laissée lui permet de se découvrir et d'apprendre à connaître son environnement en fonction de ses possibilités locomotrices. Le cadre se limite à prévenir tout danger pour l'enfant.
- La relation affective et privilégiée avec un adulte basée sur une bonne compréhension des besoins de l'enfant.
- La prise de conscience de l'enfant de son corps et de son environnement.
- L'importance d'une bonne santé physique.

Dans ce travail, les adultes en charge des enfants sont encadrés pour s'assurer qu'ils restent à l'écoute des besoins de l'enfant et non de leur volonté personnelle. Les moyens mis en œuvre sont le travail en équipe, l'observation des enfants et l'organisation de leur vie en fonction de cette observation. Un travail est également réalisé avec les parents ; le but étant de maintenir un lien avec leur enfant ou de mesurer le choix d'un abandon, etc.

L'exemple de *Loczy* montre l'importance d'un contact de qualité. La présence constante de la mère ou du substitut est primordiale car le bébé a confiance en celle-ci et c'est elle qui va le pousser à l'exploration du monde. La mère ou le substitut maternel « sent » biologiquement les besoins du bébé et cherche des solutions pour y répondre. L'idéal est de n'intervenir que lorsque le bébé en manifeste le besoin ; on lui laisse ainsi la possibilité de s'individualiser et de s'autonomiser à son rythme, en prenant appui sur la confiance du lien instauré.

Cette expérience montre que le contact permet à l'enfant de se réparer de grandes carences du début de vie et de construire son sens individualisé de sa relation à l'autre. Ainsi, il acquiert la capacité à différencier ses propres besoins des besoins de l'autre. Cela nous démontre, ô combien, qu'une éducation « juste » est avant tout fondée sur la confiance dans l'écoute des besoins de l'enfant.

L'hormone du lien : l'ocytocine

Voyons ce qui se passe au niveau chimique. L'ocytocine est l'hormone clé du lien affectif entre deux personnes. C'est un neurotransmetteur assurant la liaison avec les centres neuronaux du sentiment. Son bon réglage dépend des expériences intra-utérines et des contacts du tout début de la vie. Si le bébé se sent négligé, qu'il crie sa détresse, il sécrète alors du cortisol, hormone du stress. Si, au contraire, il reçoit de l'amour, le taux d'ocytocine augmente. Cette hormone favorise l'attachement entre la mère et l'enfant. Son blocage réfrène l'instinct maternel. Elle intervient dans le processus de croissance et de récupération.

Elle facilite également la cicatrisation et contribue à l'équilibre nutritionnel ainsi qu'à la mise en réserve des ressources biologiques.

De sa régulation va dépendre notre capacité à tisser du lien avec un ou une partenaire et à utiliser les bénéfices de l'acte d'amour sur notre santé. Examinons le rôle de l'ocytocine dans notre sexualité.

Le contact physique au cœur de l'instant d'amour augmente notre production d'ocytocine, son taux atteignant son maximum pendant l'orgasme. L'ocytocine stimule l'activité musculaire impliquée pendant l'orgasme. Elle favorise la fécondité chez l'homme et chez la femme. Elle procure calme et confiance, ainsi que présence à l'autre. Elle prolongerait même l'espérance de vie.

> « *Quand le taux de l'hormone redescend, les partenaires se réveillent mais gardent le souvenir merveilleux de l'autre pendant le rapprochement amoureux. Avec l'ocytocine dans les veines, cet amour semble éternel, et c'est souvent le moment où ils expriment l'amour qu'ils ressentent.* »
>
> Pr Kerstin Uvnäs Moberg[1]

Il est intéressant de noter le rôle complémentaire de la vasopressine, hormone hypophysaire reliée à la contraction et à l'augmentation de la pression sanguine. Son taux atteint son maximum pendant l'excitation sexuelle. De plus, si la rencontre sexuelle a lieu dans un climat de stress, la vasopressine contrebalance les effets de l'ocytocine provoquant une désensibilisation au toucher et une augmentation de

1. *Ocytocine : l'hormone de l'amour*, Éd. Le Souffle d'Or.

la tension musculaire et artérielle. Le corps initie une réaction de lutte ou de fuite au lieu de répondre par le calme et le contact.

Pour conclure, notons que la capacité d'aimer inhérente à la libération d'ocytocine prend des formes très différentes en fonction des hormones accompagnant l'ocytocine. Par exemple, l'amour est plutôt charnel avec son ou sa partenaire lorsque l'ocytocine est en lien avec la phényléthylamine ; il prend la couleur du maternage et de l'affection pour les enfants quand l'ocytocine est associée à la prolactine, etc.

Excès de contact ou manque de contact ?

Quelle a été notre réalité de contact aux premiers âges de la vie ? Schématiquement, il y a deux cas de figure : l'excès de contact ou le manque de contact.

Le trop de contact peut provenir d'une anticipation trop pressante des besoins de l'enfant par la mère. La mère, pensant bien faire, l'étouffe et ne lui permet pas de s'individualiser.

L'adulte ayant eu ce type de contact se sent vite envahi. Et, comme par hasard, la vie continue à lui donner trop de contact même s'il cherche par tous les moyens à l'éviter. Pour trouver le conflit, le travail consistera à plonger dans son histoire au cœur de cet envahissement.

Des attouchements ou des coups peuvent être aussi à l'origine de cet excès. L'adulte qui agit ainsi n'est pas au niveau des besoins de l'enfant et ne fait que reproduire le type de contact qu'il a reçu lui-même. Il y a non-respect de la physiologie de l'enfant.

L'envahissement de contact peut revêtir des aspects assez subtils. Un parent qui est lui-même frustré dans sa relation au contact en tant qu'adulte avec son ou sa partenaire peut avoir tendance à compenser ce manque avec son enfant. À ce moment-là, contact adulte et contact enfant sont « décalés » et ne permettent de combler réellement ni l'enfant, ni le parent. On peut retrouver ces « décalages » à l'âge adulte en étudiant les types de transferts amoureux que nous avons (l'homme attiré par une femme-enfant, une femme maternant son partenaire...).

Il y a aussi tous ces instants au cours de la toilette où la mère ou le père, par souci d'hygiène, surinvestit le sexe de son fils ou de sa fille en déniant le plaisir que ressent son enfant. Si ces moments se répètent comme des rituels comportant des aspects récurrents, il est fort probable que l'enfant structure sa sexualité sur des composantes de ces rituels (fétichisme...). C'est l'incapacité de la mère à poser des mots sur ce que ressent son enfant qui va fixer son développement affectif et sexuel à ce moment-là.

Maintenant, les contacts peuvent être insuffisants : manque de contact, manque de tendresse, manque de caresses rendent l'enfant inapte à la relation. Adulte, il cherchera désespérément à créer du lien sans jamais y parvenir. Cela se traduira par des difficultés à trouver un(e) partenaire ou à avoir des relations sexuelles satisfaisantes. N'ayant jamais reçu, il aura des difficultés à donner. Sa sexualité aura peu d'amplitude et ne sera pas plénifiante.

La fessée

Il y aurait beaucoup de choses à dire sur la fessée ou les autres châtiments corporels (gifles, frapper les mains, le dos, utilisation de trique, etc.). Très couramment utilisées pendant des siècles et justifiées par la religion ou l'éducation, ces pratiques existant uniquement chez l'espèce humaine sont aujourd'hui controversées et dénoncées.

Les conséquences de tels actes sur l'enfant sont nombreuses. Son cerveau n'a pas terminé son développement et peut donc enregistrer des perturbations irrémédiables. Plus l'enfant est jeune, plus les traumatismes sont graves.

Les adolescents ou les adultes battus dans leur enfance ont souvent des comportements à leur tour violents. Ils font subir aux plus petits ce qu'ils ont eux-mêmes subi enfant. Leur croyance forgée au cours des années se fonde sur « les plus grands ont le droit de faire mal aux plus petits » ou « quand on est petit, on se soumet à la violence » ou « qui aime bien châtie bien », etc.

De plus, l'enfant battu est un enfant blessé dans l'expression de ses émotions. Sous les chocs à répétition, l'enfant se ferme petit à petit à lui-même et aux autres. Adulte, il sera souvent insensible et cuirassé. Si les fessées sont régulières mais pas très fortes, l'enfant pourra le vivre sur un mode érotique et se sentir excité. Adulte, il pourra fantasmer sur des scènes masochistes où son (ou sa) partenaire lui frappe les fesses.

Histoire d'Olivier, 50 ans

Olivier a des problèmes de poids et une sexualité assez inhibée. Sa mère ne l'a jamais vraiment touché, uniquement pour assurer le strict nécessaire. Aujourd'hui, sa peau est plutôt dense, le contact est vite dérangeant, douloureux et semble le surchauffer. Il en a pourtant très envie. Il comprend que sa seule possibilité sexuelle est d'imaginer, de fantasmer une relation dans laquelle il se sent touché, la réalité étant impossible.

Histoire d'Aline, 25 ans

Aline a peur des étrangers, peur du contact et a une tendance à prendre du poids. Sa mère l'a surprotégée, son père aussi. Le toucher n'a jamais été adapté à ses besoins. Aujourd'hui, toucher est difficile car cela correspond à une notion d'envahissement et d'intimité inappropriée. Chaque découverte sexuelle est un tabou à franchir car même son propre contact est une source de stress.

Les indices physiques, comportementaux, sexuels... reliés au contact

Si vous vous sentez mentalement ou corporellement concerné par les notions de contact et de lien, voici quelques manifestations qu'il vous est possible de ressentir en tant qu'adulte et qui font écho à ce stade.

Indices verbaux

Quels mots ou expressions j'utilise souvent : ça me touche, je me sens en lien, j'ai coupé les liens...

Indices corporels

Le besoin de contact ou son refus, la nature de sa peau : sèche, moite, rugueuse. Sensibilité au froid, au chaud. Sensibilité articulaire.

Inadéquation entre son désir d'être touché et la réalité (je veux être touché mais je n'y arrive pas/ je ne veux pas être touché mais on me touche quand même/ j'adore toucher mais je tombe toujours sur des partenaires qui n'aiment pas l'être).

Son rapport à la nudité (à l'aise, honteux...)

Indices alimentaires

Attirance pour les aliments gras (recherche de liant).

Indices vestimentaires

Ma relation à l'habillement (les vêtements doivent cacher mon corps/ doivent rendre mon corps attirant/doivent me protéger...), ma sensibilité aux tissus (je ne sais pas si je suis sensible aux tissus car je ne « sens » pas vraiment les vêtements sur mon corps/ j'aimerais porter des tissus agréables mais je n'en trouve jamais !).

Indices professionnels

Les métiers de contact : corporel ou relationnel (est-ce que j'exerce un métier où je touche une zone particulière du corps – esthéticienne, pédicure, coiffeur, ostéopathe, kinésithérapeute, dermatologue ?...).

Croyances et idées reçues

Compte tenu des dérives pédophiles, il devient de plus en plus tabou de toucher un enfant qui n'est pas le sien : faut-il interdire l'usage des couteaux parce qu'ils peuvent blesser ou tuer ?

- Plus l'enfant a du plaisir, plus il devient indolent, mou ou efféminé.
- Le toucher est forcément relié à la génitalité ou ambigu.
- Si j'aime toucher quelqu'un du même sexe que moi, je suis homosexuel et, si je ne l'admets pas, je suis homosexuel refoulé.
- Si j'aime toucher les enfants, je suis pédophile.
- Les fessées renforcent la résistance de l'enfant.

Ce qu'il faudra libérer concernant le contact

Pour mieux comprendre ses mémoires concernant son plaisir dans le toucher, on doit vérifier plusieurs éléments :

- La nature de sa peau : sèche, grasse, normale, réactive, avec des boutons, craquelée...

- Les différentes parties de son corps ; évaluer là où on aime le toucher et là où on ne l'aime pas.

- Sa capacité à donner du plaisir par le contact à une femme ou à un homme.

- Sa capacité à recevoir du plaisir par le contact d'un homme ou d'une femme.

Donner ou recevoir du plaisir par le contact ne signifie pas être stimulé génitalement mais simplement accueillir l'autre dans le contact de tout son corps.

Questionnaire

1. Je décris ma peau avec détails... Quelles sont sa nature (sèche, moite, boutons...), sa couleur, sa température, sa texture ?
2. Quelles sont mes craintes ou aversions concernant le toucher ?
3. Par quels genres de personnes je détesterais être touché(e) ? Pourquoi ?
4. Par quels genres de personnes j'adorerais être touché(e) ? Pourquoi ?
5. Quelles sont mes croyances autour du toucher ?
6. Qu'est-ce qu'il me serait possible d'expérimenter dans le toucher ?

Quelques réponses au questionnaire

1. Si j'approfondis chacune de mes réponses, je peux accéder à des éléments de mon histoire de contact.

2. et 3. Ces questions me donneront des renseignements sur des mémoires de touchers désagréables.

4. Cette question me donnera des renseignements sur des mémoires de touchers agréables ou des fantasmes reliés au manque.
5. Mes croyances s'appuient sur ce que j'ai aimé (croyances positives) et ce que je n'ai pas aimé (croyances limitatives).
6. Si mes mémoires ne sont pas trop restrictives, je peux expérimenter plein de nouvelles choses. Si, au contraire, j'ai été envahi ou abusé

d'une quelconque façon, mes désirs d'expérimentation seront réduits au minimum ou inversés. Cela signifie que le seul plaisir possible devient la douleur.

Protocoles

1. Massage pour ressentir la diversité des contacts

Recevez régulièrement des massages avec de l'huile. Expérimentez plusieurs formes de contact (massages superficiel, profond, rapide ou lent etc.). Ressentez à chaque fois les zones qui sont douloureuses, celles qui sont agréables. Observez les changements éventuels au fil du temps. L'idée ici n'est pas d'utiliser le massage comme source d'excitation mais plutôt comme une invitation à voyager dans tous les recoins de votre peau.

2. Massage total

Faites uniquement ce massage avec un partenaire avec lequel vous vous sentez en pleine sécurité. Recevez un massage qui vous permet de ressentir chaque millimètre de votre peau (en n'oubliant pas chaque doigt, le nez, le cuir chevelu, les oreilles...).

3. Aimer ses organes

Protocole extrait de *Les protocoles de retour à la santé*, page 167.

Vous pouvez appliquer ce protocole à votre peau, en entrant en contact avec elle, en la touchant et en la caressant.

L'état de maturité relié au contact...

La maturité de cette fonction peut se remarquer par une peau plutôt douce et un contact agréable. La peau n'a pas de maladies chroniques. Néanmoins, elle peut tout à fait réagir à de multiples stress, mais sa cicatrisation est rapide dès qu'il y a reconnaissance et compréhension des conflits reliés à cette fonction.

Le corps est perçu dans son ensemble, c'est-à-dire non parcellisé ou fragmenté. La sensation de chaleur est uniforme en incluant les extrémités.

Toucher et être touché sont des expériences agréables. Différentes sortes de toucher sont l'occasion de différentes sensations : superficiel ou profond, sensuel ou douloureux.

La douleur est acceptable mais pas spécialement recherchée.

Douleur et plaisir sont différenciés et se ressentent dans l'ensemble de l'organisme.

Quelles impressions avez-vous ressenties à la lecture de ce chapitre ?...

Notes personnelles sur ce chapitre :

Chapitre 6.

Mise en bouche

Décodez votre oralité

« Ta minuscule bouche tète
Mes seins nus et gonflés,
Et dans la béatitude la plus complète,
Tu me séduis,
Au-delà de tout ce que je suis.
Je sombre derrière tes yeux,
Et toi et moi nous envolons
Au-dessus des frontières du temps,
Là où les anges chantent
Comme des clochettes tibétaines.
Dans la grâce,
Dans l'innocence,
Dans la gratitude,
Avec toi,
Enfin, je suis moi. »

Gabrielle Roth[1]

1. Extrait de *Les voies de l'Extase,* Éd. Carthame.

Lorsqu'on parle de plaisir chez le tout-petit enfant il s'agit surtout d'auto-érotisme plutôt que de plaisir orienté vers autrui. Les pulsions sexuelles de l'enfant sont tournées vers d'autres zones érogènes que les organes génitaux. Entre la naissance et l'âge d'un an, la bouche est le lieu privilégié d'exploration et d'expression de ces pulsions.

Examinons de plus près la zone buccale. Quand on parle de bouche? il faut tenir compte également de la face, de la langue, des muqueuses, de l'œsophage et de l'estomac. Entrent aussi en compte les organes respiratoires (poumons, trachée), les organes de la phonation – donc du langage – et les organes des cinq sens.

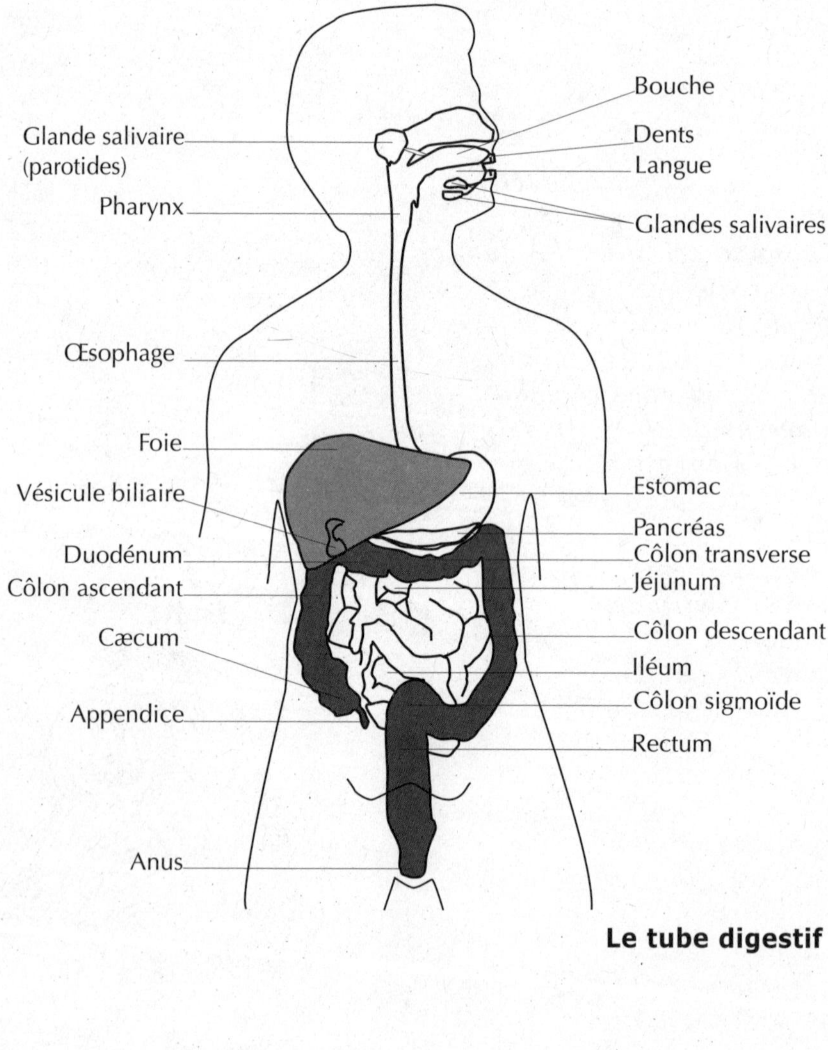

Le tube digestif

Durant cette période, le bébé est très sensible aux baisers, aux caresses et à l'apport de nourriture. Il tète, suce son pouce et porte les objets à sa bouche. Il est en contact avec sa mère et perçoit son odeur.

L'allaitement, source de lien

Voyons un peu les paramètres qui contribuent au développement optimum de l'enfant. Le nouveau-né n'est plus relié à sa mère par le cordon ombilical mais par ce qu'on appelle « le cordon lacté ».

> « *Quand nous buvons le lait maternel, la compassion se manifeste en nous. Cet acte est un symbole d'amour et d'affection qui jette les bases de toute notre vie.* »
>
> Le XIVe Dalaï-Lama

L'allaitement apporte de nombreux bénéfices à la mère et à l'enfant. La composition nutritive du lait maternel (lipides, protéines, glucides, enzymes, etc.) est spécifique à l'espèce humaine. Il est donc parfaitement adapté à l'alimentation de l'enfant. Différentes substances immunologiques lui confèrent un effet anti-infectieux et protègent ainsi le bébé de toutes sortes d'infections, notamment aux niveaux ORL, respiratoire et digestif. Le colostrum (le premier liquide qui sort du sein maternel) est riche en protéines, en minéraux et en vitamines et a des propriétés immuno-protectrices. Il aide également à nettoyer les intestins des résidus de la grossesse.

C'est un lait vivant et toujours frais, sa composition varie au fil des mois et se trouve en adéquation constante avec les besoins de l'enfant grandissant. Ses composants varient aussi au cours de la tétée : au début, le lait est souvent très clair puis s'épaissit peu à peu. Ce lait respecte la maturation des intestins et des reins.

Outre l'importance nutritive de l'allaitement, rappelons également sa nécessité physiologique. La naissance est un moment où le crâne du bébé a été soumis à de fortes pressions. Lors de la succion, les mouvements de la langue contre le palais du bébé se font au rythme d'une alternance de pression puis de dépression (comme la respiration). C'est ainsi que le crâne va pouvoir se (re)modeler et trouver une forme équilibrée.

La tétée permet également un apaisement profond du bébé. La succion lui apporte réconfort et sécurité. L'allaitement est une façon d'entrer en communication avec son enfant par le langage du corps. Tous les sens du bébé sont en éveil. Il capte une multitude d'informations sensorielles qu'il enregistre et qui constitueront les prémices du langage verbal.

Les mécanismes de la succion préparent l'enfant à l'émission des sons ; la qualité de cette émission dépendra de l'entraînement musculaire de la bouche et de la langue. Plus le bébé tète, plus les seins fabriquent du lait et mieux se fera l'apprentissage du positionnement de la bouche et de la langue.

Enfin, sucer est à la fois source de plaisir et d'investigation reliée au besoin de goûter et de connaître la saveur des objets.

Reconnaître les besoins de son enfant

La mère apprend à connaître les besoins de son enfant et à les respecter.

Plusieurs signes montrent qu'il veut téter. Notamment, il remue les bras et les jambes, ouvre la bouche, salive et met ses poings dans sa bouche.

Différents éléments révèlent une bonne prise du sein : lèvres retroussées, la bouche est grande ouverte autour du mamelon. Le menton et le nez sont en contact avec le sein. La mère ne ressent aucune douleur.

D'autres signes ne trompent pas et montrent que le bébé tète suffisamment :

Il mouille plusieurs couches par jour et fait plusieurs selles molles jaunes par jour.

Il est calme auprès de la mère.

La mère sent le lait monter dans ses seins et la déglutition du bébé.

Enfin, son poids augmente.

L'enfant a terminé la tétée quand il s'endort, ou qu'il lâche le sein.

La chimie de l'allaitement

Deux hormones essentielles entrent en jeu dans le processus de lactation : la prolactine qui aide tout d'abord à la fabrication du colostrum puis à celle du lait, et l'ocytocine qui provoque l'éjection du lait.

Vers la fin de la grossesse, le colostrum est sécrété par les glandes mammaires. Ce liquide est riche en substances protégeant le système immunitaire de l'enfant. C'est ce que boira l'enfant lors des premières tétées.

L'augmentation des taux hormonaux à la fin de la grossesse provoque la libération de prolactine par l'hypophyse préalablement stimulée par l'hypothalamus. La production de lait débute deux ou trois jours après l'accouchement. Les taux de prolactine diminuant progressivement après l'accouchement, la production du lait futur dépendra de la stimulation des mamelons par les mécanismes de la succion. À chaque sollicitation des mamelons, l'hypothalamus active ainsi la libération de l'hormone par l'hypophyse pour la production du lait de la prochaine tétée.

Parallèlement, la glande hypothalamique active la libération d'ocytocine par l'hypophyse. Les cellules des glandes mammaires se contractent, provoquant ainsi le réflexe d'éjection du lait qui traverse les canaux lactifères jusqu'au mamelon.

Pleurer

Le besoin de pleurer trouve ses origines dans le traumatisme de naissance et dans les besoins non satisfaits des premiers mois. Il faut savoir que si certains de ces besoins ne sont pas satisfaits durant les périodes opportunes, ils le seront difficilement plus tard.

Pleurer peut aussi révéler de trop fortes stimulations, un excès d'informations quotidiennes, des frustrations dues à la dépendance que ressent l'enfant, à son impuissance ou à des douleurs physiques. Pour un jeune enfant, pleurer est sa façon d'évacuer ces tensions et ce stress. Si les pleurs ne sont pas acceptés par l'entourage, et que différentes interprétations sont faites quant à leur origine, divers mécanismes de contrôle vont s'établir et les bloquer.

Exemples :

S'il pleure, c'est qu'il veut bouger. La réponse de l'adulte va être de le faire sauter et rebondir pour stopper les pleurs.

S'il pleure, c'est qu'il a faim ; les parents lui donnent à manger.

S'il pleure, c'est qu'il a sommeil ; l'adulte va donc aller le coucher.

S'il pleure c'est qu'il s'ennuie, l'adulte va vouloir le distraire, l'amuser avec des jouets.

Les mécanismes de contrôle qui peuvent alors s'installer dépendent du niveau d'interprétation qui est fait par les parents et comportent des ingrédients tels que l'hyperactivité, la morosité, l'apathie, la dépendance à la nourriture, à la sucette et au contact aux parents, etc.

Que se passe-t-il pour la mère ?

Comme les menstruations, la grossesse, l'accouchement et la naissance, l'allaitement stimule les processus internes de la femme et renforce son système immunitaire.

Il participe à la re-minéralisation osseuse, diminue les risques de cancer du sein ou de l'ovaire et aide l'utérus à retrouver une taille normale. Il a un effet contraceptif surtout si l'enfant a moins de six mois et si le retour de couches n'a pas eu lieu.

Des désagréments physiques peuvent diminuer le plaisir de la tétée. Les seins peuvent être plus sensibles et tendus, voire douloureux. Les origines de ces douleurs sont diverses : mauvaise position du bébé, montées de lait, insuffisance du nombre de tétées, mamelons plats, humidité continuelle des mamelons, la poussée des dents du bébé surtout à partir de 6 mois. Ce besoin de mordre est relié à sa prise d'autonomie, son espace s'ouvre et va l'amener au sevrage.

Allaiter son enfant a aussi une action contre la déprime postnatale résultant de la séparation mère-enfant consécutive à la naissance. L'allaitement permet d'adoucir ce passage.

Au niveau hormonal, la tétée s'accompagne d'une libération d'endorphines, hormones du plaisir et de la détente. Ces hormones renforcent l'organisme de la mère et favorisent une meilleure adaptation au stress.

Au niveau sexuel, c'est le temps de découvrir d'autres sensations et d'autres émotions.

Si la mère est vraiment en contact avec elle-même, la connexion entre le sein et l'utérus apparaît clairement et peut éveiller chez elle du bien-être et du plaisir.

Ce plaisir est relié à cette nouvelle étape : être mère. Elle la connecte à sa vitalité.

La mère est plus sensible, ses sens s'affinent et elle est très proche de son corps. Des rythmes nouveaux apparaissent. Ils sont reliés à la lenteur, à l'abandon et à la tendresse.

Ses organes sexuels internes (utérus et vagin) répondent plus intensément et plus subtilement aux vibrations et aux stimulations. D'ailleurs, les contractions utérines que la femme peut ressentir pendant l'allaitement aident l'utérus à retrouver sa forme et sa place d'avant la grossesse.

La femme approfondit ainsi sa sexualité de l'intérieur.

> *« En laissant couler leur lait, en laissant respirer leur sexe, ces femmes offrent à leur enfant des manifestations de la vie. Il n'y a rien à provoquer ni à retenir. »*
>
> M.D. Linder et C. Maupas[1]

L'histoire de la mère, ses émotions, son anxiété peuvent provoquer un blocage du réflexe d'éjection du lait. Le bébé doit donc tirer davantage pour attirer le lait, augmentant davantage les douleurs de la mère. Le manque de patience de la mère, l'énervement, la tristesse enfin, tous ces états d'âmes vont s'inscrire dans la mémoire de son enfant et former des empreintes.

Des mémoires, des croyances et des tabous peuvent aussi empêcher la mère de sentir le plaisir tout érotique de la bouche de son enfant tétant son sein. En bloquant cette circulation, elle fixe son attention sur l'enfant sans pouvoir redevenir la femme sensuelle et jouissante qu'elle a été avant la grossesse. Dans ces conditions, il faudra aussi plus de temps à son utérus pour retrouver sa place... dans un corps de femme.

---

1. *L'allaitement de mon enfant*, Éd. Hachette.

Quelle est la place du père ?

Pendant cette période, la mère et le bébé sont souvent très proches l'un de l'autre. Mais la présence du père est aussi nécessaire au bon développement du bébé. Elle vient compléter les attentions de la mère envers l'enfant.

Souvent, le père arrive à apaiser le bébé avec facilité quand sa mère a tout essayé sans succès.

Le soir, le père est en général plus détendu que la mère pour s'occuper du bébé, qui a retenu l'attention de la mère toute la journée.

L'un des rôles importants joué par le père est celui de compagnon de jeu. Tandis que la mère s'occupera plus des soins et de la toilette, le père, lui, s'amusera avec l'enfant, le faisant sauter sur ses genoux, le chatouillant, le promenant, le berçant ou chantant. Il sera aussi près de lui grâce au porte-bébé ou en le massant. Un peu plus tard, il sera là pour l'encourager à ramper, grimper, s'asseoir, se mettre debout et marcher.

Tandis que la relation à la mère est tournée vers des sensations intérieures, de connaissance de son corps et de sécurité, celle au père s'oriente vers l'extérieur et la relation aux autres. Grâce à cette complémentarité, l'enfant va pouvoir trouver son équilibre affectif et physique et cheminer vers l'autonomie en toute confiance.

Au cours des premiers âges de la vie, la maladresse du père peut parfois engendrer conflits et difficultés au niveau de l'allaitement. Ce sont des mots comme « ton lait n'est pas riche », « ta quantité de lait est insuffisante », etc., qui peuvent dévaloriser la femme dans ses capacités à être mère.

De plus, si le père est absent ou s'il n'accompagne pas sa femme avec tendresse et amour, la mère risque de nouer « par compensation » une relation exclusive avec son enfant.

Et pour le couple ?

Le couple amoureux est devenu le couple parental ; sa vie se centre autour du bébé.

Tous les repères sont bouleversés. La mère investit complètement son corps dans la relation à son enfant et peut temporairement délaisser sa relation amoureuse. Elle se sent comblée physiquement et émotionnellement par le contact avec son bébé.

Si le père ne se sent pas menacé par ce nouveau « binôme », il ne va pas chercher à séparer la mère de l'enfant mais à les soutenir tous les deux de sa présence. La femme peut l'initier à de nouveaux rythmes, à des sensations plus profondes. Elle s'abandonne plus facilement au plaisir. L'homme découvre des nouvelles façons d'être ensemble et approfondit son écoute.

C'est aussi le moment de s'honorer et de se respecter chacun, dans son nouveau rôle : celui de père et celui de mère. L'homme et la femme sont complémentaires et forment une équipe œuvrant pour la croissance physique, psychique et affective de leur enfant.

L'accouchement peut être suivi d'une phase de « baby-blues », de dépression où la mère rejette toute sexualité. Le père peut vivre cette étape avec difficulté ; il se sent exclu de cette relation, lui qui, avant l'arrivée du bébé, pouvait se faire dorloter par sa femme... Il peut vivre le peu de désir de sa femme comme une remise en question de sa virilité et vouloir parfois se rassurer dans les bras d'une autre femme...

Le sevrage

Le sevrage est le passage qui marque la fin de cette étape de développement. Le lien affectif devient plus symbolique, la nourriture se dissociant petit à petit du corps maternel.

Lorsque cette étape se vit avec douceur, la mère reste à l'écoute des besoins de son enfant. Celui-ci peut commencer à manger une nourriture variée tout en continuant à avoir envie de téter. Sucer son pouce ou une tétine lui permet d'équilibrer les tensions de son crâne consécutives à des moments difficiles. Le jour venu pour lui, il lâchera tout seul la tétine ou son doigt et se détournera du sein. Pour boucler cette étape, un rituel peut être organisé, marquant ainsi le début d'une nouvelle phase dans la vie de l'enfant.

Le sevrage est souvent conflictuel et vécu comme une punition s'il a été trop rapide. Si la mère doit reprendre le travail et qu'elle doit sevrer son enfant, des peurs et une culpabilité peuvent remonter et rendre la séparation difficile. L'enfant, grâce à son incroyable faculté à « sentir » l'état psycho-émotionnel de ses parents, ne manquera pas d'enregistrer les réactions et les contradictions de la mère à cette occasion.

Ce passage peut engendrer incompréhensions et frustrations chez le bébé si rien n'est exprimé, verbalisé et que cette transition ne respecte pas les besoins de l'enfant. Trop souvent c'est la mère qui retire la tétine à l'enfant, alors que sa physiologie sait exactement quand il peut la lâcher.

Peu à peu, la nourriture remplace le lait maternel. Elle devient le nouveau vecteur par lequel vont communiquer la mère et l'enfant. La mère montre son amour en cuisinant de bons plats. Elle désire que son enfant mange bien et en bonne quantité et qu'il soit en bonne santé. Dans son désir de combler son enfant, de se déculpabiliser peut-être du sevrage ou de ses absences dues à la reprise du travail, elle n'a pas forcément conscience qu'elle dépasse les besoins de son enfant.

C'est la « maman gâteau » qui ne peut exprimer son affection qu'au travers de la nourriture et en particulier des mets sucrés. Le sucre dont elle gave son enfant remplace souvent les câlins, ce contact corps à corps qu'elle n'a probablement pas reçu elle-même.

Quand il refuse la nourriture qu'elle lui propose, fait des caprices, elle le vit comme si c'était elle qu'il repoussait. L'enfant exprime à ce moment-là un besoin non satisfait.

Pour conclure sur le paradis buccal...

La sexualité future de l'enfant est marquée par cette étape d'allaitement, temps de contact, de présence à l'autre et de plaisir.

Quand cet espace est respecté, l'enfant trouve plus tard un bon équilibre psycho-affectif et possède les ressources nécessaires pour être dans la réalité de la vie et gérer la relation à l'autre.

Mené jusqu'à son terme, en fonction des besoins de l'enfant, ce premier temps de dépendance physique et affective, nécessaire à sa survie, est le fondement de son autonomie à venir.

Et pour vous c'était comment ?

Les informations à rechercher ici visent à savoir comment l'enfant a été nourri à l'aube de sa vie, s'il a pris le sein, a été nourri au biberon avec du lait maternisé ou avec du lait d'une autre mère. Comment s'est construite la relation affective autour du sein ou du substitut ? Comment le père a-t-il accompagné la mère dans cette phase-là ?

La phase orale chez l'adulte

L'adulte est à même de vivre sa bouche comme une source de plaisir relationnel et alimentaire si, alors qu'il était bébé, cette phase a été source de satisfaction pour lui. Si au contraire, cette étape a été parsemée de frustrations, l'adulte risque d'être en recherche constante du plaisir buccal sans jamais le trouver vraiment. Cela s'exprime par des fixations autour de l'alcoolisme, du tabagisme, de la gourmandise. On y trouve aussi la boulimie et l'anorexie. Aux niveaux relationnel, affectif et sexuel, cela peut correspondre à un besoin permanent de fusion avec l'autre et à une négation de la différence.

Histoire de Carmen, 30 ans

Carmen a un comportement alimentaire anarchique ; elle passe par des périodes de jeûne puis d'excès, elle fume abondamment.

Durant son adolescence (vers 15 ans), Carmen était boulimique et anorexique. À 30 ans, elle revisite ses symptômes, très similaires à ceux de son adolescence.

Voilà donc son histoire : juste après sa naissance, sa mère décide de donner le biberon à Carmen car elle l'avait déjà donné à sa première fille. Elle ne voulait pas faire de jalouse. Carmen retrouve sa sensation de ne jamais être rassasiée et de toujours vouloir quelque chose dans sa bouche. Sa frustration orale se compense aujourd'hui par la cigarette et dès que Carmen a une difficulté sexuelle ou relationnelle, elle commence à manger à l'excès sans satisfaction.

Son travail thérapeutique consiste à retrouver ses besoins oraux et à combler son insatisfaction du départ.

Histoire de François, 40 ans

Il a des douleurs à la mâchoire et il fait du bruxisme pendant la nuit.

Nouveau-né, il n'a pas été allaité car sa mère était malade. De plus, ses parents l'empêchaient de mettre des choses dans sa bouche.

Tout son stress se met aujourd'hui dans sa bouche, sa face et son cou car, dans son corps, il recherche une source de satisfaction sans pouvoir l'atteindre. Dans sa sexualité, il recherche les plaisirs oraux et buccaux. Il a souvent l'impression que ses partenaires féminines ne lui apportent pas ce dont il a besoin.

Les indices physiques, comportementaux, sexuels... reliés à la phase orale

Si vous vous sentez mentalement ou corporellement concerné par la phase orale, voici quelques manifestations qu'il vous est possible de ressentir en tant qu'adulte et qui font écho à ce stade.

Indices verbaux

« Je suis gavé », « je suis bourré », « c'est obligé ! »

Indices corporels

L'envie de sucer (bonbons, chewing-gum, doigts, grignotage...)
Frotter ses joues contre la peau
Sentir, renifler
Mettre à la bouche, dans la bouche
Mouvement de succion de la bouche
Régurgiter, vomir
Hypoglycémie (si gavage sucré)
Positions des dents et de la langue dans la bouche
Les plaisirs ou l'absence autour de la bouche et de la langue
Voix sensuelle qui exprime le plaisir. Voix centrée sur la bouche mais déconnectée du reste du corps (l'interlocuteur peut avoir la sensation d'être enveloppé par la voix de la personne qui s'exprime sur ce registre).

Indices professionnels

Métiers de bouche, restauration, pâtisseries, etc.
Dentisterie

Indices comportementaux

L'impatience (horaires d'allaitement imposés)
Ma façon de boire et de mâcher
Mes choix alimentaires, mes goûts pour les aliments raffinés, fast-food

Indices sexuels

Recherche de satisfaction immédiate

Les désirs et les fantasmes de seins gros, petits, etc.

Sexe oral

Plaisir sexuel relié à la bouche et à la langue

Quelques croyances et idées reçues

Les croyances autour de la bouche sont à relier aux :

- restriction et interdiction reliées à la bouche,
- restriction et interdiction reliées aux doigts,
- restriction et interdiction reliées au contact peau à peau.

Croyances autour de l'allaitement maternel

Le biberon c'est comme l'allaitement.

L'allaitement fatigue la maman.

L'allaitement fait mal et abîme les seins.

Le lait de certaines femmes est peu nourrissant.

Le père n'a pas sa place dans l'allaitement.

Il vaut mieux ne pas allaiter si on doit arrêter très tôt.

Allaiter est dangereux quand la maman est malade.

S'il n'y a pas d'allaitement, on est une mauvaise mère.

Allaiter plus de trois mois n'est pas recommandé pour l'enfant.

Ce qu'il faudra libérer concernant l'oralité

Les grandes satisfactions alimentaires et les grands dégoûts et/ou rejets.

Les dépendances : alcool, tabac, drogues, médicaments, aliments.

Les tensions, les douleurs sur toutes zones reliées à l'oralité (visage, sinus, nez, gorge, oreille, œsophage, cou, estomac), la difficulté ou l'impossibilité de vomir, les problèmes de déglutition, certains problèmes de voix.

Questionnaire

1. Quel est mon niveau de plaisir quand je mange ?
2. Si je mets un doigt dans ma bouche, que se passe-t-il ? Si je le suce, que se passe-t-il ?

   Mon réflexe de succion est-il resté intact, restreint ou empêché ? Ma langue est-elle libre de bouger dans toutes les directions ?
3. Comment ma langue et ma mâchoire bougent-elles ? Facilement ? Le mouvement est-il souple, détendu ou, au contraire, difficile, crispé voire douloureux ?
4. Quelle place est-ce que je donne à ma bouche dans les échanges amoureux ?
5. Quelle est ma relation avec la nourriture ? Ai-je la sensation de n'être jamais rassasié(e) ? Ai-je la sensation de n'avoir jamais vraiment faim ?
6. Ai-je besoin d'avoir quelque chose à sucer ?
7. Ai-je besoin de fumer ? Que se passe-t-il si je ne fume pas ?
8. Quelle est ma relation à l'alcool et aux boissons sucrées ?
9. Comment sont positionnées mes dents ?
10. Ai-je facilement des problèmes aux sinus ?
11. Ai-je des allergies au lait ?
12. Pour moi, les seins d'une femme c'est comme...

Réponses au questionnaire

1. Selon le type d'aliment et le niveau de plaisir ressenti, je peux avoir une idée de ce qui a été favorisé ou contraint durant mes premières découvertes alimentaires.

2 et 3. La mobilité de ma langue et de ma mâchoire montre l'état de cette fonction. Peu de mobilité = peu de stimulation de la fonction orale.

4. L'échange amoureux est une indication de l'état de cette fonction : si je ne supporte pas les échanges buccaux, j'ai probablement été submergé ou « envahi » dans ma bouche. Si ces échanges buccaux sont indispensables pour moi, c'est que j'ai peut-être manqué de stimulation lorsque j'étais enfant.
5. Ma relation à la nourriture donne un éclairage sur la nature de ce qui a été mis dans ma bouche lorsque j'étais enfant. Si je mange de façon passive, juste pour me nourrir, alors ma nourriture m'a été imposée

sans éveil de ma capacité de choix. Si je refuse toute nourriture, c'est que j'ai probablement été gavé, contre mon gré. Si j'ai surtout envie d'aliments sucrés, c'est que j'ai peut-être un lien affectif à retrouver.

Le choix précis de certains aliments se relie toujours à une mémoire spécifique enregistrée dans mon organisme.

6., 7. et 8. Mes fixations au plaisir buccal peuvent remplacer des conflits non gérés. Chaque choix a son importance : cigarette, marque de cigarette, marque d'alcool, couleur, etc., et révèle des nuances conflictuelles particulières.

9. La façon dont mes dents sont positionnées montre ma facilité ou non à trouver ma place et à la défendre. Selon les dents concernées (incisives, canines, prémolaires, molaires), des nuances sont à trouver dans l'interprétation des différents ressentis.

10. Les sinus sont souvent reliés à l'odeur intime de ma mère. Cette odeur de référence représente ma sensation intime de sécurité.

11. Mon attirance pour le lait ou mon rejet est relié au féminin, dans le manque ou dans l'envahissement.

12. Selon les images que j'associe spontanément aux seins, je peux avoir une idée des références fixées à ce stade.

Protocoles

1. Guérison par le dessin

Protocole extrait de *Les protocoles de retour à la santé*, page 250.

Le dessin révèle des éléments inconscients de l'individu : observer et comprendre ces éléments en pleine conscience ouvre la voie du changement. Sujet : Une mère nourrit son enfant...

2. Gymnastique faciale et buccale

Je fais bouger ma bouche, je fais des grimaces, je fais comme si je tétais, je suçais, je mordais suffisamment longtemps pour ressentir cette zone. Quelles sont mes impressions ?

3. Massage de la face, de la bouche, des gencives et de la langue

Je masse les points sensibles sur mes gencives, mon visage et mon cou.

L'état de maturité relié à la phase orale...

Au niveau mécanique, on observera :

La mobilité de la langue, détente et position sur le palais, mobilité de la mâchoire inférieure (absence de bruxisme).

Un bon réflexe de succion.

La détente de la gorge et des lèvres.

Une absence de sinusite ou de sensibilité respiratoire.

De nombreuses expressions du visage.

La possibilité de vomir sans difficulté.

Au niveau gustatif ce sera :

Une bonne perception des besoins alimentaires en quantité et en qualité.

Un désintérêt pour une alimentation trop rapide et trop raffinée.

Au niveau amoureux, on pourra ressentir :

Une grande palette de plaisirs autour de la bouche.

Aucun dégoût particulier concernant le plaisir buccal.

Au niveau relationnel :

Cette étape s'observera par une facilité à échanger.

Quelles impressions avez-vous ressenties à la lecture de ce chapitre ?...

Notes personnelles sur ce chapitre :

Chapitre 11.

Et par derrière, comment c'est ?

Décodez votre anus

« *L'anus et les fesses qui l'entourent sont pour les moins imaginatifs une région attirante, pour d'autres un peu plus hardis, l'orifice mystérieux dispensateur de plaisirs nouveaux, d'autant plus délectables qu'ils sont défendus ; pour les plus audacieux un condiment érotique de choix d'autant plus épicé qu'il transgresse l'interdit* ».

Godin J. Marty[1]

1. *Histoire du derrière,* Éd. du Rocher.

Entre un an et trois ans, les sensations érotiques reliées à la zone anale se réveillent.

Cette zone comprend tout le pelvis, les jambes, l'anus, les fesses et la muqueuse ano-rectale, c'est-à-dire toute la partie de l'intestin reliée à l'excrétion. Étant très innervée, c'est une source possible de nombreuses sensations sexuelles.

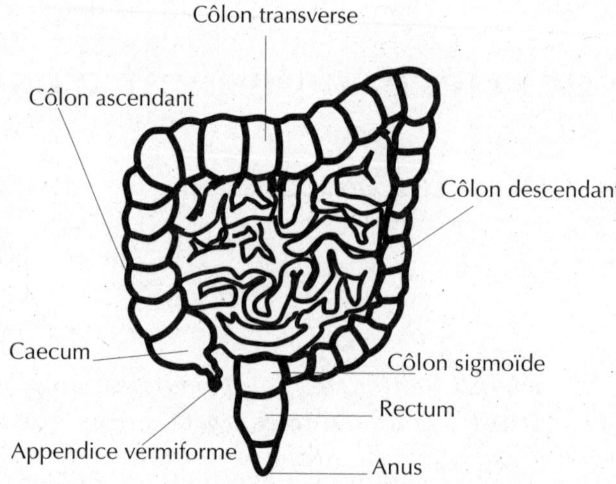

Anus et intestin

Notions de fermeture et d'ouverture

Fermeture, ouverture, contraction et relâchement de l'anus sont les mouvements d'un nouveau jeu corporel dont les selles sont l'objet principal. L'enfant joue ainsi avec l'alternance de la rétention de ses matières fécales, ce qui peut lui procurer un plaisir passif, et de leur expulsion, reliée à un plaisir actif. À ce stade, la sexualité de l'enfant se caractérise par un auto-érotisme et une bisexualité.

Les comportements sexuels comme la bisexualité et l'homosexualité peuvent trouver partiellement leur origine psychologique et physiologique dans cette phase-là. En effet nous pouvons tout à la fois considérer le rectum comme un organe d'excrétion et comme un organe creux : il peut expulser quelque chose, c'est une caractéristique masculine ; il peut aussi être excité par un corps étranger, c'est une caractéristique féminine.

Les différentes étapes du développement de la marche

La maturation de la fonction anale va donc se faire par une alternance de sensations de contraction et de relâchement. Cet apprentissage est relié à celui de la station debout et de la marche.

Dès la phase utérine, nous observons quatre mouvements essentiels :

Le premier est la respiration cellulaire, présente chez tous les êtres vivants. Le deuxième est un mouvement circulaire du corps dont le centre est l'ombilic. Viennent ensuite le mouvement centré autour de la bouche et le mouvement pré-spinal correspondant à des ondulations douces de la colonne vertébrale. Après la naissance, le mouvement spinal, celui des poissons, nous permet de mouvoir notre colonne vertébrale de la tête au coccyx.

Le jeune enfant qui commence à se déplacer tout seul va tout d'abord le faire à quatre pattes. Les mouvements homologues et homolatéraux seront utilisés pour ce type de déplacement. Le mouvement homolo-

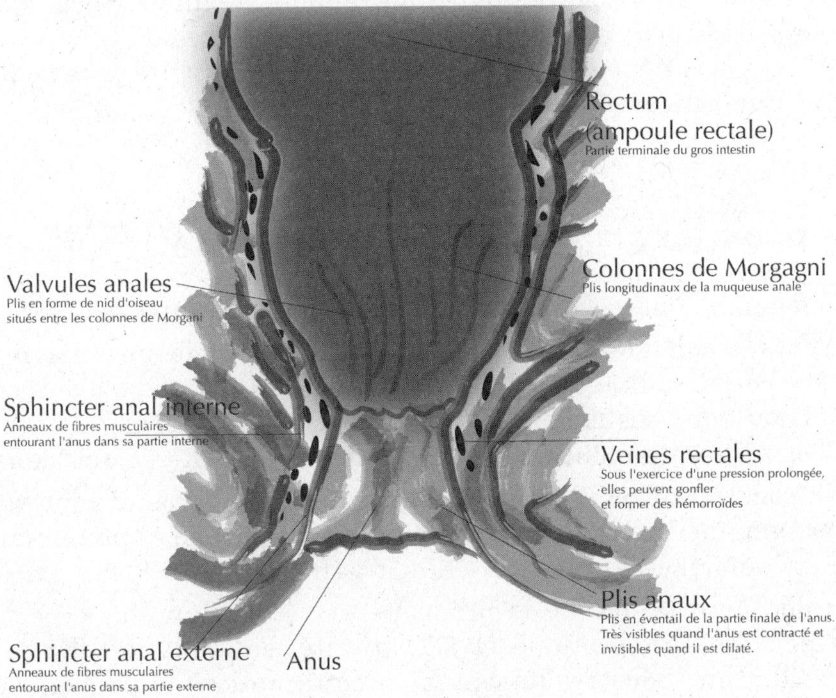

L'anus

gue est celui des amphibiens et correspond au mouvement de deux membres inférieurs ou supérieurs de façon simultanée et symétrique. Il est utilisé pour sauter.

Le mouvement homolatéral est celui des reptiles. C'est le mouvement symétrique d'un membre inférieur et supérieur du même côté. Enfin, le mouvement controlatéral est celui de la marche chez la plupart des mammifères. C'est le mouvement diagonal d'un membre inférieur et supérieur de côté opposé. Associé à la structuration des sphincters et celle du bassin qui, à ce moment, prend ses caractéristiques féminines ou masculines, ce mouvement sera à la base de la marche.

Monnaie d'échange

Les selles sont une monnaie d'échange entre les parents et l'enfant : l'enfant reçoit des applaudissements, des compliments, etc., quand il va aux toilettes. Si la mère est à l'écoute de ce que son enfant vit, celui-ci pourra obtenir de la satisfaction à l'expulsion de son boudin fécal et sentira que c'est agréable.

La nature de la relation à cette première monnaie d'échange déterminera plus tard chez l'adulte sa relation à l'argent. Elle pourra être basée sur des dépenses névrotiques ou, au contraire, sur la parcimonie et une réticence à dépenser.

La première création de l'enfant

Les selles sont sa première création, réalisée sans ses parents.

L'enfant considère ses matières fécales comme une partie de son propre corps qu'il peut utiliser à sa guise. Il n'a pas d'aversion ou de répulsion pour ses selles. Il a envie de les toucher et prend plaisir à les voir. Elles donnent à son corps une matérialité et une densité.

En constatant qu'il peut agir sur son propre corps, il comprend, par extension, qu'il peut agir sur le monde. Il apprend donc l'intentionnalité et commence à réfléchir avant d'agir.

Il découvre la notion de propriété privée et appréhende également son pouvoir auto-érotique et sa capacité d'affirmation. Dans le langage courant, nous traduisons bien cette notion de pouvoir en appelant la cuvette des toilettes, un trône !

Autonomie

À cette période, son maître mot est « non ». Grâce à ce petit mot qu'il répète encore et encore, il distingue progressivement son corps de celui de ses parents. Il s'affirme dans son individualité, dans son « je », et devient actif par rapport à son environnement. Une mère attentive qui explique à son enfant qu'elle a bien entendu son « non » et qui l'invite à préciser ses demandes, permet au processus de maturation du langage d'avancer.

Notions de contrôle et de maîtrise

« *L'enfant nous demande de l'aider à agir seul.* »

Maria Montessori

Conjointement à la maîtrise de ses sphincters et à l'apparition du langage naît son désir de contrôler et de maîtriser sa vie. L'enfant veut faire des choses tout seul, comme un grand. Il teste les limites et les interdits posés par ses parents. L'attitude juste des parents sera de reconnaître l'enfant comme une personne biologiquement unique avec ses idées et goûts propres. Elle sera aussi de lui proposer un espace d'investigation et de liberté lui permettant de se découvrir tout en posant très clairement les limites à ne pas dépasser, d'une part pour sa sécurité et, d'autre part, parce qu'il fait partie d'un groupe (la famille, la société) ayant ses propres règles.

Éducation à la propreté

Beaucoup de croyances restent très imprégnées au sujet de la propreté et de la saleté. La mère va transmettre ses croyances par ses remarques, ses interdictions de toucher « le caca », ses recommandations, etc. Tout cela va conditionner la relation future de l'enfant avec ses sphincters.

De plus, une éducation prématurée à la propreté sera à l'origine de tensions musculaires importantes dans les organes génitaux, l'anus et les fesses, et aura des conséquences sur la sexualité future.

Chez la femme adulte, ces tensions se perçoivent lors de l'acte sexuel durant lequel elle sera couchée sans mouvement, ou au contraire elle bougera en un seul bloc le tronc et le pelvis.

Chez l'homme adulte, ce sont des mouvements rapides et volontaires de la partie inférieure du corps qui révéleront ces blocages.

Relation à la mère

Nous l'avons vu plus haut, cette période est marquée par la prise d'autonomie de l'enfant sur son corps. La mère peut rencontrer des difficultés et ne pas vouloir lâcher son enfant. Elle pourra fixer son attention sur le postérieur de son enfant en lui prodiguant différents « soins » comme des lavements, ou en utilisant des suppositoires. Si ces attentions maternelles perdurent, l'enfant aura du mal à prendre possession de son corps et à développer harmonieusement ses capacités motrices. De plus, lorsque la mère utilise ces soins pour y trouver un moyen inconscient de « réguler » sa sexualité, celle-ci entrave le développement psychique et relationnel de son enfant ainsi que la construction de ses fantasmes.

Adulte, il ne pourra pas se passer de sa mère. Il sera obsédé et extrêmement méticuleux. Dans sa sexualité future, cela se traduira par une difficulté à exprimer ses désirs, son plaisir et à mobiliser son corps.

Cette étape déterminera plus tard la volonté de dominer et de maîtriser, la recherche de la perfection et l'aptitude à planifier.

Relation au père

Il y a danger dans cette phase-là si le père est absent psychiquement ou/et physiquement et que la mère, toute-puissante, rend impossible une véritable relation entre le père et son enfant.

Toute-puissance

Le sentiment de toute puissance est révélé par des tendances agressives et destructrices de l'enfant. Il peut aussi être complètement inhibé.

Si les parents ne s'occupent pas suffisamment de leur enfant, s'ils sont trop loin de son espace ou, au contraire, l'étouffent, l'enfant, dans cet espace insécurisant ou exclusif, ne pourra pas être dans son plein pouvoir.

Si les parents se placent dans une relation de pouvoir avec lui, s'ils sont constamment en train de le diminuer, l'enfant ne pourra pas avoir confiance en lui et en ses capacités.

Si les parents s'installent dans une relation d'impuissance face à leur enfant, celui-ci comprendra qu'il est tout-puissant et qu'il peut faire tout ce qu'il veut.

Un exemple : un enfant qui dessine sur le mur de sa chambre. L'une des caractéristiques de l'enfance, c'est l'exubérance. Si les parents ne posent aucune limite, l'enfant peut commencer à repeindre toute la maison. Si les parents au contraire arrêtent net ses élans créatifs en lui disant que ce qu'il dessine n'est vraiment pas très joli, l'enfant peut perdre toute confiance en lui surtout si ce genre de propos se répète souvent. Si, maintenant, ses parents consentent à ce qu'il s'amuse sur un mur de sa chambre, ils l'équipent en conséquence et lui expliquent qu'il ne doit pas toucher aux autres murs. Si l'enfant, qui aime naturellement tester les interdictions, dessine sur un autre mur, que se passe-t-il ?

Des parents cohérents vont lui expliquer qu'il a dépassé des limites et lui exprimer leur mécontentement, à juste titre. Si, au contraire, après avoir posé l'interdit, ils deviennent laxistes et abandonnent tous les murs à leur enfant, alors il y a une contradiction. L'enfant enregistre qu'on peut dire une chose et faire son contraire, qu'il n'y a pas de limites, etc.

En tant que parent, il faudra se poser la question sur ce qui a été autorisé et interdit pour soi, l'enfant étant constamment en lien avec l'inconscient de ses parents.

Caractériologie de la phase anale chez l'adulte

Chez l'adulte, de nombreux comportements ou états d'être reliés à ces mécanismes d'expulsion ou de rétention peuvent révéler que la phase anale a été insuffisamment intégrée. On trouvera au niveau physiologique des constipations ou des diarrhées chroniques et, pour l'homme, la possibilité ou l'impossibilité de contrôler l'éjaculation. Des comportements sadiques ou masochistes peuvent révéler également un non-aboutissement de cette phase-là ; une volonté de tout contrôler et de tout maîtriser aussi.

La relation à l'argent et la propriété (de biens matériels ou de personnes) sont déterminées à partir de ce que l'enfant a vécu dans cette étape de sa vie.

La propension à l'utilisation régulière d'un langage grossier et scatologique découle de l'agressivité de cette phase anale.

Histoire de Sophie, 45 ans

Un peu maniaque, son angoisse est d'avoir des odeurs sexuelles qui pourraient ne pas plaire à son mari. Durant son enfance, ses excréments étaient source d'obsession pour sa mère ; celle-ci lui changeait sa couche très souvent et l'obligeait constamment à se laver les mains. Son travail thérapeutique lui a permis de mieux comprendre le sens de sa relation aux microbes, aux odeurs et à « l'hygiène » transmis par sa mère. Sa grand-mère est d'ailleurs décédée d'une maladie bactérienne intestinale.

Histoire de Dominique, sexe masculin, 35 ans

Il a reçu une éducation assez rigide. Ses parents ont eu l'objectif de le rendre très vite propre et de le faire marcher le plus tôt possible. Aujourd'hui adulte, il se plaint de douleurs de dos, dit vouloir contrôler son entreprise d'une main de fer et se trouve souvent en rupture avec les femmes.

L'angoisse de sa mère était d'être abandonnée par son mari. Au niveau transgénérationnel, on trouve des hommes partis à la guerre et des femmes dont la survie était éprouvante. Donc Dominique se retrouve avec ce projet urgent de tout contrôler et de protéger les femmes qui sont en difficulté. Il ne supporte pas beaucoup le contact avec son anus qui est pour lui le siège de tensions et d'inconfort. Il est sujet à la constipation et déteste qu'une femme lui touche l'anus. Son travail thérapeutique lui a permis de concevoir son anus comme faisant partie intégrante de son corps. En comprenant sa relation à sa mère et aux hommes de sa famille, il a pu modifier son comportement aux niveaux tant professionnel que personnel.

Les indices physiques, comportementaux, sexuels... reliés à la phase anale

Si vous vous sentez mentalement ou corporellement concerné par la phase anale, voici quelques manifestations qu'il vous est possible de ressentir en tant qu'adulte et qui font écho à ce stade.

Indices verbaux

Les insultes et les blagues autour des fesses, de l'anus, des excréments, de l'homosexualité et de l'argent.

Indices corporels

La voix du stade anal utilise principalement le nez comme organe de phonation. C'est donc une voix nasillarde. La personne « parle du nez ».

Indices gestuels

Les gestes autour de cela, tous les signes destructeurs.

Indices sexuels

Les jeux sexuels autour de la domination et de la violence.

Indices comportementaux

Les propriétés excessives, les signes de marquage du territoire, les revendications de lois, d'interdits, de transgressions, les personnes envahissantes ou invisibles.

Faire aboutir un projet ou une création est-il facile ou compliqué ?

Indices professionnels

Les métiers et passions de collectionneurs, les professions de loi.

Croyances et idées reçues

L'anus est réservé aux homosexuels.

L'anus est un lieu de perversité.

Si c'est douloureux, c'est forcément toxique.

Le caca, c'est sale.

Ce qu'il faudra libérer concernant la phase anale

Toutes les tensions autour du périnée, de l'anus et des jambes.

Tout ce qui touche à la recherche de perfection, de propreté ou de domination excessive.

Pour l'homme, découvrir sa sexualité prostatique.

Questionnaire

1. Est-il facile pour moi d'aller quotidiennement aux toilettes ? Ai-je conscience des changements de la nature de mes excréments ?
2. Quelle est mon impression lorsque je vois des excréments dans la rue ?
3. M'est-il facile de toucher mon anus ?
4. Mon anus est-il une source de plaisir ou de dégoût ?
5. Quelle est mon impression lorsque je contracte ou je détends mon périnée ? Est-ce agréable ou désagréable ?
6. Me serait-il acceptable de regarder une autre personne aux toilettes ?
7. Ai-je le souci du détail ?
8. Est-ce que j'aime anticiper sur les besoins des personnes autour de moi ?
9. Est-ce que mon argent peut facilement rentrer et sortir ?
10. L'hygiène pour moi, c'est comme...
11. La région anale fait-elle partie de mes jeux amoureux ?
12. Est-ce que j'aime avoir du pouvoir ou commander des personnes ?

Quelques réponses aux questionnaires

1. Certaines personnes ne peuvent aller aux toilettes que si elles sont chez elles, d'autres peuvent y aller n'importe où. Certains ressentent le fait de déféquer comme libérateur, pour d'autres c'est une source de honte et de gêne. Certains ne supportent pas de voir des selles, même les leurs ou celles de leurs enfants. Qu'en est-il de ma conscience de ce qui sort de mon corps ?
2. Ma relation aux excréments m'indique à quelle référence de ce stade j'ai accès : positive ou restrictive ?
3. L'exploration de mon anus est tout aussi importante que mon exploration génitale. Toute recherche de compréhension concernant la phase anale doit également s'accompagner d'une auto-exploration concrète.

4., 5. et 11. L'anus peut représenter une source de plaisir importante qui peut s'inclure dans mes jeux amoureux sauf si des références traumatiques interfèrent.

6. Faire l'expérience de cela peut compléter ma compréhension de mes mémoires restrictives.
7. La recherche de perfection et la propreté excessive sont souvent reliées au stade anal et mises en place comme des tentatives d'être aimé ou désirable aux yeux de mes parents.

8. et 10. L'anticipation au besoin peut aussi provenir de la sollicitude excessive de mes parents par rapport à la propreté.

9. L'argent est une expression symbolique du stade anal. Observer son rapport à l'argent peut apporter des indications.

12. Contrôle, pouvoir et domination ne sont excessifs qu'en fonction des enjeux imprimés dans ce stade.

Protocoles

1. Massage de l'anus avec de l'huile

Observez ce qui se passe quand vous êtes en contact avec votre anus. Cette pratique peut vous demander patience et douceur avec vous-même. Ce massage peut aussi être fait par un(e) partenaire de confiance.

2. Rester paisible face aux émotions d'autrui

Protocole extrait de *Les protocoles de retour à la santé*, page 233.

3. Le phénix dans la poche

Protocole extrait de *Les protocoles de retour à la santé*, page 236.

Les protocoles 2 et 3 vous aideront à mieux transformer les ressentis difficiles de cette période et de l'enfance en général.

L'état de maturité relié à la phase anale...

La maturité de cette fonction anale est de toute importance. Elle participe à la fonction identitaire. Par mes excréments, j'existe en marquant mon territoire. Par mon anus, j'existe aussi en tant qu'homme dans ma polarité féminine. Je suis alors en contact avec un point prostatique aussi important que le point G chez la femme. En débloquant cette fonction, j'accède à une sexualité plus complète où mes deux polarités s'expriment à travers moi. Chez la femme, la zone anale est très active dans les ébats amoureux pour autant qu'elle en soit consciente.

En effet, l'anus et le rectum sont le siège de très nombreuses terminaisons nerveuses et leur stimulation est une grande source de plaisir aussi bien pour la femme que pour l'homme. Ces terminaisons nerveuses participent au même titre que nos organes génitaux aux engorgements sanguins, aux tensions et aux contractions musculaires de l'excitation sexuelle et de l'orgasme.

L'intégration de cette fonction dans l'ensemble du corps sera la source d'une personnalité à la fois harmonieuse et affirmée.

Quelles impressions avez-vous ressenties à la lecture de ce chapitre ?...

Notes personnelles sur ce chapitre :

Chapitre 12.

Votre sexe et vous

Décodez votre conscience génitale

« *Ça fait peur de dire ce mot. 'Vagin'. Au début, c'est comme si on s'écrasait contre un mur invisible. 'Vagin'. On se sent coupable et en tort, c'est comme si on avait peur de se faire frapper. Et puis, quand on a dit le mot une centaine ou un millier de fois, il devient évident que c'est notre corps, notre lieu le plus essentiel. Brutalement, on réalise que toute la honte et la gêne qu'on éprouvait au début en disant le mot n'étaient qu'une manière de réduire notre désir au silence, de miner notre ambition. (...)*
On est excitée. Ce vagin, notre vagin, on veut l'étudier et l'explorer et se présenter à lui et découvrir comment l'écouter et comment lui donner du plaisir et comment préserver sa santé, sa sagesse et sa force. On apprend à se satisfaire soi-même et on enseigne à son amant comment nous satisfaire. (...)
On prend conscience de cette partie de nous entre nos jambes, précieuse, magnifique, capable de donner la vie, et on sourit. On est fière. »

Eve Ensler[1]

1. *Les monologues du vagin,* Éd. Denoël & d'Ailleurs.

Nous allons aborder dans ce chapitre une phase de mise en conscience des organes urogénitaux. Au-delà d'une appellation peu attrayante, nous allons nous intéresser ici à une période tout à fait primordiale de notre construction sexuelle.

Découvertes génitales

À partir de 3 ou 4 ans, la zone sexuelle prédominante s'oriente vers les organes urogénitaux. Pourquoi uro ? Parce qu'un stade urophallique semblerait exister chez la petite fille où l'urètre serait la zone érogène principale. Cet organe-là serait à rapprocher de l'anus en termes de sensibilité érotique et en termes de polarité. Tout comme l'anus, l'urètre est à la fois organe féminin et organe masculin.

L'enfant manifeste une curiosité pour les différentes parties de son corps. Il découvre que la stimulation des parties génitales procure d'agréables sensations. Le jeu génital est dans un premier temps une activité solitaire et consiste à se frotter le pénis ou le clitoris manuellement, à se stimuler en frottant une poupée ou un oreiller contre les parties génitales. Plus tard, ce seront des jeux tels que « montre-moi le tien, je te montrerai le mien » ou « le docteur » ou « l'infirmière ».

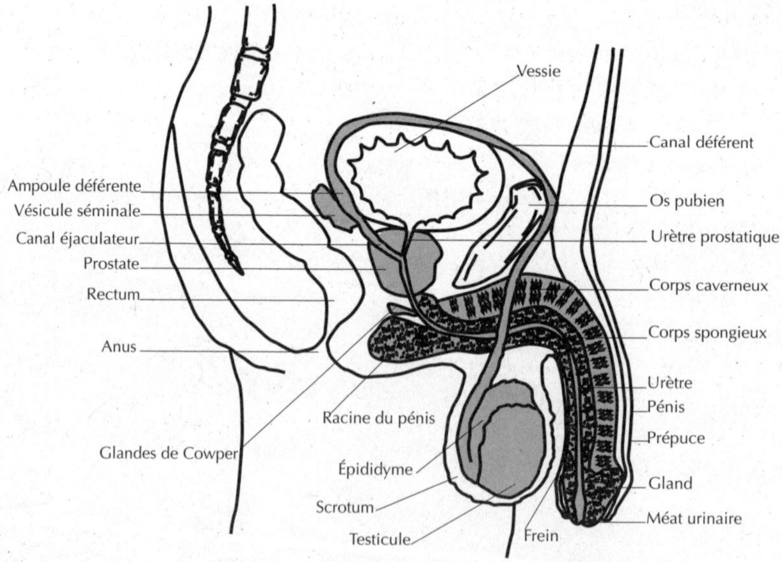

Les organes génitaux internes de l'homme

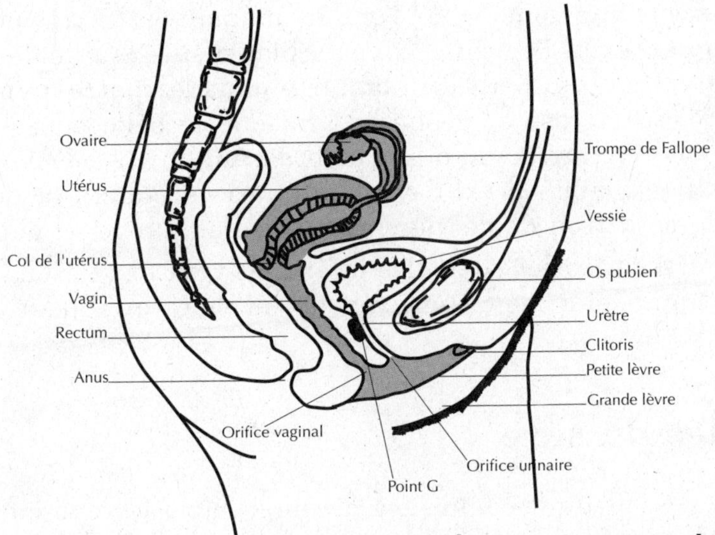

Les organes génitaux internes de la femme

L'enfant commence à différencier les garçons et les filles. C'est à cette période que s'établit son identité sexuelle. Il comprend que l'autre n'est pas lui et inversement.

À un niveau neurobiologique, ces activités ludiques stimulent tous les circuits nerveux reliés à la sexualité et œuvrent ainsi à l'établissement de l'activation des réflexes orgastiques. Vers 7 ans, la connectique est presque totalement établie. Elle le sera complètement à la puberté et après les premières expériences sexuelles. Ces jeux permettent aussi, même s'ils sont oubliés, de découvrir une technique efficace de stimulation que l'enfant se remémorera à l'adolescence.

Beaucoup d'énergie est dédiée à la fonction sexuelle car c'est grâce à elle que nous survivons après notre mort... Cela se nomme la filiation.

Curiosité

L'enfant se pose des questions sur son origine, la procréation et la grossesse.

Il est curieux et demande : « Comment on fait les bébés, comment on naît ? ». Il interprète souvent en fonction des références qu'il possède. Cela donnera :

« La cigogne amène le bébé ; l'œuf de maman est exactement comme ceux qu'on achète à l'épicerie ; papa a planté une graine dans le corps de maman ; il y a un petit coin de terre dans le ventre de maman qui a besoin d'être arrosé et désherbé afin que le bébé pousse. » Ou encore : « Papa féconde maman en l'embrassant sur la bouche ; la fécondation a lieu quand on exhibe ses organes génitaux ; la naissance a lieu par le petit trou de derrière ou elle a lieu par le nombril. »

Ces diverses théories sexuelles infantiles vont exister en fonction de ce que l'enfant imprime comme réponse et de ce qu'il peut intégrer.

Une idée du sexe

Vers 5 ans, l'enfant commence à comprendre le sexe en observant les attitudes physiques de ses parents entre eux (voir papa et maman s'enlacer, s'embrasser et y prendre un visible plaisir ou non). Il appréhende doucement l'idée des joies et des difficultés de l'intimité physique et sentimentale.

Qu'est-ce que la castration ?

C'est poser un interdit sur quelque chose qui satisfait l'enfant et qu'il recherche à un moment donné. Son but n'est pas de détruire le désir de l'enfant ou d'interdire son plaisir à tout jamais. La castration permet au contraire à l'enfant de découvrir d'autres satisfactions reliées à son âge et à ses nouvelles possibilités motrices. Les différentes étapes de son développement se terminent par une castration qui lui permet de mourir à quelque chose, de le transformer et de renaître à autre chose. La période de transition qui précède cette renaissance est souvent synonyme de vide chez l'enfant. Il a, en effet, perdu ses anciens repères et n'en a pas encore trouvé de nouveaux.

Les parents pourront l'aider à traverser cette phase délicate grâce à la justesse de leurs paroles, grâce également à leur compréhension et à leur acceptation de ce qu'il vit.

Entre 3 et 6 ans, les filles et les garçons comprennent la réalité anatomique du pénis. Ils se posent des questions sur l'existence ou la non-existence de cet attribut. Le pénis n'est pas vécu comme un organe génital, mais comme un organe de pouvoir et de complétude.

Le garçon nie la castration par négation du sexe féminin. La fille nie aussi la castration par l'envie d'un phallus (c'est le clitoris qui poussera).

La résolution de ce complexe est reliée à la relativité de son existence. L'enfant va prendre conscience qu'il n'est pas seul au monde mais que d'autres personnes existent autour de lui. C'est le renoncement à la toute-puissance. De cette constatation va naître une frustration, celle de ne pas pouvoir tout avoir. Le complexe est résolu quand le garçon ou la fille a totalement accepté son sexe comme il est, pénis ou vagin.

Adulte, l'aboutissement de cette étape se repère d'une part à l'intensité de la réaction face à une frustration ; et d'autre part, au plaisir que la femme aura à entourer activement de son sexe le pénis de l'homme, sans peur de destruction et en toute sérénité ; et au plaisir que l'homme aura à sentir le vagin de la femme autour de son sexe.

Période de latence ?

Vers 6 ans, une certaine pudeur apparaît concernant la nudité, peut-être due à l'intégration des interdits parentaux autour de la sexualité. Mais, les expériences sexuelles n'en demeurent pas moins présentes.

Aujourd'hui, les sexologues réfutent l'existence de la période de latence décrite par Sigmund Freud, durant laquelle des comportements non sexuels remplaceraient l'exploration sexuelle entre 6 et 12 ans. Il semblerait même que les enfants âgés de 5 à 15 ans s'intéressent de plus en plus aux questions sexuelles mais, souvent, de façon secrète ou entre amis intimes.

Les jeux, comme « le docteur », « papa, maman » ou « jouer à se fiancer » continuent et permettent à l'enfant de recueillir des informations sur la différenciation sexuelle, les sentiments et d'expérimenter l'interdit, souvent si attirant.

Jeux homosexuels et jeux avec sa sœur ou son frère

Ces jeux représentent un véritable terrain sexuel. Ils n'ont, dans la plupart des cas, lieu qu'une seule fois et consistent à se toucher les parties génitales ou à les regarder.

Jeux innocents, apprentissage, ils peuvent aussi être conflictuels si la différence d'âge entre les enfants est trop grande. Cette problématique sera d'autant plus grande en cas d'absence des parents ; en effet, l'insécurité ressentie par des enfants trop seuls peut se fixer sur ces jeux sexuels vécus alors comme une source affective unique. Par leur présence rassurante, les parents évitent cette fixation trop précoce.

Rôle des parents dans l'éducation sexuelle

L'enfant, en plus de l'amour que lui apportent ses parents, a besoin d'être éduqué. Aujourd'hui, l'éducation sexuelle n'est souvent pas comprise à sa juste valeur. Réduite à une notion de comportement social, son importance dans la construction psychique du petit est sous-estimée.

Par leur présence et leurs réponses, les parents aident l'enfant à se découvrir et à affirmer son individualité au sein d'un groupe. Échanger à propos de la sexualité permet à l'enfant de mettre des mots sur des organes et des actes et d'intégrer son identité sexuelle. La simplicité des paroles des parents est essentielle. Un langage clair, naturel, pas trop sérieux et qui emploie des termes exacts pour définir les parties du corps sera bienvenu.

Dès que le moment s'y prête, on peut lui parler des changements physiques et physiologiques qui auront lieu à la puberté. L'enfant pourra alors se préparer à ces transformations et n'en sera pas inquiété. Les parents peuvent aussi lui expliquer le sens des « gros mots » et ce qu'ils ressentent quand il les utilise. Il est bon aussi de parler aux garçons de la sexualité des filles et inversement.

Parce que la sexualité ne se limite pas à l'acte sexuel, il est intéressant d'intégrer dans son discours des valeurs qui soient à la fois biologiques, physiologiques mais aussi morales, émotives et comportementales (homosexualité, prostitution, etc.). L'accent sera aussi mis sur l'importance de la prise de décisions : être maître de son corps, apprendre à dire non, etc.

Les enfants ne retiendront que ce qu'ils sont capables de comprendre, donc mieux vaut en dire trop que pas assez. Par ailleurs, si l'enfant pose une question dont on ne connaît pas la réponse, il ne faut pas hésiter à le lui dire.

En incluant la sexualité dans les sujets de discussions familiales, comme on intègre ceux sur le travail ou la notion de famille (être un bon père, être une bonne mère), on permet aux enfants de devenir des êtres sexués et d'être bien dans leur identité et dans leur corps.

Les sources de stress chez l'enfant

Elles peuvent se répartir de trois façons :

Les blessures intentionnelles physiques ou psychiques

Mauvais traitements, pression physique ou psychique sur l'enfant pour le contraindre à faire quelque chose, attention non proportionnelle aux besoins de l'enfant, manque de respect, etc.

La non-satisfaction des besoins de l'enfant

Abandon, manque de contact, de stimulation, pas de réponse à ses questions, retard dans la satisfaction des besoins, etc.

Les blessures accidentelles

Stimulation excessive, stress des parents, dispute ou divorce des parents, traitements médicaux, frustrations, peurs, alcoolisme des parents, exposition à la violence, disputes avec les frères et sœurs, etc.

Répression des larmes

Une source importante de stress, malheureusement assez répandue, est la répression des larmes. Différents moyens sont utilisés pour faire taire l'enfant : en lui demandant de ne pas pleurer, en lui mettant une tétine dans la bouche, en l'amusant, en lui faisant honte, en le punissant, en l'isolant, en minimisant sa douleur, etc. Adultes, ce sont des individus rigides ou avec une personnalité à fleur de peau ; en retrouvant leurs larmes, ils retrouvent leur humanité, leur sensibilité, leur sensualité et leur sexualité.

Ce qu'il nous restera de l'attitude de nos parents...

La façon dont les parents vont gérer cette phase va déterminer le rapport qu'entretiendra leur enfant vis-à-vis de la sexualité.

Si les parents ont des attitudes désapprobatrices et incohérentes, par exemple en lui expliquant l'importance de prendre soin de son corps mais en ne tenant pas compte des organes génitaux, l'enfant aura du mal à développer cette fonction en harmonie.

Les actes sans paroles, comme repousser la main de l'enfant, ou des expressions comme « ce n'est pas bien », « ne te tripote pas là », « essuie-toi bien », « pense à te laver les mains », « lave-toi les mains avant le petit déjeuner car on ne sait pas ce qu'on a fait la nuit » vont conditionner la sexualité de l'enfant en le plongeant dans un état de confusion ou de déni.

Les noms caricaturaux ou connotés qui sont donnés aux parties génitales pourront aussi avoir une influence sur la sexualité future de l'enfant : par exemple, « le petit Jésus », « le robinet », « le petit oiseau » « le petit chauve », etc., pour désigner le pénis, ou « la foufoune », « la chatte », « la marguerite », « l'abricot », « le petit frisé », « la moule », etc., pour le sexe féminin.

Accepter son identité sexuelle

Pour accepter son propre sexe, le garçon ou la fille a besoin de pouvoir s'identifier au parent du même sexe et l'idéaliser. Il intègre sa sexualité grâce à ce que ses parents lui racontent sur son sexe. Cette acceptation se fait plus ou moins bien en fonction des représentations familiales qui lui sont transmises.

Les souvenirs oubliés des parents

Adulte, il ne nous reste que peu de souvenirs des jeux sexuels de notre enfance. Il semblerait qu'à la puberté une sorte d'amnésie nous fasse oublier nos expériences sexuelles antérieures.

Cette perte de mémoire pourrait expliquer le rejet que nous pouvons manifester en tant que parent au sujet des jeux sexuels de nos enfants par rapport à ce que nous croyons n'avoir jamais fait.

Les indices physiques, comportementaux, sexuels... reliés à la génitalité

Si vous vous sentez mentalement ou corporellement concerné par la phase urogénitale, voici quelques manifestations qu'il vous est possible de ressentir en tant qu'adulte et qui font écho à ce stade.

Indices verbaux

Expressions insultantes reliées aux organes génitaux, à l'inceste. Blagues sexuelles.

Indices gestuels

Mouvements du bassin, doigt d'honneur, bras d'honneur...

Indices corporels

Des interrogations sur la comparaison des tailles de seins et du sexe (dévalorisation ou survalorisation).

Se toucher, se gratter, stimuler toute la zone génitale.

La qualité d'extériorisation de la voix, une voix très aiguë ou très grave (montre de quelle façon l'intégration de l'identité sexuelle s'est faite).

Indices comportementaux

Attirance pour les films, les images, les situations érotiques ou pornographiques. Rejet des enfants de cet âge (3 à 6 ans) et critiques ou bien attirance compulsive.

Indices professionnels

Les métiers reliés à la sexualité végétale, animale et humaine.

Idées reçues et croyances

Les enfants n'ont pas de sexualité.

Il faut nettoyer souvent ses organes génitaux, à l'intérieur et à l'extérieur.

Je n'imagine pas la sexualité de mes parents.

Les enfants ne doivent pas être au courant de comment ça marche.

Mon sexe et mes seins sont trop petits.

Ce qu'il faudra libérer concernant la phase uro-génitale

Son attraction ou sa répulsion excessive pour les organes génitaux masculins ou féminins.

Son attraction ou sa répulsion excessive pour tout ce qui concerne ces sujets : films, jouets sexuels, photos, lectures, etc.

Son attraction ou sa répulsion excessive pour la masturbation ou la jouissance sexuelle.

Délocaliser son plaisir des seules zones génitales.

Questionnaire

1. Si je regarde mon sexe dans un miroir, qu'est-ce que j'en pense ? Comment m'apparaît-il ?
2. Si je devais donner un petit nom à mes organes génitaux, qu'est-ce que je choisirais ?
3. Pour mes parents, le sexe c'est comme...
4. J'imagine un enfant entre 3 et 6 ans qui me parle de la sexualité : qu'est-ce qu'il me dit ?
5. J'imagine mes parents en contact intime : comment cela m'apparaît-il ?
6. Mon éducation sexuelle, c'était...
7. À quel âge ai-je été en contact avec un sexe comme le mien pour la première fois ?
8. À quel âge ai-je été en contact avec un sexe différent et opposé pour la première fois ?
9. Qu'est-ce que je pense des films ou des journaux pornographiques ?

Réponses au questionnaire

1. En m'exprimant spontanément sur cette question, j'accède à mes mémoires reliées à ce stade.
2. En lui donnant une identité, je commence à faire exister mon sexe.
3. En comprenant les considérations de mes parents au sujet de la sexualité, j'accède à ce qui est en moi, profondément.
4. Je prends connaissance de l'enfant sexué qui est en moi.
5. Il est souvent difficile d'avoir une idée de la sexualité de ses parents et pourtant cela nous donne une bonne perception de nous-même.
6. Je fais le point sur les informations que j'ai reçues.
7. J'accède ici à mes premières références concernant mon identité sexuelle.
8. J'accède ici à mes premières références concernant le sexe opposé.
9. L'idée que l'on a sur ce genre d'articles ou films constitue souvent une bonne représentation inconsciente de sa sexualité.

Protocoles

1. Étude et miroir

Je regarde mon sexe à l'aide d'un petit miroir afin de voir les parties auxquelles je n'ai pas accès.

2. Mon sexe, un héros

J'imagine une histoire dont le héros aurait le nom que je donne à mon sexe.

3. Automassage

Je passe de l'huile sur tout mon corps et j'y inclus mes organes génitaux.

4. Les pleurs

Répondre aux questions en face d'une personne qui écoute sans rien dire, ni juger.

a. Quelle était la réaction de mes parents face à mes pleurs ou à ma colère ?

Qu'est-ce que je ressentais alors ? Comment aurais-je aimé que mes parents réagissent ?

b. Si j'ai un enfant : qu'est-ce que je ressens quand il pleure ou se met en colère ?

Quand il pleure, me rappelle-t-il une personne ?

Comment ma réponse est-elle influencée par ce rappel ?

c. Qu'est-ce que je ressens quand mon enfant pleure devant du monde ? Et qu'est-ce que je ressens face aux commentaires des personnes : « oh ! il est mignon, il ne pleure pas », « mais il n'arrête pas de pleurer ! » ?

d. Ai-je déjà vu un adulte qui pleurait lorsque j'étais enfant ? Dans quelles circonstances ? Quel a été mon ressenti à ce moment-là ?

e. Ai-je déjà ressenti un bien-être après une bonne crise de larmes ? Ai-je déjà été soutenu lors de ces instants ? Qu'ai-je ressenti ?

5. Guérison par le dessin

Protocole extrait de *Les protocoles de retour à la santé,* page 250.

Le dessin révèle des éléments inconscients de l'individu : observer et comprendre ces éléments en pleine conscience ouvre la voie du changement. Sujet : Je dessine mon sexe...

6. Dialogue avec son sexe

Protocole extrait de *Les protocoles de retour à la santé*, page 218.

Ce protocole vous permet d'entrer en communication avec votre sexe, de le (re) découvrir et de vous reconnecter à lui.

L'état de maturité relié à la phase urogénitale...

Comment nos parents nous ont-ils accompagnés dans l'émergence et l'organisation de notre désir ? Cette phase est à l'origine des racines de notre attachement ou de notre dégoût concernant notre identité sexuelle et ce qui se localise entre nos jambes.

La véritable éducation n'est pas celle qui va porter de grands discours sur la beauté de la sexualité mais, plutôt, sur sa clarté consciente et inconsciente concernant son histoire sexuelle et sexuée. Les parents transmettront ainsi à leur fille leur désir d'être mère et d'être femme ; et à leur garçon celui d'être père et d'être un homme.

Notre sexe sera détendu. La fréquence de notre sexualité correspondra à nos besoins exacts. La sexualité englobera le corps entier. Chaque expérience nouvelle sera le tremplin vers des sensations différentes. Nous serons capables d'une bonne perception et d'une grande justesse de ressenti. Ni trop, ni trop peu, nous saurons dire oui ou non et connaîtrons nos limites dans l'intégration de toute nouvelle expérience. Notre sexualité deviendra aussi un champ de recherche et d'attention, au même titre que nous pouvons être attentifs à la qualité de ce que nous mangeons, respirons ou à la qualité de nos relations. Décrire et exprimer son ressenti durant l'acte sexuel nous paraîtra participer à cette maturation.

Trop souvent, nous n'abordons pas la réalité de notre intimité sexuelle dans le détail de notre expérience et de notre ressenti. En conséquence, peu de changements s'opèrent. Votre sexualité mérite mieux que cela... Apprenez à mettre des mots et sortez vos ressentis du silence, de la honte et du mal-être.

Quelles impressions avez-vous ressenties à la lecture de ce chapitre ?...

Notes personnelles sur ce chapitre :

Chapitre 13.

Plaisir pour soi au masculin, plaisir pour soi au féminin

Décodez votre capacité à vous donner du plaisir

« *Séduit par l'image de sa beauté qu'il aperçoit, il s'éprend d'un reflet sans consistance, (...) le visage fixe, absorbé dans ce spectacle, il semble une statue faite de marbre. Il admire tout ce par quoi il suscite l'admiration. Il se désire, dans son ignorance de lui-même.* »

Ovide[1]

L'enfant grandit. Il a maintenant une douzaine d'années. Démarre maintenant une nouvelle phase de son développement psycho-affectif, celle de l'adolescence. Cette période signe une nouvelle autonomie de l'enfant et est le théâtre d'une « relecture » des événements des dix premières années de sa vie.

Un regard, une caresse, un parfum, une voix... c'est aussi le temps des premiers émois, des premiers troubles, des premières explorations sexuelles qui éveillent d'agréables sensations dans le ventre et les organes génitaux.

---

1. *L'art d'aimer,* Éd. Poche.

Paroles d'ados

Les adolescents ont beaucoup d'interrogations sur le sexe et la relation. Voici quelques témoignages à propos de la masturbation.

« Voilà, j'ai mis mon doigt dans mon vagin sans aller très profond car j'ai senti comme une petite boule fendue. Je pense que je peux aller plus loin avec mon doigt. Est-ce que je peux me faire mal ? »

« Est-ce que le pénis prend plusieurs centimètres grâce à la masturbation ? »

« Je me masturbe souvent en pensant à l'homme que j'aime (qui lui ne m'aime pas...), est-ce normal ? Malsain ? »

« Mon copain voudrait me caresser pour plus de plaisir mais il ne sait pas comment s'y prendre. Comment doit-il faire ? Dans quel trou ? »

La puberté

Elle se caractérise par une forte poussée hormonale qui provoque des modifications biologiques chez la fille et chez le garçon. La puberté dure suivant les cas de une à six années.

Pour les filles, les règles arrivent généralement entre 11 et 16 ans. Elles marquent le début de la sexualité. La jeune fille se dit : « je peux faire des enfants, je suis potentiellement femme ».

Les poils pubiens apparaissent. Le corps, ainsi que l'utérus, le vagin et la vulve, grandit. Les sécrétions vaginales et la lubrification du vagin augmentent. Sous l'action des œstrogènes, le tissu graisseux augmente.

Pour les garçons, des éjaculations nocturnes se produisent. Les poils apparaissent sur différentes parties du corps. Les testicules, le scrotum et le pénis croissent, ainsi que le corps en général. La voix devient plus grave. La testostérone stimule le développement musculaire.

Crise identitaire

Les pulsions sont revivifiées et la libido s'active fortement. En même temps, des attitudes infantiles réémergent. Tout comme le petit enfant de 2 ans, l'adolescent a besoin de quitter le nid pour vivre une expérience en dehors de sa famille puis de revenir vers ses parents ; puis repartir et revenir, etc., jusqu'à ce qu'il se sente autonome.

Il (ou elle) a besoin de se retrouver entre ami(e)s, en bande ou par petits groupes de 3 ou 4.

Tout ce qui sert cette identité va lui donner de l'énergie, sinon il est souvent indolent et ne veut plus suivre les parents dans ce qu'ils proposent. Cette indolence correspond aussi à des phases de croissance neurobiologique.

Adolescence, éveil des sens

Entre 15 et 20 ans, les sens en éveil, le désir sexuel s'allume. Les déclencheurs proviennent des cinq sens.

Moult situations peuvent être source de désir pour la fille comme pour le garçon : au niveau visuel, un film pornographique ou la vision d'un homme sexy qui se déshabille ; au niveau auditif, se faire dire de belles choses romantiques ou parler sexe ; au niveau olfactif, un parfum, une odeur corporelle, l'odeur d'un lieu... ; au niveau tactile, une caresse, un frôlement, une marque d'affection participent aussi à cet éveil effervescent.

L'adolescence est le moment où le lien entre attachement et génitalité s'établit. Les questions sont : est-ce que je peux rencontrer quelqu'un ? Jusqu'où vais-je ?

Présence des parents

Les parents sont là pour accompagner leur adolescent dans ses projets, ses envies d'autonomie et poser justement les limites. Ils l'aident à prendre conscience de ses actes et à se responsabiliser. Ils sont également présents et à l'écoute de ses questionnements relatifs à la sexualité et à l'amour.

Les noms de la masturbation

L'étymologie n'est pas certaine et hésite entre les termes latins « manu » et « strupro » signifiant « déflorer avec la main » et ceux de « mas », organe génital mâle et « turbatio », excitation. Différents termes existent tels que onanisme, auto-érotisme, manustupration, etc.

Certaines expressions populaires révèlent les croyances souvent péjoratives de cette pratique : vice de jeunesse, pollution de soi-même ; d'autres font référence à l'action en elle-même : se frotter, un Dieu-seul-me-voit, se branler, etc.

Les fonctions du plaisir pour soi

Durant l'enfance

Entre 5 et 12 ans, la masturbation permet surtout de mettre en place les contrôles sensorimoteurs des parties génitales.

Durant l'adolescence

À partir de la puberté, elle permet de découvrir son corps, de comprendre comment il fonctionne et aide à objectiver son identité sexuelle. La découverte de la masturbation peut se faire de plusieurs façons : seul, par contacts hétéros ou homosexuels, par observation chez autrui, par des lectures, des discussions entre amis...

Les techniques utilisées dépendront de la liberté dont dispose l'adolescent et de ce qu'il a vu et entendu concernant le sujet. Parmi elles, on trouve la manipulation génitale, le frottement contre des objets, la pression des cuisses, l'insertion d'objets dans le vagin, la stimulation des testicules, etc.

La masturbation est la répétition générale du coït. L'adolescent se prépare physiquement, psychiquement et socialement à entrer en relation avec un ou une partenaire. La masturbation permet de vérifier que tout fonctionne correctement ; elle permet de s'entraîner avant de chanter l'hymne amoureux à deux. Grâce à la masturbation, nous pouvons explorer nos désirs, ce qui nous procure du plaisir, découvrir les parties de notre corps sensibles aux caresses, aux pressions et au contact. Nous pouvons oser exprimer à haute voix notre plaisir et en visiter tous les sons. Nous apprenons à reconnaître les sensations de l'excitation, son degré, son humidité, etc. Le jour venu, nous pourrons partager tout cela avec notre partenaire, en toute sérénité et liberté.

Les pulsions, intensifiées par l'augmentation des taux hormonaux, trouvent le chemin de leur libération dans la masturbation. L'adolescent s'aperçoit qu'il peut se donner du plaisir, que ce plaisir détend, enlève le stress, diminue l'angoisse, l'ennui et l'insécurité affective et que c'est très agréable. Il comprend aussi que s'il est détendu, l'excitation est plus grande encore. Enfin, il se rend compte que la pensée a un rôle dans son excitation. Pour la première fois, le mental participe à la sexualité.

À l'âge adulte

Même si l'adolescence est une période privilégiée permettant de se mettre en contact avec l'énergie orgasmique, néanmoins, tout ce potentiel méritera d'être encore développé et amplifié tout au long de la vie. Qu'on se le dise, le plaisir pour soi fait totalement partie de la sexualité adulte et ne doit pas se limiter à être considéré comme une sexualité de compensation en cas d'absence de partenaire.

Si la masturbation devient compulsive (quel besoin affectif n'est pas rempli ?) ou si elle est inexistante (quelles sont mes croyances à propos du plaisir personnel ?), cela révèle, dans les deux cas, des conflits non résolus.

À tout âge, la masturbation permet d'éveiller :

- *Les zones érogènes primaires.* Celles-ci correspondent aux organes sexuels proprement dits. Ce sont le pénis, les testicules, la vulve, le vagin, l'anus. C'est par elles qu'arrive le réflexe orgasmique.
- *Les différentes zones érogènes secondaires* qui sont les parties du corps sensibles aux stimuli sensoriels sensuels et sexuels. Elles participent à l'apparition du désir et à l'augmentation de l'excitation. Ce sont les seins, les oreilles, la bouche, les pieds, le ventre, la peau du scrotum, etc.

Toutes ces zones ont la faculté physiologique d'accumuler des stimulations, donc de l'énergie pour la décharger ensuite dans l'orgasme.

Les organes de l'amour

Même si la totalité du corps participe à la montée du plaisir, il existe cependant quelques zones majeures reliées à l'orgasme.

Chez la femme, il y a trois zones pouvant déclencher l'orgasme : le clitoris, le vagin et l'anus.

Le clitoris est ce petit bouton rose qui est souvent découvert très tôt par les petites filles. Il se tend sous les effleurements, la pression, les frottements. La jouissance clitoridienne se caractérise par une décharge souvent électrique et chaude. Elle rend la femme plus frémissante et plus vivante.

Progressivement, plus la jeune fille grandit et apprend à se connaître, plus elle se met à découvrir son vagin, qui devient une nouvelle source d'exploration et de sensations (plus particulièrement dans son premier tiers qui est riche en terminaisons nerveuses). Plus tard, le vagin gagnera en souplesse et en sensibilité au gré des bonnes expériences de pénétration. L'utilisation de l'organe stimule la fonction !

Un endroit particulier du vagin, appelé point G, est à l'origine de l'orgasme vaginal et de la possible éjaculation féminine. Ce petit renflement, appelé point G, situé sur la face antérieure du vagin est en lien avec les tissus érectiles de l'urètre.

Par stimulations répétitives et lorsque la femme est profondément détendue, l'orgasme survient parfois accompagné d'éjaculation. L'éjaculat, liquide translucide, provient de glandes et canaux ressemblants à ceux de la prostate masculine et situés près du méat urinaire. Sa composition est très proche de celle de l'éjaculat masculin, sans les spermatozoïdes bien sûr. Sa libération engendre un sentiment d'apaisement très profond.

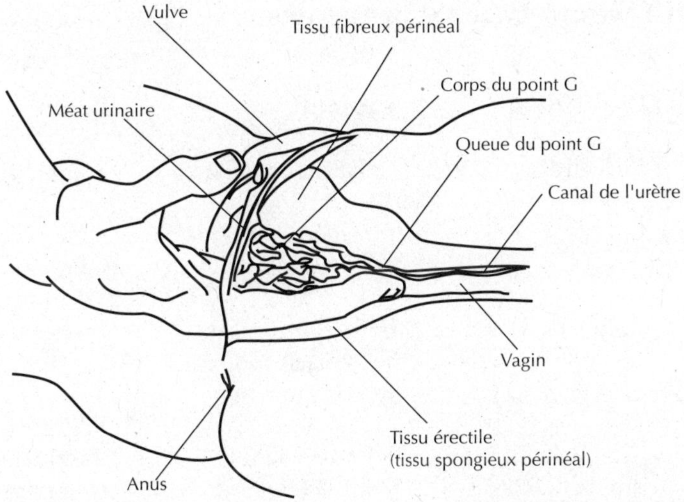

Point G (vue de profil)

La stimulation du col de l'utérus – c'est-à-dire au fond du vagin – peut aussi donner lieu à des orgasmes très émotionnels et plénifiants. Souvent, l'appel des sensations vaginales donne l'envie de pénétration d'objets stimulants ayant la forme d'un sexe d'homme. Ce mode de plaisir personnel se développe plutôt à l'âge adulte. De nombreuses traditions ont de tout temps enseigné ce type de plaisir. Ceci montre, si besoin est, que les sex-shops d'aujourd'hui ne répondent pas seulement à un phénomène sexuel de notre époque mais satisfont une curiosité et un besoin intemporels.

Apprendre à connaître son vagin, jusque dans ses profondeurs, permet à la femme d'affiner ses sensations et de se préparer à une pénétration éventuelle. S'intéresser à la stimulation du col de l'utérus est important car celui-ci est le réceptacle des énergies féminines et masculines, le lieu de rencontres de ces deux types d'énergies. Dans l'utérus, elles se mélangent, rebondissent et sont propulsées dans tout le corps de la femme et de l'homme. Le plaisir utérin est celui de la connexion et de la reconnaissance du sexe de l'homme en soi et aussi celui des retrouvailles des corps et des âmes dans la complémentarité des polarités.

Le rectum aussi peut être le lieu d'orgasmes puissants. L'érotisme de cette zone est relié à notre côté animal et à celui d'être possédé ou de posséder.

Les différents types d'orgasmes

	Clitoridien	Vaginal	Utérin
Nerfs	Vulvaire	Vulvaire ou pelvien	Pelvien
Émotions	Légère	De légère à intense	D'intense à bouleversante
Muscles	Premiers tiers des muscles pubo-coccygiens (PC)	Deux tiers restants des muscles PC et muscles utérins	Muscles utérins
Technique	Stimulation rapide du clitoris	Stimulation du point G (d'abord douce puis rapide)	Pénétration profonde atteignant le col de l'utérus
Éjaculation	Très difficile voire impossible	Facile	Possible

Chez l'homme, il y a deux zones pouvant déclencher l'orgasme : le pénis et l'anus.

L'érection apparaît sous l'action de divers stimuli sensoriels et de contacts directs tels que la friction et le frottement. La partie la plus sensible est le gland. L'érection est dirigée par le système parasympathique. Cela signifie que l'homme doit être détendu pour avoir une érection.

Quand l'éjaculation survient, c'est le système nerveux sympathique qui prend la relève. Mais l'orgasme de l'homme n'est pas seulement relié à l'éjaculation. Il a le potentiel en effet de jouir sans éjaculer grâce à la stimulation de sa prostate et en particulier du point P.

Cette glande se trouve à quelques centimètres de l'anus. Sa stimulation peut engendrer des orgasmes. Jouir de sa prostate, c'est se laisser pénétrer et donc accepter totalement sa polarité féminine.

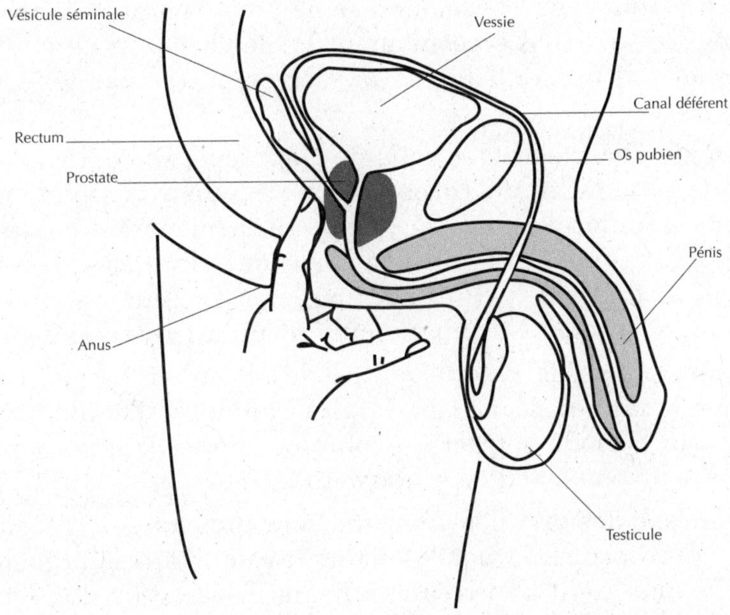

Le toucher prostatique

Les quatre phases du plaisir sexuel

La phase d'excitation débute grâce à des stimulations sensorielles qui seront ressenties dans différentes parties du corps. Puis l'excitation gagne les organes génitaux. Les vaisseaux sanguins se dilatent et le tonus des muscles pelviens augmente. La verge gonfle et durcit ; le vagin se dilate, rougit et se lubrifie. La chaleur corporelle augmente. Plus la zone génitale est excitée, plus la tension et la congestion sont présentes, augmentant encore le désir.

La complétude de cette phase, qui est sous la dépendance du système nerveux parasympathique (système nerveux favorisant la détente, la régénération), dépendra de l'état émotionnel et physique de la personne.

Pendant la deuxième phase, appelée phase en plateau, la physiologie ne se modifie pas vraiment.

On observe surtout le corps se mouvoir, emporté par la force des pulsions sexuelles.

L'instant qui précède l'orgasme est nommé « point de non-retour ». C'est-à-dire qu'à partir de ce moment-là, le corps ne peut plus faire marche arrière, il ne peut que se laisser emporter par les vagues de l'orgasme.

La troisième phase est donc celle de l'orgasme. Biologiquement, l'orgasme est la possibilité du corps de s'abandonner complètement aux mouvements ondulatoires qui le plient. Si la personne possède toute sa vitalité orgastique, c'est tout son corps qui vibre et se contracte de manière unitaire. À cet instant sublime, il n'est plus possible de contrôler quoi que ce soit. On s'abandonne à soi, à l'autre et à la vie.

La dernière phase, la résolution, est le retour au calme. C'est chez l'homme que la détumescence est la plus rapide. Si l'homme a éjaculé, il s'ensuit une période réfractaire plus ou moins longue pendant laquelle il ne peut pas éjaculer à nouveau.

Chez la femme, les organes génitaux sont plus lents à retrouver leur physiologie de repos. Elle pourra même avoir d'autres orgasmes successifs si elle maintient un niveau suffisant d'excitation dans son corps. C'est ce qu'on appelle la multi-orgasmie.

L'adolescence permet de commencer à prendre conscience de ces différentes phases. Il n'est pas rare que la masturbation ne soit pas systématiquement accompagnée d'un orgasme ; le point central de la phase adolescente est surtout l'exploration. Au demeurant, il arrive que l'on conserve de cette période-là des conflits intérieurs, des culpabilités, des questionnements, des déceptions. Car, en l'absence d'informations adéquates ou lorsque ces informations sont trop stéréotypées (cf. magazines ou films pornographiques), on a pu se demander si ce qu'on vivait était dans la norme.

Qu'en est-il de son adolescent intérieur ?

L'énergie de ce potentiel sexuel peut être perturbée par des tabous, des croyances et des stéréotypes. Si en plus, l'adolescent ne peut pas exprimer ce qui se passe pour lui, être écouté et entendu par des adultes, le sujet de sa sexualité peut alors générer en lui préoccupations et conflits.

La sexualité se programme principalement entre le moment de la conception et celui de la première relation sexuelle. Ainsi, chaque phase de développement est une fenêtre d'empreinte : empreinte sur les sensations érotiques, le contact corporel, l'érection, la pénétration, l'éjaculation, l'excitation, le désir de pénétration et sur l'orgasme.

Les indices physiques, comportementaux, sexuels... reliés au plaisir pour soi

Si vous vous sentez mentalement ou corporellement concerné par la phase d'élaboration du plaisir pour soi, voici quelques manifestations qu'il vous est possible de ressentir en tant qu'adulte et qui font écho à ce stade.

Indices corporels

Les mots, gestes (mouvements des mains, du bassin) et insultes concernant la masturbation.

Indices comportementaux

Les besoins de voir, de se stimuler, de s'exciter. Les recherches d'excitation imaginaire par la vue, les fantasmes, les odeurs, les voix...

Les recherches d'identité et de séduction autour de l'apparence (une attitude compulsive fait penser à des conflits de l'adolescence).

Les rebellions à l'autorité, au conformisme.

Les recherches d'expériences nouvelles (particulièrement si l'adolescence n'a pas été pleinement vécue).

Indices sexuels

Sexualité centrée uniquement sur son propre plaisir.

Sexualité plus fantasmée que vécue.

Croyances et idées reçues

Ça rend sourd.

C'est mauvais pour la santé.

Ça épuise.

L'apparence est source de superficialité.

Se montrer nu est interdit.

Le désir est dangereux.

Ce qu'il faudra libérer concernant le plaisir pour soi

Le dégoût ou l'obsession de ses propres substances organiques sexuelles.

L'impossibilité d'accéder à son plaisir personnel.

La difficulté à intégrer le plaisir pour soi comme une vraie dimension de sa sexualité.

La tendance à sentir que sa sexualité est uniquement orientée sur la décharge du stress quotidien et des frustrations.

Des mémoires d'agression, d'exhibition, d'attouchement sexuel.

Son inhibition à sa propre exploration.

Questionnaire

1. Pour moi, la masturbation, c'est...
2. Si j'imagine quelqu'un se masturber, qu'est-ce que je me dis ?
3. Qu'est-ce qui est le plus acceptable pour moi ? Un homme qui se donne du plaisir ou une femme ?
4. Comment décrirais-je un jeune adolescent qui se caresse ? Idem pour une adolescente
5. Si je vois un sexe en érection, je me dis...
6. Si je vois une femme les cuisses écartées, je me dis...
7. Après m'être donné du plaisir, comment est-ce que je me sens avec mes mains ou mes doigts ?

Quelques éléments de réponses au questionnaire

1. Il est intéressant de répondre à une telle question, sans trop réfléchir. Mes réponses peuvent m'éclairer sur ce que mes références contiennent de limitatif ou de porteur.
2. Par cette question, je peux voir spontanément si la masturbation est taboue pour moi.
3. La nature de mes réponses indique la façon dont ma sexualité, ainsi que celle de mes frères et sœurs, a été accueillie. Il n'est pas rare qu'une fille avec beaucoup de désir soit malmenée alors qu'un garçon est valorisé.
4. Mon imagination me renvoie directement à mes propres références et aux empreintes qui ont marqué le début de ma sexualité génitale.

5.et 6. Je mets à jour mes références et croyances sexuelles.

7. En fonction de mes références d'éducation, je peux ressentir : saleté, honte, sensation neutre, bien-être, odeur agréable ou non... Je peux donc évaluer si c'est conflictuel ou non pour moi.

Protocoles

1. Dialogue avec son adolescent intérieur

Prenez un objet (une poupée ou une peluche) et donnez-lui un nom représentant l'adolescent qui est en vous. Imaginez un dialogue entre vous adulte et cet objet. Centrez ce dialogue sur : De quoi as-tu besoin ? Qu'aimerais-tu exprimer ? En quoi puis-je t'aider ?

2. **Plaisir pour soi**

   L'entraînement à la masturbation est délicat ; il nécessite un apprentissage de ses désirs avec la peur d'être traumatisé par ce qui se passe en soi.

   Mettez-vous à la recherche de ce qui est source d'excitation et observez ce qui se passe en vous. Pensées, lectures, films, photos vont du plus érotique au plus pornographique ; à vous de trouver ce qui est juste et stimulant.

3. **Être conscient de son corps**

   Protocole extrait de *Les Protocoles de retour à la santé*, page 266.

   En vous centrant sur votre corps, en incluant bien sûr votre sexe, ce protocole vous aidera à affiner vos perceptions corporelles, à être plus présent à vous-même, à vos désirs et à votre plaisir.

L'état de maturité relié au plaisir pour soi...

La masturbation ou le plaisir pour soi doit pouvoir s'intégrer dans sa sexualité avec son ou sa partenaire. Cet acte sexuel devient le symbole de la reconnaissance de sa sexualité et de son plaisir. Je n'ai pas besoin d'être l'objet de l'autre pour être satisfait. J'accède moi-même à mon plaisir, je me connais mieux, je me reconnais aussi.

En m'acceptant moi-même, je peux alors accueillir l'autre dans le plaisir de son corps et du mien. Si je suis à l'écoute de mon plaisir et que j'y trouve de l'intérêt, alors je suis capable d'être réellement réceptif au plaisir de l'autre.

Si mes dégoûts sont trop importants concernant mon propre plaisir, j'aurai tendance à rechercher la clé chez l'autre plutôt qu'en moi. Mon propre plaisir se transforme alors en dépendance relationnelle ou sexuelle. Mes dégoûts n'étant que des mémoires restrictives, il sera important que je m'en débarrasse, afin de rendre ses lettres de noblesse à mon plaisir personnel.

> Quelles impressions avez-vous ressenties à la lecture de ce chapitre ?...
>
> Notes personnelles sur ce chapitre :

Chapitre 14.

La rencontre avec l'autre...

Décodez vos relations

« *Si dans un couple vous avez du mal*
À distinguer de la femelle le mâle,
Soyez bien conscient que tout animal
Peut parfois s'écarter de la normale.

Certains changent de sexe facilement,
Pour d'autres, deux sexes font peu d'assortiment,
Et si un poisson mâle bannit l'aventure,
C'est qu'il s'occupe de sa progéniture.

S'agissant de la question sexuelle,
Mère nature s'amuse de plus belle,
Alors, ne croyez pas tout d'elle,
Car à toute règle elle est rebelle ![1] »

1. Extrait de *Manuel universel d'éducation sexuelle à l'usage de toutes les espèces*, Olivia Judson, Éd. Seuil.

Vers 16 ans, voici le temps venu des soirées, des rencontres, des vacances entre amis, des amours, des expériences, des peurs, des interrogations et des inquiétudes sur notre devenir... C'est une période où notre système neurobiologique est presque abouti et nous commençons à être prêt à rencontrer l'autre dans toute sa conscience génitale, affective et psychique. Comment allons-nous vivre la relation à l'autre ? Quelles sont les empreintes qui vont colorer nos relations futures ?

Œdipe et exploration sexuelle

Revenons quelques instants sur le complexe d'Œdipe qui est une étape fondatrice dans la construction de la personnalité. La manière dont il est vécu forme des empreintes à la fois sur le lien avec l'autre et sur la génitalité. Il est un des éléments principaux qui structurent toutes nos relations sociales, amicales et amoureuses. De sa résolution dépendra notre capacité à construire des relations à l'âge adulte.

Entre 4 et 6 ans, les étapes les plus importantes sont :

- exploration et découverte sexuelle (jouer au docteur...),
- exhibition sexuelle afin de découvrir les différences entre garçons et filles,
- imitation des parents (l'enfant cherche d'ailleurs souvent à montrer ce que le parent dénie ou refoule).

Durant cette phase, le petit garçon a souvent des érections dans son bain ; ceci peut perturber la mère au point même de l'éloigner de son fils. La petite fille peut ressentir l'envie de se frotter sur les genoux de son père ; si celui-ci est excité, il peut se sentir coupable et la rejeter. Ainsi, petits garçons et petites filles peuvent recevoir le message que contact et sensations sexuelles ne sont pas permis. Ils peuvent également intégrer l'idée que « devenir sexuel(le) », c'est perdre l'amour de ses parents. C'est ainsi que sont plantées les premières graines de la culpabilité, à l'heure de l'innocente découverte des premières sensations sexuelles. Parce qu'ils peuvent être eux-mêmes troublés, c'est à ce moment-là que certains parents se mettent à envahir la sexualité de l'enfant par des attouchements qui n'ont rien à voir avec ses besoins.

Après 6 ans, il semble y avoir une aversion pour le sexe opposé. L'attention est alors portée sur les amis du même sexe. L'intérêt pour le sexe opposé reviendra vers l'âge de 11 ans.

Puberté et exploration sexuelle

Entre 11 et 15 ans, voici le temps de la puberté que certains auteurs nomment le deuxième Œdipe. En effet, beaucoup d'éléments de la première phase œdipienne sont revisités : jeux sexuels, baisers, contact, sensualité... De nouveaux paramètres entrent en ligne de compte : les changements corporels (seins, poils, croissance...) et l'augmentation de l'excitation. De façon générale, il est souvent plus facile de se souvenir de sa puberté que de sa période œdipienne.

À nouveau, garçons et filles deviennent sexuellement plus attirants. À nouveau, les parents du sexe opposé peuvent être embarrassés de se sentir attirés par leur enfant. En conséquence, il est possible qu'ils réagissent en restreignant amour et affection. Quelquefois, ils envahissent la sexualité de leur enfant par contact ou attouchement. Si dans cette relation incestueuse, l'adolescent ressent du plaisir, il va alors se mettre à associer le plaisir à un fort sentiment de culpabilité.

Curiosité, questionnements et recherche d'expériences sont très présents à cet âge, mais les passages à l'acte souvent décevants. Ceci tend à montrer que les jeux d'attirance et de découverte sont plus importants qu'une sexualité de pénétration calquée sur l'adulte.

Le temps des premières explorations amoureuses

À la fin de l'adolescence, garçons et filles se sentent de plus en plus attirés et excités par des figures adultes de leur entourage. Progressivement, ils vont se diriger vers des filles ou garçons de leur âge plus éloignés de leur clan familial. Dans cette phase de conquête relationnelle, une impulsion naturelle doit les pousser à rejeter le parent du sexe opposé signant, d'une part, leur rupture avec l'enfance et, d'autre part, l'affirmation progressive de leur territoire sexuel.

C'est une période où ils regardent toutes les limites et les failles de leur clan. La première impulsion est souvent de « tout » rejeter. Il leur faudra probablement encore un peu de temps pour comprendre ce qui s'est imprégné malgré eux dans leur inconscient, changer ce qui leur semble nécessaire et se forger leurs propres références.

Dans l'idéal, la famille doit cesser peu à peu d'être une source de révolte. Le jeune adulte continue sa conquête extérieure en mettant à profit les valeurs dont ses parents l'ont nourri. Ces valeurs sont imprégnées de l'éducation qu'il a reçue et de l'histoire relationnelle de sa famille.

Pour le garçon, son père aura plutôt nourri sa polarité masculine avec des valeurs telles que courage, loyauté, protection de sa famille et du territoire familial, force, intelligence concrète, extraversion sociale et désir de posséder... Sa mère, dont il a été si proche à un moment donné, lui aura montré toute la richesse des valeurs féminines. Ce qu'elle lui aura le plus donné, c'est surtout l'amour de la femme.

Pour la fille, sa mère lui aura transmis toutes les valeurs qui relèvent de la polarité féminine, tels que : l'expression à travers le langage, la réflexion et l'imagination, la créativité, la séduction, l'importance de l'apparence, l'intériorisation, l'acceptation et le désir d'être possédée. Son père lui aura surtout transmis l'amour de l'homme et la capacité à avoir confiance en l'homme.

Parfois les choses sont un peu, voire très inversées : si, par exemple, le père est absent ou soumis et que la mère est dominante ; si le père est affectueux et très présent, incarnant ainsi des valeurs plutôt féminines et maternelles, etc. Quelquefois, lorsque les parents sont trop absents ou lorsque leur comportement parental ne convient pas, l'enfant n'a alors pour seule solution que de projeter cette relation modélisante sur des camarades, une grand-mère, un voisin, des ami(e)s, des lieux, des objets, des animaux, des figures d'autorité...

Si le jeune adulte réussit à franchir cette phase d'adolescence et de postadolescence, il reviendra avec sa/son bien-aimé(e) qui sera accueilli(e) par cette nouvelle famille. Le père et la mère sauront alors que leur enfant est devenu un adulte et que leur rôle est de le soutenir autant que nécessaire jusqu'à ce qu'il vole pleinement de ses propres ailes et qu'il démontre sa capacité à créer et nourrir un clan.

Nous pouvons dire en conclusion que cette phase de transition entre adolescence et début de la vie adulte est une période riche durant laquelle le jeune adulte installe nombre de ses fondements relationnels futurs. Durant ces années :

- Il aura construit ses polarités masculine et féminine intérieures à la lumière de la façon dont ses parents se sont intégrés en lui.
- Il aura affiné les bases de ses comportements sexuels, affectifs et amoureux.
- Il aura modélisé la nature de ses systèmes relationnels futurs.

Lorsque le traumatisme entre dans la relation...

Deux actes majeurs peuvent inhiber le plein développement psychosexuel d'un individu, tant aux niveaux corporel, émotionnel et sexuel qu'intellectuel et spirituel : il s'agit de l'inceste et du viol.

De ces deux traumatismes peut résulter inhibition ou obsession dans la sexualité, dans les relations, voire dans d'autres domaines non génitaux. Tout événement traumatique maintient partiellement l'adulte à l'âge de son traumatisme. Si, par exemple, la mère subit un viol lorsqu'elle est enceinte, le fœtus peut lui aussi enregistrer le traumatisme. Une fois devenu adulte, et selon le vécu de sa mère, l'individu peut complètement se sentir dans l'inhibition sexuelle (par fidélité au ressenti de sa mère).

Il est important de se libérer du traumatisme lui-même mais aussi de comprendre les besoins et les désirs insatisfaits qui se sont maintenus jusqu'à l'âge adulte.

Le viol

Voici quelques exemples de situations qui peuvent avoir été vécues et ressenties comme un viol. Parfois, la personne concernée n'utilise pas le mot « viol » pour décrire ce qu'elle a vécu :

- Viol d'un parent ou d'un adulte sur un enfant : la pulsion affective et attractive se transforme en sexualité sur l'enfant.
- Viol symbolique du parent sur l'enfant : les pulsions sexuelles du parent se transforment en violence sur l'enfant sous forme de coups, fessées, insultes, dénigrement, intrusion, etc.

- Attouchement du parent sur l'enfant : la douceur du parent se transforme en génitalité sur l'enfant : les pulsions sexuelles de l'adulte servent à manipuler l'enfant.
- Viol par identification : l'enfant assiste aux agressions sexuelles et verbales d'un parent sur l'autre et les encode en lui.
- Viol et empreinte : si la première relation sexuelle peut être vécue comme un viol, l'agression et la douleur pourront être inconsciemment recherchées dans les relations sexuelles futures.
- Viol conjugal : la répétition d'une sexualité non désirée peut se vivre comme un viol acceptable et routinier ; cette situation peut rendre les organes génitaux insensibles.
- Sexualité sans consentement et sans plaisir entre adultes : la victime le vit dans la souillure, la dévalorisation...

L'inceste

On parle d'incestes hétérosexuels (reliés au parent opposé) et homosexuels (reliés au parent du même sexe).

L'inceste commence lorsque le parent ne conçoit pas :

- l'enfant comme un être indépendant,
- l'enfant comme un garçon ou une fille sexué(e),
- que la sexualité de l'enfant est celle d'un garçon ou d'une fille en quête d'un partenaire sexuel qui sera extérieur à sa famille (inconsciemment, le parent nie que le brassage des gênes permet le renforcement de la survie du clan familial).

Cet inceste peut se percevoir sous forme réelle et symbolique :

- par proximité fraternelle : quand les parents sont absents à l'excès, un frère ou une sœur peut jouer un rôle parental,
- par contact direct non adapté aux besoins et aux désirs de l'enfant,
- par critique ou non-reconnaissance du pouvoir de séduction de son fils ou de sa fille.

  À l'adolescence, il n'est pas rare que l'enfant commence à montrer explicitement son pouvoir de séduction par des tenues viriles ou affriolantes. Le rôle de l'adulte est alors de le féliciter à propos de sa recherche d'autonomie sexuelle et en le sécurisant par des paroles de reconnaissance (« je suis sûr(e) que tu vas pouvoir plaire à un homme ou à une femme).

- Par restriction géographique : en faisant en sorte que l'enfant se maintienne coûte que coûte dans l'espace parental.

  Exemples : habitation rapprochée, communications téléphoniques deux fois/jour, lettre quotidienne.
- Par imitation professionnelle ou intellectuelle : endoctriner l'enfant afin qu'il reprenne absolument le métier, les opinions et les idées de ses parents.
- Par l'argent : en lui en donnant sans arrêt, il reste ainsi dépendant et soumis.
- Par cadeaux : en lui donnant des cadeaux intimes : matelas, vêtements, sous-vêtements, etc.

Concernant ce sujet, il ne s'agit pas de transformer ces informations en culpabilité, de mettre en cause tout ce que vous faites ou dites dans votre rôle de parent. L'important est de suivre un fil de conscience, de susciter dialogue et partage en acceptant le conflit et la remise en question. La famille est un système complexe et délicat qui est à considérer comme une dynamique à part entière où chaque individu interagit au sein d'un ensemble, et réciproquement. La thérapie familiale est une avancée thérapeutique qui prend en compte le système familial dans sa globalité ; il peut être intéressant de recourir à ce type de thérapie à certaines étapes de la vie familiale.

Les systèmes relationnels

Il nous arrive à tous de connaître des problèmes relationnels à répétition ou d'avoir des réactions disproportionnées face à certains événements. Nous devrions y porter attention car c'est souvent le signe d'un transfert. Autrement dit, nous réagissons dans la situation actuelle, vis-à-vis de nos interlocuteurs d'aujourd'hui, comme par le passé avec nos parents.

Il se trouve que les parents ne répondent pas toujours aux besoins de l'enfant parce qu'ils ne sont pas parfaits, qu'ils ont leurs propres difficultés, leur héritage psychique et leurs propres besoins. Ils déclenchent chez l'enfant des émotions désagréables comme le chagrin, la jalousie, la colère, la peur... toutes les peurs : celle d'être rejeté, abandonné, ne plus être aimé, ridiculisé, rabaissé. Ces émotions peuvent être déclenchées par un reproche, un regard, une punition, un jugement de la part d'un parent. Si l'enfant se sent compris et accueilli dans ce qu'il exprime, il n'y aura aucune trace. Mais, s'il se sent réprimé d'une quelconque façon dans ce qu'il vit, il va en souffrir, et pour ne pas souffrir, il va commencer à développer, au fil du temps, des mécanismes de défense pour ne plus sentir la douleur. Si par exemple, un enfant s'est senti agressé, il peut devenir agressif avec les autres et très dur avec lui-même. Sur cette peine de départ vont se greffer d'autres émotions secondaires comme la culpabilité ou la peur d'être rejeté à cause de son agressivité. Ce fonctionnement psychique va se répéter toutes les fois que l'enfant va se sentir agressé ou qu'il aura peur de l'être (et il va se mettre à avoir tout le temps peur de l'être). Cette expérience va s'ancrer dans son psychisme, dans son corps aussi, et va s'associer de façon intime à son besoin d'amour.

Être aimé et être agressé vont devenir indissociable. C'est pour cela que, sur un plan affectif, il va être attiré inconsciemment par des personnes qui ont un fonctionnement semblable ou complémentaire du sien. Dans sa recherche d'amour, il va recréer les mêmes insatisfactions, les mêmes difficultés, dans une répétition infinie, jusqu'à ce qu'il prenne conscience du système dans lequel il évolue et sur quoi il s'est fondé.

Ce n'est pas ce que disent les parents qui influence le plus l'enfant, mais ce qu'ils font et ce qu'ils sont, autrement dit, tous les messages non verbaux. Dans la contradiction entre le message verbal et le message non verbal, c'est toujours le message non verbal qui a le plus de poids. Si par exemple un parent recommande à son enfant de ne pas juger autrui et que lui-même le fait constamment, la parole n'aura pas de poids et c'est le comportement réel qui s'imprégnera et deviendra un modèle de fonctionnement.

La vie quotidienne nous offre de multiples occasions de comprendre nos transferts et nos systèmes relationnels, particulièrement dans les relations de couple, patron-employé, professeur-élève, professionnel-client. Mais, ces systèmes ne sont pas regarder uniquement sous un œil négatif, car ils nous permettent de voir se jouer nos attirances, nos passions, nos rejets et nos dégoûts et représentent plutôt un effort de croissance, une tentative de notre être profond pour exprimer et régler ce qui n'a pu l'être auparavant. Sortir de ces répétitions nous permet de devenir enfin une personne autonome, libre et épanouie tant dans notre sentiment d'exister que dans notre unicité et notre sexualité.

Donc, deux attitudes s'offrent à nous, soit de nier nos systèmes relationnels et en conséquence rester immature, soit de les résoudre en les explorant. Mais comment savoir que nous sommes enfermés dans un système restrictif et que ce que nous vivons n'a finalement pas grand-chose à voir avec de l'ici et maintenant relationnel ? Lorsque nous nous retrouvons dans un ou plusieurs des éléments cités :

- Ce que nous ressentons est excessif ou totalement nié (je ne peux exister sans elle, je ferai tout pour lui...).
- Nous avons l'impression que ce que nous vivons nous remet invariablement dans le même genre de situations (échec, rupture...).
- Nous nous sentons passif et dans la difficulté à agir (« je tombe toujours sur des femmes qui me quittent », « pourquoi suis-je toujours considérée comme un objet par les hommes que je rencontre ? »).
- Il nous est difficile d'écouter nos vrais besoins (« j'agis toujours en fonction de l'autre », « si je m'écoute, l'autre ne le supporte pas »).
- Nous avons envie de critiquer l'autre (« pour moi tout va bien mais je tombe toujours sur des alcooliques »).
- Notre émotion est très forte (« depuis qu'elle est partie, je ne m'en remets pas et j'ai de violentes angoisses »).

Voici quelques exemples de systèmes relationnels.

Bourreau/victime

Le bourreau est celui qui, dans une relation affective, se sent rejeté, pas important, et qui va réagir à cette souffrance par une agressivité et une violence défensive, voire un désir de faire mal à l'autre. Le bourreau est souvent, au départ, un être d'une grande sensibilité mais il n'a pas pu accueillir cette vulnérabilité parce qu'il a été rejeté dans cette partie de lui-même. Le bourreau n'est menaçant que pour ceux qui ont peur et qui s'écrasent : les victimes.

La victime est un enfant qui a été « cassé », qui, de ce fait, est amené à se faire tout petit et espère ainsi être plaint grâce à cette position. L'enfant qui devient victime ne s'identifie pas au parent bourreau mais à l'autre parent qui a adopté un comportement d'apitoiement et de repli. On a tendance à condamner immédiatement le bourreau et à plaindre la victime en faisant l'impasse sur le pouvoir qu'ils exercent l'un sur l'autre. On n'aide pas la victime en se liguant avec elle contre son bourreau, mais en restaurant son pouvoir et sa capacité à faire face.

Abandonné/déserteur

On trouve des personnes « abandonniques ». Ce sont celles qui ont été abandonnées de façon réelle ou symbolique (parents absents ou abandonniques eux-mêmes). L'abandonné n'exprime pas ses besoins parce que lui-même ne s'aime pas et pense ne pas être digne d'intérêt. Sa peur de perdre l'autre le pousse à fuir la relation plutôt que de s'exposer à la souffrance, mais il est le plus souvent très possessif et quémande constamment des preuves d'amour. Il va bien sûr s'attirer ce qu'il redoute le plus : l'abandon. Tant que l'abandonné ne prend pas le risque de perdre l'amour de l'autre au profit de l'amour de lui-même, il va trouver sur sa route des personnes qui ont peur de s'engager et vont répéter avec lui ce mécanisme d'abandon.

Le déserteur, à cause d'une éducation souvent étouffante, a associé le sentiment d'être aimé à une peur effroyable de perdre toute liberté. Il est constamment tiraillé entre son besoin et sa peur. Ayant réussi à échapper à l'emprise de son père ou de sa mère, il ne veut plus se laisser posséder par personne.

Envahisseur/envahi

L'envahisseur est celui qui, dans une relation, ne respecte pas les limites du territoire psychique et physique de l'autre. Chaque fois que l'envahisseur ressent un manque de reconnaissance ou d'amour, il le compense en allant dans le monde de l'autre pour s'approprier quelque chose de cet univers : objets, idées, amis...

La principale conséquence du problème d'envahissement, que ce soit pour l'envahisseur ou pour l'envahi, c'est la perte d'identité.

Celui qui tolère qu'on l'envahisse n'existe pas non plus. L'envahi ne pose pas de limites de peur de ne pas être aimé, mais il obtient le contraire de ce qu'il recherche puisqu'on l'utilise au lieu de l'aimer. L'envahi doit apprendre à dire « non » et prendre ainsi le risque du rejet.

L'envahisseur et l'envahi ont en commun d'avoir été des enfants non reconnus pour ce qu'ils étaient, malgré leurs efforts pour se faire reconnaître.

Sauveur/protégé

Le sauveur protège les autres pour se protéger lui-même contre sa propre souffrance. Il ne sauve pas les autres, il se sauve lui-même. Il se défend de l'impuissance et de l'insécurité causées par les émotions des autres. Il souffre de voir souffrir l'autre et va tout mettre en œuvre pour éliminer cela. Le sauveur va devoir progressivement se confronter à sa propre peur et restituer à l'autre son autonomie et son pouvoir de choix.

Le protégé est un enfant dont un parent ou les parents ont systématiquement pris en charge toutes les difficultés émotionnelles qui lui auraient permis de s'assumer, de se défendre face à un autre pouvant le blesser.

Le protégé est impuissant et perdant. Il va compulsivement se faire prendre en charge par un sauveur qui va entretenir son manque d'autonomie et sa dépendance.

Manipulateur/manipulé

Le manipulateur va exprimer son besoin d'amour en se plaçant au service de l'autre, en prévenant ses besoins, dans le but, souvent inconscient, de le rendre redevable et, ainsi, obtenir ce qu'il veut.

C'est un fonctionnement subtil et très aliénant. Plutôt que de pouvoir exprimer clairement ses besoins, le manipulateur va donner à l'autre une attention spéciale qui va l'entourer comme une toile d'araignée. Il va se rendre indispensable pour s'assurer la fidélité inconditionnelle de l'autre. L'outil le plus efficace du manipulateur, c'est le compliment qui va valoriser le manipulé. Le problème n'est pas dans le fait de complimenter mais dans l'intention inconsciente cachée derrière.

Le manipulé a appris dans son histoire que, quand on aime quelqu'un, on le complimente, on le cajole, on lui fait des cadeaux, on le valorise constamment, mais son besoin s'échoue sur des personnes qui ne l'aiment pas pour lui, mais pour ce qu'il donne. Le manipulateur, lui non plus, ne sera pas satisfait car l'amour qu'il reçoit en rendant l'autre redevable n'est pas celui qu'il attend au fond de lui. Ce ne sera que le paiement d'une dette.

Le travail du manipulé consistera à apprendre à recevoir sans se sentir redevable et celui du manipulateur à exprimer son besoin plutôt que de vouloir l'obtenir par des moyens détournés, à donner sans attendre de retour, gratuitement.

Pour grandir au niveau relationnel, il va nous falloir :

1. accepter notre vulnérabilité,
2. mieux comprendre la nature de la relation que nous avons eue avec nos parents,
3. mieux comprendre les difficultés relationnelles que nos parents ont eues avec leurs parents,
4. découvrir de quelle façon nous nous sommes adapté en tant qu'enfant lorsque nos besoins n'ont pas été pleinement pris en compte,
5. exprimer nos besoins de maintenant (et les comparer à ceux de notre enfance),
6. accepter de rentrer dans une phase de rébellion pour nous affirmer,
7. revendiquer notre identité unique et trouver une vraie place,
8. pour enfin interagir au-delà d'un ego personnel trop marqué.

Sans l'exploration de nos transferts, les risques sont :

- de nous blinder,
- de désaffectionner la relation,
- d'éteindre notre vitalité.

Passer du lien parental au lien amoureux est un énorme défi. Ce passage se fait par petites touches progressives. En repérant précisément le type d'émotion, de réaction et de comportement que nous avons dans certaines situations, nous pouvons dénicher à qui notre attitude s'adresse vraiment.

- Dans quelle émotion suis-je ?
- Qu'est-ce que j'aurais envie d'exprimer verbalement, émotionnellement, physiquement ?
- Quand est-ce que cela s'est passé la première fois ?
- Qui cela concerne-t-il vraiment ?
- Quels étaient les besoins à ce moment-là ? (quel âge avais-je ?)
- Et si je laissais émerger cela maintenant dans mon corps et exprimais les émotions jusqu'à l'apaisement ? Notre inconscient biologique va progressivement laisser ressortir nos vieux dossiers afin de nous permettre de continuer notre croissance intérieure ; il nous faudra reconnaître, accepter et exprimer ce qu'ils contiennent.

Être libre, c'est :

- Pouvoir te dire « je t'aime » .
- Oser le risque d'être ridicule pour faire ce dont j'ai envie.
- Oser montrer mon manque d'assurance.
- Assumer mes idées.
- Pouvoir demander ton aide quand j'en ressens le besoin.
- Oser dire que je ne me sens pas très à l'aise en face de personnes qui comptent pour moi.
- Pouvoir écouter les critiques.
- Oser le risque de te demander des critiques.
- Pouvoir montrer que tu m'attires.
- Oser exprimer mon amour même si je ne suis pas sûr du tien.

Ne pas être libre, c'est :

- Attendre que l'autre m'aime.
- Ne pas m'exprimer par peur d'être ridicule.
- Manipuler l'autre pour qu'il s'occupe de moi.
- Ne pas montrer à l'autre que je l'apprécie.
- S'effondrer à la moindre critique.
- Se détester quand ses joues rougissent de gêne.
- Ne pas oser demander de l'aide.
- Considérer ses besoins affectifs comme infantiles.
- S'excuser quand l'autre n'apprécie pas ce que j'exprime et ressens.

Dans un système, il y a l'autre...

Bien entendu, il n'y a pas que nous qui sommes en jeu. Il y aussi l'Autre qui, lui aussi, réagit en toute situation en fonction de son histoire, de ses peurs... et c'est tant mieux.

Dans notre chemin de croissance, nous pensons à certains moments être seuls au monde, tel l'enfant dans ses besoins. Par exemple, l'autre peut répondre comme nos parents ont pu réagir face à nos rébellions. Il réagit comme mon père, elle m'envahit comme ma mère...

Comme l'autre réagit aussi par rapport à son histoire, voilà de quoi emmêler nos pelotes de laine relationnelles !

La première étape pour faire évoluer son système relationnel consiste à percevoir l'autre comme un élément représentatif de son système. En comprenant que nous sommes chacun responsable de notre système, il est plus facile d'appréhender nos interactions mutuelles.

Si je te juge parce que ce que tu fais ou ce que tu es ne me convient pas, pourquoi t'ai-je choisi(e), toi ? Qui es-tu vraiment pour moi ? Si tu me juges, qui es-tu vraiment pour moi aussi ?

La bascule des deux cerveaux

L'individu peut dans certains cas « sortir » de son cerveau prioritaire (cerveau masculin pour un homme et cerveau féminin pour une femme), lorsqu'il est confronté à une situation de soumission ou de domination.

Chaque individu a un dosage hormonal spécifique en fonction de différents éléments : âge, poids, sexe, etc. Normalement, chacun a l'identité et le comportement spécifique de son sexe, mais aussi, en moindre quantité, une identité et un comportement du sexe opposé. Chaque être humain possède en fait deux cerveaux, un masculin, un féminin.

Si un homme est inhibé ou traumatisé dans ses caractéristiques masculines, il ira sur son féminin. Si une femme est inhibée ou traumatisée dans ces caractéristiques féminines, elle ira sur son masculin. Selon le type de conflit rencontré, l'individu pourra basculer dans l'un des deux cerveaux. Si c'est un homme, il basculera sur son cerveau féminin. Si c'est une femme, elle basculera sur son cerveau masculin. Ainsi, un homme sera provisoirement soumis alors qu'une femme sera provisoirement agressive. Quelques instants après, tout redeviendra comme avant.

Les enfants et les vieillards sont dans un état de soumission qui est plutôt physiologique. Pour certains adultes, cette bascule peut durer toute une vie et maintenir cette impression de ne jamais être vraiment soi-même. Il se transformera chez l'homme en soumission plus ou moins chronique. Il se transformera chez la femme en domination plus ou moins chronique.

Il sera toujours intéressant de regarder son couple à la lumière de ces notions ; qui est l'élément dominant ? Qui est l'élément soumis ? En général, l'homme est plutôt dominant à l'extérieur du foyer et plutôt soumis à l'intérieur du foyer. Pour la femme, la tendance est inverse. L'idée n'est pas ici de dénigrer la soumission ou la domination car elles sont deux valeurs utiles et nécessaires, mais de remettre en question leurs excès. La faculté à être tantôt sur son cerveau masculin, tantôt sur son cerveau féminin – et de façon adaptée à la situation – est, par contre, une marque de maturité neurobiologique.

Les indices physiques, comportementaux, sexuels... reliés à ses systèmes relationnels

Si vous vous sentez mentalement ou corporellement concerné par la différence masculin/féminin, voici quelques manifestations qu'il vous est possible de ressentir en tant qu'adulte et qui font écho à ce stade.

Indices verbaux

Blagues sexistes, sur les blondes, sur les machos, etc.

Généralisation sur les femmes, sur les hommes : toutes les femmes..., tous les hommes...

Indices corporels

Sport sexiste, équipe uniquement masculine ou féminine.

Obsessions corporelles spécifiques : elle doit être petite, grande, blonde, brune, avec tel poids, telle taille, de tel âge ; il doit être grand, petit, moustachu, exercer tel ou tel métier, etc.

Indices comportementaux

Les besoins d'alcool, de drogue, de médicaments pour désinhiber ses angoisses face à l'autre sexe.

Les expériences de vie communautaire (souvent reliées au besoin de mieux comprendre un système d'organisation de type familial).

Indices sexuels

Les recherches d'expériences sexuelles variées : échangisme, libertinage... (dans lesquelles peuvent se révéler nos mémoires œdipiennes).

Indices professionnels

Le travail en entreprise correspond souvent à des systèmes relationnels intra-familiaux précis.

Métiers reliés aux difficultés de couple (avocat, médecin, thérapeute...).

Croyances et idées reçues

Croyances concernant l'amour

L'amour est un mystère.

L'amour est éternel.

Le véritable amour est platonique.

Une amitié n'est jamais reliée au sexe.

Un amour est toujours relié au sexe.

On ne peut être amoureux que d'une personne à la fois.

Si tu m'aimes, tu dois satisfaire mes besoins.

L'amour est au-delà de tout conflit.

Croyances concernant les garçons

Ils sont différents en groupes : superficiels, grossiers, froids, distants, influençables.

Ils ont de la difficulté à exprimer leurs sentiments.

Ils sont trop indépendants.

Ils sont trop préoccupés par leur virilité.

Ils sont orgueilleux, machos.

Ils ne sont pas assez romantiques.

Ils sont trop critiques à l'égard des filles.

Ils sont profiteurs.

Croyances concernant les filles

Elles sont trop préoccupées par leur apparence.

Elles sont trop rêveuses, trop romantiques.

Elles sont trop attachées.
Elles sont trop exigeantes.
Elles sont trop passives en sexualité.
Elles sont trop dépendantes.
Elles sont trop émotives.
Elles sont allumeuses.

Ce dont il faudra se libérer au sujet de la relation

Comprendre, analyser et défaire ses transferts et ses systèmes relationnels.

Comprendre ses références, ses limites et ses ressources qui sont en lien avec le couple de ses parents.

Apprendre à nourrir ses relations (à soi, à l'autre – aux niveaux amical, familial, amoureux, sexuel)

Questionnaire

1. Si je devais raconter ma première relation sexuelle...
2. À quoi ressemblait mon premier amour ?
3. Quels souvenirs agréables ai-je de mes premiers émois ?
4. Quels souvenirs désagréables ai-je de mes premiers émois ?
5. Dans quel système relationnel est-ce que je me reconnais ?
    - Avec mes amis ? Avec mes amies ?
    - Au travail ?
    - En amour ?
6. Pour moi, être en relation avec un homme, c'est...
7. Pour moi, être en relation avec une femme, c'est...

Quelques éléments de réponses au questionnaire

1. et 2. Votre première relation sexuelle ou votre premier amour vont agir comme des références dans vos relations et votre sexualité futures. Lorsqu'elle s'est « mal » passée, vous aurez tendance à vouloir tout oublier et à garder l'espoir que vos expériences futures seront différentes.

Regarder et décoder le contenu de cette première fois garantit plus de changements que le déni.

3.et 4. Vos réponses vont vous éclairer sur la nature des sensations que vous avez conservées de cette période : sensations positives, négatives, qui vous font peur, qui vous font envie...

5. En observant votre.vos système(s) relationnel(s), vous faites le premier pas vers le changement.

6. et 7. En répondant à ces questions, vous accédez à vos fondements relationnels et à vos croyances.

Protocoles

1. Promenade dans les rues

Je me promène et je regarde les hommes et les femmes.

Quels genres d'hommes et de femmes m'attirent ?

Quel genre d'habit ?

Quel genre de coiffure ?

Quel genre de visage, de forme de corps ?

J'établis un portrait-robot de mon/ma partenaire idéal(e) pour lequel/laquelle je ressens du désir et de l'attirance.

Quelles sont les caractéristiques communes ou opposées que je repère entre cet idéal et la femme ou l'homme qui a le plus compté dans mon enfance (père, mère ou substitut) ?

2. Mon père, ma mère et moi

Je prends trois objets :

L'un représente ma mère.

Un autre représente mon père.

Un troisième me représente.

Comment ai-je envie de placer ces trois objets les uns par rapport aux autres ?

Quel dialogue s'établit entre eux (qu'ils soient vivants ou non) ?

Continuez le dialogue jusqu'à ce que de nouvelles impressions émergent.

3. Les trois photos

Je prends trois photos : une photo de moi, une photo de mon père et une photo de ma mère. Je mets ces trois photos sur ma table de chevet. Matin et soir, je les regarde et je ressens ce qui se passe en moi.

4. Clarifier une relation difficile

Protocole extrait de *Les protocoles de retour à la santé*, page 228.

Ce protocole vous permet de vous mettre dans la peau de votre partenaire afin de mieux comprendre son point de vue.

5. Rester paisible face aux émotions d'autrui

Protocole extrait de *Les protocoles de retour à la santé*, page 233.

Ce protocole vous aide à trouver l'attitude juste par rapport aux émotions et aux sentiments exprimés par votre partenaire (colère, tristesse, souffrance, etc.).

6. Révéler et transformer la relation

Protocole extrait de *Les protocoles de retour à la santé*, page 242.

Ce protocole est utile pour mettre en évidence et transformer votre ressenti quand vous êtes en conflit avec votre partenaire.

7. Explorer ses polarités

Protocole extrait de l'ouvrage *Les protocoles de retour à la santé*, page 286.

Ce protocole vous permet d'explorer vos polarités féminine et masculine, de mieux les comprendre et les équilibrer.

8. Pour faire le point sur son couple

Sur une échelle de 0 à 10, que répondez-vous à ces questions ?

Sommes-nous libres, chacun, dans notre couple ?
Est-ce que nous nous respectons ?
Est-ce que nous nous valorisons mutuellement ?
Est-ce que nous nous soutenons dans nos projets respectifs ?
Est-ce que je peux exprimer mes émotions ?
Sommes-nous attentif et réceptif à ce que l'autre vit ?
Sommes-nous complices ?
Partageons-nous des projets, des envies, des valeurs communes ?
Désirons-nous être ensemble ?
Est-ce que nous partageons tout ?
Notre sexualité est-elle satisfaisante ?
Y a t-il beaucoup de différences entre votre idéal et la réalité de ce que vous vivez ?

Prenez ce questionnaire comme une opportunité de partage avec votre partenaire.

9. Exprimer un mécontentement

Pour exprimer quelque chose de désagréable à votre partenaire, entraînez-vous :

a. Décrivez avec précision la situation à l'origine du mécontentement. Présentez-la de façon objective sans juger l'autre. Parlez de vous et non de l'autre ; utilisez-le « je ».

b. Laissez sortir vos émotions.

c. Exprimez votre besoin : quel est le besoin non satisfait à l'origine de ce malaise ?

d. Proposez à l'autre de prendre votre point de vue, de simplement vous écouter.

e. Enfin, partagez sur ce qui s'est passé et observez les conséquences de ce besoin non respecté dans votre couple.

L'état de maturité au niveau relationnel...

« *Pour que le couple se déploie, se propulse et acquière de la maturité, l'homme et la femme ont besoin de s'apprécier dans la valeur de leurs différences.* »

Dr Danièle Flaumenbaum[1]

Voici les points qui peuvent mener vers une plus grande maturité relationnelle :

1. Prendre responsabilité

Il n'y a pas, dans un système relationnel, un bon et un méchant. Ce qui fait que le système est souffrant, c'est la répétition des réactions défensives inconscientes. Tant que chacun ne reconnaît pas sa responsabilité dans le système, la possibilité d'améliorer la relation est exclue. La prise de conscience du système relationnel permet de développer la capacité à écouter la souffrance déclenchée par l'autre plutôt que de s'en défendre.

2. Avoir un projet

Le couple doit définir son ou ses projet(s) commun(s). Est-ce pour faire un enfant, pour construire une maison, pour faire l'amour... ? Certains projets sont à court terme, d'autres à long terme ; il est bon que le couple s'interroge régulièrement sur ses objectifs communs.

1. *Femme désirée, femme désirante*, Éd. Payot.

3. **Ne pas redouter les conflits**

   Un conflit est une opportunité de croissance. Partager un conflit c'est apprendre à exprimer son ressenti et écouter l'autre dans sa différence.

4. **Nourrir la relation**

   Prendre du temps pour nourrir sa relation. Ne pas hésiter à noter ces moments sur son agenda, comme on le ferait pour d'autres rendez-nous. Une relation ne peut pas se développer, si on ne lui accorde pas du temps.

5. **Alimenter le petit ruisseau qui fera une grande rivière**

   Une relation se nourrit des petites choses du quotidien. La vie n'est qu'une succession de petits instants.

6. **Ne pas chercher à changer l'autre**

   Placer son couple dans une situation pseudo-thérapeutique est source d'échec. Chaque partenaire doit être à même de faire un travail thérapeutique personnel, s'il en ressent lui-même le besoin.

7. **Se faire aider**

   Lorsque la relation est en péril, il ne faut pas hésiter à se faire aider. Il faut démystifier l'aide relationnelle ; demander l'intervention d'un professionnel extérieur à la relation n'est pas synonyme d'échec pour le couple.

8. **Utiliser différents modes de communication**

   Mettre son couple sur le chemin de la maturité relationnelle, c'est explorer différents niveaux de communication :

   - Corporel : danse, massage...
   - Verbal : discussions, lectures communes...
   - Sensuel et sexuel : la richesse de votre intimité (vos goûts, vos fantasmes...)
   - Spirituel : vos aspirations profondes, le sens que vous donnez à votre vie...

Quelles impressions avez-vous ressenties à la lecture de ce chapitre ?...

Notes personnelles sur ce chapitre :

Chapitre 15.

Plongez au cœur de vos pensées secrètes

Décodez vos fantasmes

« *J'ai fermé les yeux, et j'ai cédé au merveilleux, délicieux, abominable rêve d'être ton amant plutôt que ta maîtresse...*[1] »

1. Extrait de *La femme de papier*, Françoise Rey, Éd. Pocket.

Ô grand privilège, les fantasmes sont l'une des prérogatives des humains ; faire exister quelque chose alors même que cette chose est absente ! Une anecdote dit : les hommes et les singes se battent pour des bananes ; les singes, eux, ne se battent que lorsqu'il y en a...

Si tout le monde a des fantasmes, il n'en demeure pas moins que certains en ont peur, d'autres les nient alors que d'autres encore cherchent à les réaliser coûte que coûte. Les fantasmes font partie de notre vie physique et psychique ; vie physique car ils sont en lien avec notre cerveau et notre corps, vie psychique car ils prennent appui sur notre histoire et notre construction. Plonger au cœur de ses fantasmes, c'est découvrir une mine d'or constituée d'éléments précieux de soi, de richesses évocatrices souvent insoupçonnées. Alors, vous plongez ?

> « *La forme la plus subtile du fantasme érotique c'est prendre l'ascenseur au 3e et faire le voyage jusqu'au 8e avec comme seule compagnie le parfum de l'inconnue qui en est sortie au 2e* [1] ».

Caractéristiques du fantasme

Nos pulsions profondes et refoulées trouvent un chemin de libération dans la création d'images mentales. Ainsi, un fantasme est une représentation imaginaire plus ou moins consciente et plus ou moins symbolique qui concerne une expérience vécue ou désirée.

Les fantasmes nous permettent de sortir de nos frustrations et de dépasser nos limites en adaptant la réalité à nos désirs. Ils sont des espaces secrets, sécurisants, où toutes nos sensations sexuelles peuvent être explorées librement.

Nous sommes seul maître de nos fantasmes. Nous pouvons en changer le scénario à notre guise et les stopper s'ils deviennent désagréables ou submergeants.

Nos fantasmes induisent toutes sortes de réactions internes, plaisantes ou non, telles que excitation, plaisir, mais aussi gêne, culpabilité etc. Qu'ils soient agréables ou non, ces ressentis internes ainsi créés génèrent une excitation sexuelle réelle ou imaginaire.

1. Patrick Sébastien, *Carnet de notes,* Le Cherche Midi Éditeur.

Rôles du fantasme

Le fantasme peut accompagner la masturbation et être source de stimulation. Il peut également apparaître pendant le rapport sexuel pour accélérer la venue de l'orgasme ou rompre avec la monotonie de l'acte. Il est un moyen de nous évader de nos responsabilités quotidiennes. Il nous aide aussi à augmenter notre confiance en notre potentiel sexuel et nous permet de créer le partenaire idéal.

En définitive, le fantasme est relié au désir de connaître quelque chose d'inconnu, d'interdit ou d'inaccessible. Le fantasme joue un rôle de véritable équilibrant psychique.

En voici quelques exemples : une femme mariée et fidèle depuis toujours s'imagine dans une relation adultère ; un jeune garçon va s'imaginer faire l'amour avec une femme vue dans un magazine ; une femme, chef d'entreprise, dirigeant toute la journée des hommes, s'imaginera en soumission totale, etc.

Origine et évolution du fantasme

Le fantasme prend souvent sa force au sein de problématiques personnelles profondes. Ainsi, fantasmes sur une même scène répétitive, rituels très précis et obsessionnels, passages à l'acte compulsifs ou fantasmes utilisés comme seul moyen d'atteindre l'orgasme, etc., sont des révélateurs symboliques de dysfonctionnements internes.

Quel que soit le moment de son apparition, le fantasme trouve son origine dans notre construction neurobiologique. Cette construction inclut toutes les étapes que nous avons abordées jusqu'à maintenant dans cet ouvrage.

Au cours des premières semaines de son existence, l'enfant ne rêve pas vraiment car tout est vécu au présent. Les chocs émotionnels et physiques de cette période (naissance, mauvais traitements) sont enregistrés et conservés en état de « veille documentaire ». Plus tard, des réminiscences de ces chocs peuvent réapparaître dans les fantasmes comme une tentative d'évacuation traumatique. Fantasmer aide aussi l'enfant à traverser les phases délicates et souvent conflictuelles de séparations, d'affirmation et de conscience de soi.

Ainsi, on peut retrouver des images d'engloutissement et de fusion reliées à des traumatismes de naissance, des images connectées à un manque ou à un excès de stimulation. L'enfant peut aussi rêver de gros seins, de douceur, de serpents, de vide – surtout si le père a été absent dans les premiers mois de sa vie, etc.

Lorsque l'enfant est plus grand, ses fantasmes se colorent et sont plus riches en émotions. Il rêve de puissance, de princes et de princesses ; il explore la rencontre à l'autre. Le fantasme prend une tonalité plus sexuée et aide à l'établissement de son identité sexuelle. À l'adolescence, les fantasmes mélangent désir de jouissance, désir d'union et désir de grandeur.

Adultes, nous fantasmons en fonction de ce qui nous a manqué ou de ce qui a été vécu comme trop envahissant. Il arrive que nous nous fixions sur des fantasmes particuliers qui sont en lien avec des scènes de notre enfance. Ces fantasmes récurrents peuvent se déclencher à des moments très précis de notre vie en fonction de nos cycles biologiques.

Fantasme de Geneviève, 42 ans

Depuis trois ans, Geneviève ne peut arriver à la jouissance qu'en imaginant un chien lui léchant le vagin.

Voici les informations auxquelles elle accède :

Durant son enfance, elle crée un lien d'affection très fort avec son chien. À 13 ans, elle part en pensionnat et n'a plus la possibilité de le revoir. Elle est à l'âge de ses premières découvertes sexuelles et son chien lui manque.

À 39 ans (3 x 13 ans), elle rencontre un partenaire qui adore les chiens. Son inconscient met ces deux éléments en relation : chien et plaisir sexuel.

Après avoir découvert et travaillé cela en thérapie, Geneviève a pu retrouver une sexualité non subordonnée à ce fantasme récurrent.

Thèmes des fantasmes

Moins l'enfant a subi de traumatismes physiques et psychiques, plus l'adulte qu'il est profite d'une capacité imaginative féconde aux thématiques variées ; à l'inverse, plus les traumatismes d'enfance sont graves et prégnants, plus l'imaginaire fantasmatique est orienté sur des thèmes très précis.

Parmi les thèmes récurrents, en voici quelques-uns : l'expérimentation, la puissance, l'échange de partenaires, les relations sexuelles avec des partenaires multiples, le voyeurisme, le paradis romantique, le sadomasochisme (faire mal : sadisme, ou se faire mal : masochisme ; plus la victime proteste et plus l'excitation est intense), le viol (femmes violeuses, hommes victimes ou agresseurs, viol homosexuel, etc.).

Différences selon le sexe

On croyait que les hommes avaient plus de fantasmes sexuels et que ceux-ci étaient plus « osés » que ceux des femmes. Pourtant, des recherches montrent que les thèmes des fantasmes féminins sont assez proches de ceux des hommes. La différence réside peut-être dans le type de perception : les hommes fantasment souvent en images et les femmes rêvent souvent de sentiments et d'émotions.

Le fantasme de viol

Le fantasme de viol est surtout présent dans l'imaginaire féminin. Étant souvent mal compris, certaines personnes croient que les femmes désirent vraiment être violées. En fait, il n'en est rien. En fantasmant d'être prises de force, ces femmes se dédouanent de la culpabilité qu'elles portent à sentir le plaisir. Souvent causée par une éducation très stricte et une mère « jugeante », la notion de faute est chez elles très ancrée. Pour elles, le plaisir administré de force atténue le sentiment de culpabilité : le fautif, c'est l'autre, elles n'y sont pour rien. Contrôlée, la culpabilité est ainsi surmontée et même canalisée pour donner plus de plaisir encore.

Et le passage à l'acte ?

Plusieurs facteurs déterminent ou non le passage à l'acte, notamment : l'intensité de la stimulation mise en jeu, la complicité du partenaire et le degré d'excentricité.

Si les partenaires sont d'accord, que ça leur semble réalisable, le passage à l'acte peut être une source d'épanouissement de leur sexualité. Se dire et réaliser ses fantasmes mutuels permet aux partenaires de se sentir plus proches l'un de l'autre et de faire tomber certaines de leurs peurs reliées à la relation, à l'intimité, etc.

Recourir à une prostituée est une autre possibilité de donner réalité au fantasme, en toute sécurité. L'homme va voir une prostituée car elle a beaucoup d'expériences sexuelles. Il se sent à l'aise pour lui décrire sa demande. L'échange est clair car il est purement sexuel et basé sur une rétribution financière. L'homme ne risque pas sa réputation ni un conflit conjugal puisque la relation est secrète.

En conclusion, on peut dire que les fantasmes font partie de notre vie sexuelle et qu'ils participent à notre équilibre physique, émotionnel et mental.

Les fantasmes n'ont pas forcément besoin de se vivre dans la réalité mais ont besoin d'être pleinement conscientisés, assumés et ressentis dans tous les aspects de soi. C'est la condition pour qu'ils ne se transforment pas en conflits biologiques et en frustration sexuelle.

Les indices physiques, comportementaux, sexuels... reliés aux fantasmes

Si vous vous sentez mentalement ou corporellement concerné par les fantasmes, voici quelques manifestations qu'il vous est possible de ressentir.

Indices corporels

Difficulté à ressentir son corps

Se sentir planant

Être dans la lune

Se sentir absent, déconnecté

Indices verbaux

Utilisation accentuée de : je pense, je rêve, j'imagine, je rêve ou quoi ?, j'hallucine.

Indices sexuels

Plus attiré(e) par les fantasmes que par la réalité.

Incapacité à fantasmer.

Critique et dévalorisation de mes fantasmes ou des fantasmes de l'autre.

Sexualité possible uniquement si en lien avec des fantasmes (objets, photos, scénario, etc.).

Indices comportementaux

Dénigrement et critique des fantasmes et des objets fantasmatiques en général.

Très grande attention portée à l'interprétation des rêves.

Compulsion ou inhibition à raconter ses fantasmes.

Indices professionnels

Les métiers faisant appel à la création : artistique, publicitaire, photographique, littéraire... Les professions qui utilisent le rêve éveillé, l'hypnose, les états modifiés de conscience ou qui font appel à des produits induisant des états hypnoïdes (drogues, plantes, alcool, médicaments).

Tout ceci n'est pas à prendre au pied de la lettre mais invite à se questionner sur la place donnée au fantasmatique, au subliminal ou à la conscience modifiée au sein de sa profession.

Croyances et idées reçues

Je suis fou/folle si j'ai des pensées comme cela.

Je suis pervers(e).

Je suis sale.

C'est bon pour les obsédés sexuels.

Ça ne se raconte pas.

Les hommes ne pensent qu'à ça.

Ce qu'il faudra libérer concernant les fantasmes

Se libérer de ses images fixes et répétitives en comprenant à quoi elles font référence.

Être capable de créer à volonté toutes sortes d'images.

Se libérer de son incapacité *chronique* à partager ses fantasmes avec son/sa partenaire.

Se libérer de ses croyances et stéréotypes au sujet des fantasmes.

Questionnaire

1. Si je devais décrire une scène sexuellement excitante, quelle serait-elle ?
2. Si je suis avec un ou une partenaire, à quoi est-ce que je pense pendant l'acte sexuel ?
3. Existe-t-il des dénominateurs communs à mes fantasmes (objets, personnes, lieu, jour, nuit, etc.) ?
4. Pour moi, un fantasme, c'est....
5. Quels sont les fantasmes autorisés ?
6. Quels sont les fantasmes interdits ?
7. Suis-je déjà rentré dans un sex-shop ? Quelle impression ai-je eue ?
8. Si je m'imagine en train de regarder un film érotique ou pornographique, quelle en est l'histoire ?

Quelques éléments de réponses au questionnaire

1. Cette scène peut m'éclairer sur les éléments qui déclenchent mon ou mes désirs sexuels. Voir cette scène et la comprendre me donne des informations sur moi.
2. Vos réponses peuvent vous donner des pistes sur vos empreintes ainsi que sur ce que votre partenaire réactive de votre histoire.
3. En étudiant les dénominateurs communs de mes fantasmes, je peux comprendre sur quoi j'ai établi mon désir. C'est quelquefois très surprenant.

4\. 5. et 6. Repérez les symboles récurrents et utilisez le langage symbolique pour mieux les comprendre.

7. Sex-shops, objets et films pornographiques sont source de nombreux fantasmes et interdits. Si vous y êtes déjà allé, qu'avez-vous gardé de cette expérience ?

Protocoles

1. **Sex-shopping**

   Je me promène dans un sex-shop et j'observe ce qui m'attire ou me repousse. J'y retourne autant de fois que nécessaire jusqu'à ce que je puisse me sentir, sinon à l'aise, du moins débarrassé(e) de mes plus grands stéréotypes.

2. **Paroles de fantasmes**

   Je me laisse parler de mes fantasmes en discutant avec mon/ma partenaire ou des amis proches. Parfois, le seul fait de les décrire permet de les modifier et d'accéder à de nouvelles sensations.

3. **Enquête sur les pratiques sexuelles**

   Je m'informe sur les différentes pratiques sexuelles (livres, Internet, dvd, témoignages) et je me fais ma propre opinion.

   Après en avoir pris connaissance, certaines pratiques peuvent vous revenir à l'esprit comme des obsessions. C'est en les analysant dans le détail et de façon descriptive que vous arriverez à comprendre à quoi elles font référence. Vous pouvez les écrire, les dessiner...

   Elles peuvent symboliquement correspondre à des traumatismes de votre enfance. N'hésitez pas à vous faire aider par un praticien.

4. **Défaire l'histoire d'une difficulté : défaire un fantasme récurrent**

   Protocole extrait de *Les protocoles de retour à la santé*, page 245.

   La ligne de temps permet de voyager dans un espace virtuel et d'accéder à un événement programmant ou structurant de son histoire personnelle. Utilisez ce protocole en imaginant que chaque pas vous fait retourner dans votre passé et vous permet de retrouver l'événement structurant de ce fantasme et de libérer le ressenti qui y est associé.

L'état de maturité au sujet des fantasmes...

Développer son potentiel orgasmique, c'est travailler plusieurs niveaux :

- Augmenter sa capacité à regarder ses fantasmes tels qu'ils sont.
- Comme nous l'avons vu, certains fantasmes attachés à des mémoires conflictuelles sont utilisés comme des scénarios destructeurs et répétitifs. Ils ont pour fonction de soulager partiellement la tension psychique mais ils reviennent avec force la fois d'après. Ils s'imposent à l'individu, sont souvent indésirables et fonctionnent un peu comme des cauchemars. Il est donc bon de défaire ce type de fantasmes au profit de fantasmes variés, créatifs et source de plus grand plaisir.
- Développer sa capacité à créer de nouveaux fantasmes ; s'informer, jouer avec, oser être créatif.
- Après avoir expérimenté « l'abondance » fantasmatique, pourra apparaître une nouvelle phase où les fantasmes seront canalisés et utilisés au profit de l'augmentation de ressentis internes. C'est ainsi que l'énergie psychique trouvera une voie d'expression plénifiante en permettant l'amplification des sensations corporelles, sexuelles et émotionnelles. Cette même énergie focalisée dans la visualisation augmentera les connexions entre corps, cœur et esprit ainsi qu'entre génitalité, affectivité et conscience.

Quelles impressions avez-vous ressenties à la lecture de ce chapitre ?...

Notes personnelles sur ce chapitre :

Chapitre 16.

La plénitude sexuelle

Décodez votre capacité à partager le plaisir

« *Verbe musical, strophe d'énergie, frisson fantasmatique ou soubresauts corporels, la jouissance orgastique transforme les corps en instruments vibratoires, d'une extrême finesse, qui ne jouent leurs mélodies sensitives qu'en s'unissant à un autre instrument. Embouts les plus précieux, la verge et le vagin permettent cette union et assurent la circulation des souffles d'un instrument à l'autre. Les bouches qui s'assemblent font de même. Les orifices de la face modulent les vibrations qu'ils interprètent et réfléchissent. Recueillant les paroles tendres ou grivoises, les oreilles assourdissent les bruits qu'elles répercutent à l'interne, comme si elles voulaient leur donner une tonalité semblable à celle de la matrice. Les narines jouent le rôle qu'elles avaient à la naissance. Le nez fourrageant la peau sur le mode qui a guidé le nourrisson vers le sein, elles s'emplissent de l'odeur de l'être aimé. (...) Les yeux sont les embouts les plus sophistiqués de cet appareil vibratoire. (...) Ce sont des caméras qui contemplent la personne aimée, la cadrent sous ses aspects les plus séduisants ou l'éclairent de cette lumière particulière qui est celle de l'amour. (...)*
C'est ainsi que le mystère originel rejoue, dans les bras des amants, la symphonie des souffles de l'orgasme.[1] »

1. Extrait de *Et si nous n'avions toujours rien compris à la sexualité ?*, Didier Dumas, Albin Michel.

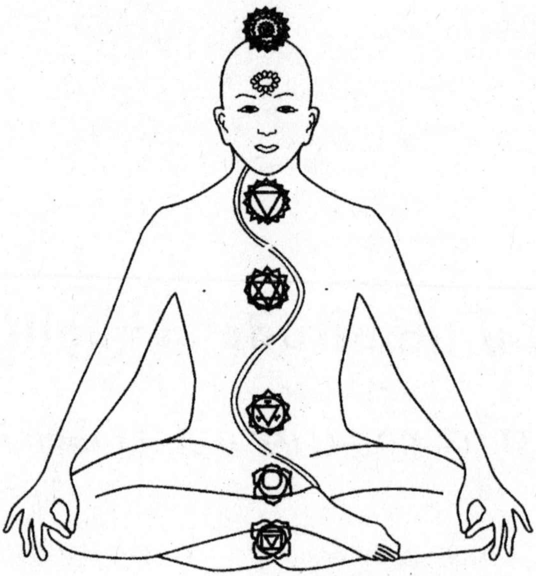

Circulation de l'énergie sexuelle

Parler de plénitude sexuelle, c'est percevoir que notre sexualité s'exprime dans les différentes facettes de notre vie, aux niveaux corporel, génital, émotionnel que relationnel, intellectuel et spirituel. Bien audelà de l'aspect purement génital, nous avons vu au fil des chapitres que, depuis notre conception, chaque étape de notre croissance nous a permis d'ouvrir un volet de notre sexualité. Loin de se clore après quelques années, tous ces aspects restent ouverts tout au long de notre vie, comme autant de champs infinis d'investigation et d'expansion.

Suivant un mouvement de spirale, pas après pas, expérience après expérience, ces volets peuvent être revisités afin d'être soignés, si besoin est, mais aussi amplifiés et bonifiés jusqu'à notre dernier souffle et même au-delà, *via* ce qui, de notre chemin psychosexuel, restera inscrit dans les générations futures.

Aussi peut-on dire qu'une sexualité épanouie passe par l'exploration régulière de ces différents volets et s'exprime chez l'adulte par :

- *Une sexualité fusionnelle*, qui relie aux sensations fœtales, au sentiment de sécurité, à la notion de transcendance et d'unité dans la sexualité.

- *Une sexualité de contact*, qui relie aux sensations tactiles et orales du nourrisson. Alimentée par un toucher conscient fait de baisers, de caresses, de tendresse... cette sexualité permet de nourrir le sentiment d'exister et l'amour du lien (à son corps et au corps de l'autre).
- *Une sexualité de mouvement* qui relie à la liberté corporelle des années d'enfance ; parce que retrouver ou conserver une souplesse corporelle, explorer différentes positions dans l'amour, c'est mettre le mouvement au service de la sensation intérieure.
- *Une sexualité d'auto-érotisme*, qui relie à la sensation de soi en tant qu'entité psychocorporelle autonome. Cette sexualité, faite de l'exploration et de l'expansion de son plaisir personnel, renforce l'identité sexuelle et la capacité à nourrir ses propres besoins. Elle permet également de ressentir sa double polarité (pénis et prostate au masculin, clitoris, vagin et point G au féminin).
- *Une sexualité de pénétration* ; par le plaisir de pénétrer et d'être pénétré, on contacte ses polarités passive et active, la notion d'intérieur et d'extérieur, la mise en lien de soi avec l'autre, la dualité homme-femme et l'unité du couple.

Mettre en cohérence toutes ces facettes et les amener à leur plein potentiel permet d'explorer une sexualité plus entière et de s'ouvrir à la multi-orgasmie, au plaisir paroxystique, à la plénitude partagée et à l'union cosmique, c'est-à-dire d'inscrire sa sexualité dans quelque chose de plus grand que soi.

La chimie du plaisir

Les processus physiologiques de l'acte sexuel sont d'origine vasculaire, neuromusculaire, mais aussi, pour une grande part, sous le contrôle du système endocrinien. Ce système est composé de glandes fabriquant des hormones véhiculées par le sang et qui vont agir sur les tissus. Nous nous intéressons ici uniquement à celles en lien avec notre fonction et notre comportement sexuels.

Hormones et polarité

La testostérone est souvent appelée « hormone mâle ». C'est la plus importante des hormones de la fonction sexuelle. Elle est présente chez l'homme et aussi chez la femme.

Chez l'homme, la majorité de la testostérone est fabriquée par les testicules et une petite partie par les surrénales. Chez la femme, une petite quantité est sécrétée par les ovaires et les surrénales.

La testostérone est le principal déterminant sexuel biologique chez l'homme et chez la femme.

Si la quantité sécrétée est insuffisante, le désir sexuel chute chez l'homme et chez la femme (sans certitude pour les femmes) et l'homme a du mal à avoir et à conserver son érection.

Si la quantité est trop élevée, il y a augmentation de la libido chez l'homme et chez la femme qui peut devenir plus masculine.

Les œstrogènes, souvent appelés hormones femelles, sont néanmoins présents chez les deux sexes. Chez l'homme, ils sont fabriqués par les testicules et n'ont pas de rôle connu. Une trop grande quantité semblerait entraîner néanmoins une diminution de la libido et un grossissement des seins.

Chez la femme, ils sont fabriqués par les ovaires. Ils favorisent la lubrification et l'élasticité du vagin et préservent la texture et la fonction des seins.

La progestérone, présente chez l'homme et chez la femme, aurait un effet inhibiteur sur le comportement sexuel.

Chez les animaux, les effets des hormones sexuelles sur le cerveau semblent être des déterminants importants du comportement sexuel.

Chez les humains, dans la plupart des cas, une femme dont le taux d'œstrogènes est bas, n'est pas moins excitable et conserve sa capacité à avoir des orgasmes. Certains hommes ont des taux de testostérone anormaux et n'ont aucun problème d'érection ; d'autres, au contraire, en ont. Il semblerait donc que chez l'Homme, la relation entre les hormones et le comportement sexuel soit beaucoup plus complexe. L'interprétation de notre comportement sexuel ne saurait se suffire de l'explication hormonale.

Il est intéressant de retenir que l'homme et la femme possèdent tous deux des hormones mâles et des hormones femelles. On constate donc que la notion de bipolarité, c'est-à-dire d'être à la fois masculin et féminin, est inscrite au niveau même de la biologie de tout individu.

On sait néanmoins que, pour chacun, cette cartographie hormonale de départ se transforme tout le long de sa construction, depuis son projet-sens[1] jusqu'au début de l'âge adulte et dépend de son histoire et de son éducation. C'est donc au carrefour entre physiologie hormonale, histoire de vie et conflits que se construisent nos préférences sexuelles.

Même si certains font le choix radical de l'hétérosexualité ou de l'homosexualité, il existe de nombreuses nuances entre les deux. D'ailleurs, certains homosexuels sont plutôt masculins alors que d'autres sont plutôt féminins. Il en est de même pour les hétérosexuels. Quels qu'ils soient, nos choix sexuels n'ont pas à être analysés comme normaux ou anormaux mais, lorsqu'ils sont ressentis comme limitatifs, on peut dire qu'ils se font l'écho de nos conflits biologiques. Voici quelques exemples de situations qui peuvent être vécues de façon conflictuelle :

- Celui ou celle qui n'a jamais connu d'autre partenaire que son mari ou sa femme.
- Celui ou celle qui n'arrive jamais à s'engager.
- Celui qui déteste les hommes.
- Celui qui déteste les femmes.
- Celle qui déteste les hommes.
- Celle qui déteste les femmes.
- Celui qui est toujours soumis ou toujours dominant.
- Celle qui est toujours soumise ou toujours dominante.
- Celui ou celle qui veut changer de sexe coûte que coûte.

L'hypothalamus et l'hypophyse : pour une connexion corps-esprit

L'hypothalamus, glande située dans le cerveau, est à l'origine du contrôle de la plupart des systèmes hormonaux de l'organisme.

L'hypophyse est également située dans une partie du cerveau et a une fonction de relais par rapport à l'hypothalamus.

La plupart des techniques méditatives et corporelles génèrent une amélioration des rythmes cérébraux et influencent la connexion entre le corps et l'esprit. Ces techniques sont nécessaires lorsque nous souhaitons augmenter et améliorer l'utilisation de notre cerveau et de notre corps.

---

1. Le projet qui se trouve à l'origine du sens dont l'enfant est investi (projet-sens) prend forme durant les neuf mois (+ ou -) qui précèdent l'acte sexuel de conception. Voir chapitre 5.

Récréation et reproduction

On peut distinguer deux formes de sexualité : la sexualité récréative et la sexualité reproductive. La sexualité du plaisir améliore la fertilité et les orgasmes facilitent la fécondation, car la femme garde plus de spermatozoïdes en elle si elle jouit. Les rêves érotiques, les éjaculations nocturnes et la masturbation permettent à l'homme d'éliminer les vieux spermatozoïdes et de faire de la place aux nouveaux. Il faut 30 jours à un spermatozoïde pour arriver à maturité et sa durée de vie est de 4 jours.

Un trop grand nombre d'éjaculations perturbe la maturation des spermatozoïdes. Une à deux éjaculations par semaine sont physiologiques.

L'intimité

L'intimité est à l'interface du lien et de la génitalité. Grâce à cette intimité, l'affectif et le sexe peuvent cohabiter.

L'intimité est cette possibilité de partager avec un homme ou une femme des pensées et des ressentis de façon privilégiée. Willy Pasini explique que « l'intimité affective existe dans le désir et non dans le besoin ». De cette façon, elle est positive et épanouissante pour chacune des deux personnes. Elle suppose conscience, confiance et abandon. Reliés par un subtil équilibre, le contact avec l'autre et la stimulation génitale sont les garants d'une sexualité pleinement satisfaisante.

Les troubles de la relation sexuelle

Il a envie de faire l'amour, elle veut dormir. Elle trouve que ça va trop vite, lui pas assez. Elle désire entendre des mots d'amour, lui a envie de faire vite et d'éjaculer. Il voit sa mère tous les jours ; elle, ne la supporte plus. Elle le trompe avec son meilleur ami, lui est fou amoureux d'elle. Il est plutôt du soir ; elle, du matin. Elle désire un enfant, lui non. Elle n'aime pas la sodomie, lui adore ce plaisir. Il ne la désire plus, elle pleure tous les jours. Il a peur de perdre son érection, elle simule la jouissance. Il aimerait partir en week-end sans les enfants ; elle ne veut pas les laisser seuls. Elle est jalouse, lui indifférent ; etc.

Voilà un peu le quotidien dans lequel la capacité à ressentir le plaisir et à être en relation est quelque peu perturbée.

Troubles de l'érection

Ils sont de deux types. Soit l'érection est de mauvaise qualité, insuffisante ou instable et le pénis ne peut pas rester très longtemps dans le vagin. Soit elle arrive de manière très capricieuse, et l'homme ne sait jamais s'il aura une érection quand il le souhaite.

Troubles de l'éjaculation

Il en existe plusieurs, le plus courant étant l'éjaculation précoce ; l'homme ne peut pas contrôler la survenue de son éjaculation qui arrive trop tôt.

Il y a aussi l'éjaculation sans force projective, sans plaisir, retardée (l'homme ne peut pas éjaculer dans le vagin), douloureuse ou rétrograde (le sperme remonte dans la vessie).

Troubles féminins

Anorgasmies totales, partielles ou dépendantes de l'humeur et du partenaire constituent une partie de ces troubles. Une femme est frigide si elle n'a jamais eu d'orgasmes.

Le vaginisme est provoqué par des contractions du vagin qui rendent impossible la pénétration.

La dyspareunie est une douleur provoquée par le coït. Elle se situe soit à l'entrée du vagin, soit plus profondément ou dans le ventre.

Que ce soit chez l'homme ou chez la femme, l'appétit érotique vacille sous la persistance de ces troubles. Cela peut engendrer contrariétés, incompréhension, vexations, etc.

Relation à la maladie

Les maladies sexuellement transmissibles (MST) sont des maladies infectieuses transmises lors des contacts sexuels et touchant essentiellement, mais non uniquement, les voies urogénitales.

La gonorrhée, la syphilis et l'infection à *chlamydia* sont d'origine bactérienne et peuvent mener à la stérilité en l'absence de traitement. La syphilis peut toucher tous les organes.

Divers virus sont à l'origine de l'herpès génital, de condylomes acuminés, des hépatites A et B ou de la mononucléose infectieuse.

Le virus du SIDA se manifeste par une chute des défenses immunitaires.

Des champignons (*candida albicans* surtout) pourront occasionner prurit et vaginites.

Stérilisation

Pratiquée sur l'homme, elle s'appelle vasectomie, qui signifie « couper le canal ». Elle correspond à la ligature des canaux déférents. Le but de l'opération est d'empêcher les spermatozoïdes de se lier au liquide spermatique. L'opération est considérée comme fiable au bout de 2 ou 3 mois quand plus aucun spermatozoïde n'est présent dans le circuit au-delà du point de l'opération.

Psychologiquement, certains hommes peuvent se sentir moins virils et constater une diminution de leur appétit sexuel. Pour d'autres, libérés de l'aspect contraceptif, ce sera l'inverse.

Chez la femme, plusieurs possibilités d'opérations existent mais elles sont presque toutes appelées ligature des trompes : couper, pincer, obstruer ou ligaturer les trompes (nœud fait avec un fil autour des trompes). Leur but est d'empêcher la rencontre des spermatozoïdes et de l'ovule dans les trompes de Fallope.

Il ne faut pas confondre cette pratique avec l'hystérectomie (ablation de l'utérus) et l'ovariectomie (ablation des ovaires) qui sont souvent réalisées pour enlever une tumeur et dont la conséquence inévitable est la stérilité.

Psychologiquement, si la femme s'est fait opérer pour faire plaisir à son conjoint, elle peut vivre cela de façon conflictuelle, se sentir moins féminine et voir son intérêt sexuel diminuer.

Si, par contre, elle se sent libérée des peurs d'une grossesse non désirée, elle peut, au contraire, voir son appétit sexuel augmenter.

Stérilité

La stérilité est indirectement reliée au plaisir. En effet, son diagnostic et les tentatives de procréation peuvent modifier la vie sexuelle du couple. C'est pour cette raison que nous l'abordons ici. Pour éclaircir cette notion, voici quelques précisions : un individu (homme ou femme) est dit :

- fertile s'il est apte à concevoir,
- stérile ou infertile s'il n'est pas apte à concevoir,
- fécond quand il a déjà conçu un enfant,
- infécond quand il n'en a jamais conçu.

La fécondité humaine est de 25 %, c'est-à-dire qu'un couple a 1 chance sur 4 de concevoir à chaque cycle menstruel.

Suite à l'arrêt d'une contraception orale, une femme met de 3 à 6 mois pour récupérer son cycle. Dans ce délai, on ne peut pas parler de stérilité si elle n'arrive pas à être enceinte.

Les causes de la stérilité sont organiques et symboliques. Elles sont à chercher pour les femmes :

À un niveau mécanique : le vaginisme empêche toute véritable pénétration, l'œuf ne peut s'accrocher dans l'utérus, une trompe est obstruée, etc.

Au niveau du col de l'utérus : une glaire importante va prendre en charge (ou non) le spermatozoïde pour l'isoler de l'acidité ambiante.

À un niveau hormonal : la régulation hormonale ne se fait pas correctement.

À un niveau corporel : la personne présente un excès ou une insuffisance de poids qui empêche un fonctionnement physiologique normal.

Autres causes possibles : tabagisme, alcoolisme, toxicomanie, certains médicaments, rayons X, hérédité ou séquelles d'interventions chirurgicales.

Pour les hommes, nous rencontrons des problèmes d'érection, d'éjaculation (en particulier éjaculation rétrograde), de quantités de spermatozoïdes, des séquelles d'intervention chirurgicale, des infections, ou de varicocèles (varices autour du testicule provoquant des anomalies de spermatozoïdes).

Par ailleurs, de nombreux conflits peuvent empêcher la bonne marche de cette fonction sexuelle.

Absence de vie sexuelle

L'absence de relations sexuelles et affectives satisfaisantes peut provenir :

- d'un manque d'intérêt pour la sexualité,
- d'une impossibilité de rencontrer un partenaire,
- d'une routine dans le couple,
- de conflits reliés à l'intimité et au plaisir.

Dans tous les cas, si cette situation nous pose un problème, cela révèle des conflits dans notre construction sexuelle. Il est intéressant d'aller chercher d'où ça vient et en quoi il est biologiquement nécessaire de se détourner de la sexualité ?

Homosexualité et Décodage Biologique

Quelle soit féminine ou masculine, l'homosexualité se définit comme l'attirance sexuelle pour une personne qui est du même sexe que soi. La notion de polarité sexuelle est à différencier de l'homosexualité. Un homosexuel peut, tout autant qu'un hétérosexuel, être sur sa polarité masculine, c'est-à-dire plutôt viril et masculin ou, au contraire sur sa polarité féminine en étant plutôt féminin. Loin de n'être que dans un extrême ou un autre, il peut vivre toute une palette d'harmoniques entre ces deux polarités.

Une personne peut affirmer ses choix homosexuels après une « première vie » hétérosexuelle, ou l'inverse mais l'âge qui marquera ce passage d'une vie sexuelle à une autre se fera très probablement en écho avec son histoire personnelle.

L'homosexualité s'appuie sur des empreintes sexuelles déterminantes (au stade œdipien, au niveau de l'adolescence...). Comment s'est construite la relation au parent du même sexe ? Le parent du sexe opposé a-t-il fait alliance avec son enfant afin de compenser l'absence de l'autre parent ? Au niveau *in utero*, existe-t-il une perte du jumeau du même sexe ? Au niveau du projet-sens, quel a été le désir de chacun des parents par rapport au sexe de leur enfant ? Au niveau transgénérationnel, qu'est-ce qui s'est vécu qui a rendu important qu'un membre de cette famille vive une sexualité homosexuelle une, deux, trois ou quatre générations plus tard (mort accidentelle d'un frère ou d'une sœur, traumatisme relié au sexe opposé...) ?

Bien entendu, en termes purement biologiques, deux personnes du même sexe ne peuvent pas faire d'enfants... pour l'instant. Ceci dit, deux personnes de sexes différents ne font pas l'amour que pour faire des enfants non plus.

Le propos ici n'est pas de dire que seule l'hétérosexualité a un droit d'existence et qu'il faudrait chercher une cause « pathologique » à l'homosexualité. N'oublions pas que l'homosexualité est, comme l'hétérosexualité, présente chez les animaux (loups, singes...). Il ne s'agit donc que d'une forme de sexualité comme une autre. Mais à ce titre, et comme pour tout autre mode sexuel, il peut être intéressant de se pencher sur les bases fondatrices de son homosexualité, que celle-ci soit active et bien vécue, mal vécue, refoulée ou niée.

Corps et plaisir

Notre structure et les fixations apparues au cours de notre développement psycho-affectif conditionnent la relation à notre corps et à notre sexualité. Plus le corps est libéré de ses tensions, plus il peut se détendre et plus il est source de plaisir et éveille le désir. Des mouvements fluides et harmonieux révèlent un corps libre.

En libérant nos tensions par la thérapie mais aussi par le massage, la danse, les caresses, les bains... nous permettons à notre vitalité d'augmenter ; et, petit à petit, la pulsation de vie de notre corps est restaurée. Cette pulsation est un mouvement de contraction et d'expansion se propageant dans tout notre corps. Ce processus, présent dans chacune de nos cellules, est la base de toute vie et notre sexualité en est l'expression la plus archaïque.

Génitalité et plaisir

Au début de notre vie, nous disposons tous d'un potentiel énorme d'excitabilité. Avec l'âge, il a tendance à diminuer à cause du stress, des conditions de vie et des conflits emmagasinés.

En travaillant sur nos conflits et en éveillant notre système génital, ce capital d'excitabilité peut à nouveau augmenter, circuler et être source de plaisir. Cela demande de prendre pour postulat de départ que toute condition est modifiable à l'infini, à condition de lui accorder de l'attention et de la persévérance.

Pour une femme, une génitalité épanouie s'exprimera par sa capacité à s'abandonner au plaisir sans restriction ni retenue. De par sa physiologie, elle dispose d'un potentiel orgasmique très grand, tant en quantité qu'en variété : orgasmes clitoridiens, vaginaux, utérins avec ou sans éjaculation, multi-orgasmie... La femme sexuellement épanouie sait que son corps lui appartient et que la source merveilleuse de son plaisir est au plus profond d'elle-même. Son identité de femme s'exprime dans toutes les parties de son corps : ses yeux, sa bouche, ses seins, son ventre, son sexe, ses jambes, ses pieds, etc. Elle accueille l'homme en elle sans crainte, consciente de son pouvoir de femme.

Un homme épanoui dans sa sexualité est présent à son sexe et le perçoit comme connecté au reste de son corps. Son excitation ne dépend pas uniquement de son érection, de la même façon que son orgasme n'est pas forcément relié à une éjaculation. Il se laisse aller au plaisir d'être en contact avec sa partenaire, sans attente particulière. Son envie d'éjaculer peut être présente mais il ne se focalise pas sur elle. Éjaculer ou ne pas éjaculer n'est pas une source d'appréhension, mais s'intègre de façon fluide à un instant de l'acte d'amour. Il n'y a pas de rupture entre l'avant et l'après.

Une sexualité épanouie passe aussi par l'intégration de ses polarités masculine et féminine. Pour une femme, cela peut vouloir dire qu'elle se sente plus active dans sa sexualité. D'un point de vue physiologique, l'expression de cette polarité s'objective par l'éjaculation. Elle sort un liquide d'elle-même tout comme l'homme le fait lors de l'éjaculation.

Pour un homme, pouvoir sentir pleinement son anus, c'est ressentir du plaisir en se laissant pénétrer et ouvrir. Sa polarité féminine s'exprime à ce moment-là.

Spiritualité

C'est notre capacité à être stimulé et à ressentir l'excitation sexuelle dans notre corps qui donne à notre sexualité sa force. La connexion à l'autre lui donne la couleur de la beauté infinie. Quand le sentiment d'amour venant du cœur se dirige vers la tête, il nous relie à l'universel. Quand il se répand dans le pelvis et les jambes, il nous relie à la Terre, au particulier. La spiritualité n'est donc pas en dehors de notre corps. Elle est dans notre corps. Entre animalité et amour universel, elle voyage à l'intérieur de nous et se voit à l'extérieur. C'est notre beauté, notre spontanéité, notre rayonnement. Notre spiritualité se trouve donc dans cet équilibre et dans cette circulation.

Les taoïstes et les adeptes de la voie tantrique l'ont bien mis en évidence. Ils l'appellent l'orbite microcosmique ou la flûte intérieure. Cela correspond à la circulation de l'excitation sexuelle à l'intérieur du corps. L'excitation monte du sexe vers la tête et redescend de la tête vers le sexe. Une boucle d'énergie se crée. Quand deux personnes s'embrassent et s'unissent sexuellement, ils recréent cette boucle. Il est intéressant de remarquer que cette connexion bouche-sexe de la sexualité adulte trouve son origine dans la circulation liquidienne de l'âge fœtal. À ce stade est en effet mis en place ce circuit qui donnera plus tard la connotation érotique au lien entre la bouche et le sexe.

Au cours de cette circulation, l'énergie vitale, sexuelle, monte du sexe vers le haut du corps. En chemin, elle rencontre des organes, des tissus et les anime de vibrations et de mouvements.

> « *Parce que c'est l'amour seul, et non l'émotion ou l'imagination, qui est en train de se réaliser, et parce que l'amour, contrairement à l'émotion ou l'orgasme, n'a pas de fin, le même ravissement, le même délice physique et spirituel est présent dans tout acte d'amour à venir. En d'autres termes, l'acte d'amour ne varie pas ; il n'a que des montées ; pas de descente, pas d'humeur, pas de confusion, pas de désastre émotionnel personnel ou à deux. L'acte s'améliore sans cesse, s'affine, devient plus divin et plus réel, plus conscient, plus présent, plus étonnant et merveilleux dans sa sublime perception de l'amour, de la divinité et du dessein éternel.*[1] »

1. Extrait de *Faire l'amour*, Barry Long, 1984.

Les orgasmes simultanés

L'orgasme à deux est constitué de multiples variantes voluptueuses :

- en 69,
- par l'exploration de son plaisir solitaire en présence de l'autre,
- par la masturbation mutuelle,
- par la pénétration.

D'autres voies sont également possibles. Les hommes peuvent jouir d'un orgasme éjaculatoire ou non éjaculatoire (prostatique) ou encore d'orgasmes multiples qui combinent les deux précédents. Lorsque les hommes arrivent à pleinement différencier éjaculation et orgasme s'ouvre alors à eux une nouvelle palette de sensations ; ainsi, érection et éjaculation cessent d'être un problème existentiel...

Les femmes, quant à elles, peuvent également jouir de différentes façons : au niveau clitoridien, *via* le point G (qui peut être accompagné d'éjaculation) ou au niveau vaginal profond (utérin).

Lors d'un rapport sexuel, les partenaires peuvent commencer ou terminer de façon simultanée ou décalée. Grâce aux orgasmes multiples (la multi-orgasmie), le rapport sexuel équivaut à une montée progressive où les orgasmes des deux partenaires peuvent se répondre mutuellement. Faites confiance à votre relation et découvrez une variété orgastique infinie...

> « [...] *Il se trouve qu'à vous refuser les plaisirs, vous ne faites qu'en reléguer le désir dans les replis de votre être. Mais comment savoir ce qui ressurgira demain, de tout ce que nous nous sommes épargnés aujourd'hui ? Car le corps lui-même sait trop bien ce qui lui échoit et quels sont ses besoins légitimes, et ne se laissera pas illusionner.*
> *Votre corps est la harpe de votre âme. Il vous appartient d'en tirer des accents harmonieux ou des dissonances.*
> *Maintenant, vous vous demandez en votre cœur : 'Comment départager des plaisirs ceux qui sont bons de ceux qui ne le sont pas ?' Allez à vos champs et à vos jardins et vous apprendrez tout le plaisir qu'a l'abeille à faire le miel des fleurs, et tout le plaisir qu'a la fleur de céder à l'abeille ce dont elle fera son miel.*

Car pour l'abeille, la fleur est une fontaine de jouvence. Et pour la fleur, l'abeille est une messagère de l'amour. Et pour toutes deux, pour l'abeille comme pour la fleur, donner à l'autre et recevoir de l'autre ces plaisirs est davantage qu'un besoin, c'est une véritable extase. [...][1] »

Les indices physiques, comportementaux, sexuels... reliés à la notion de plénitude sexuelle et au partage du plaisir

Si vous vous sentez mentalement ou corporellement concerné par la notion de plénitude sexuelle, voici quelques manifestations qu'il vous est possible de ressentir.

Indices verbaux

Tous les mots et superlatifs reliés au plaisir : volupté, paradis, fabuleux, extraordinaire.

Indices comportementaux

Lectures et films sur les histoires d'amour, de passion, de sexe.

Les recherches de plaisirs sensoriels (nourriture, sport, musique, hobbies, art...).

Les recherches d'expériences sexuelles variées comme source de meilleure compréhension de sa sexualité : échangisme, libertinage...

Indices professionnels

Les métiers reliés à l'épanouissement de l'individu, du couple, de la famille et de la société.

Les métiers du bien- être physique et psychique.

1. *Le prophète,* Khalil Gibran, Poche.

Croyances et idées reçues

Les stéréotypes et les jugements sur la sexualité, l'érotisme et la pornographie.

Les stéréotypes et les jugements sur l'homosexualité (en provenance des hétérosexuels) ou l'hétérosexualité (en provenance des homosexuels).

L'anus est réservé aux homosexuels et aux pervers.

Les femmes ne peuvent pas éjaculer.

Nous n'avons qu'une sexualité.

L'orgasme est réservé à certain(e)s.

Après l'éjaculation, l'acte sexuel est fini.

Le sexe est sale.

Le sexe fait partie des devoirs conjugaux.

Le sexe sert à manipuler l'autre.

Le samedi soir est le jour où l'on doit supporter le sexe.

Le sexe est source de problèmes.

Le sexe est toléré seulement après le mariage.

Une femme qui aime le sexe est une pute.

La femme n'a pas droit au plaisir sexuel.

L'homme montre sa virilité dans le sexe.

Le sexe, c'est de la jalousie.

Ce dont il faudra se libérer concernant le partage du plaisir

Ses premières expériences reliées au plaisir ou à son absence

Son éducation et les croyances familiales sur le plaisir sont primordiales à libérer sinon toute nouvelle expérience est une source potentielle de culpabilité.

Ses traumatismes sexuels et ses échecs répétés.

Mieux comprendre les mécanismes qui gouvernent sa sexualité et son plaisir est la première étape sur le chemin de la plénitude. Quand on comprend, on a une meilleure idée de ce que l'on doit faire.

Questionnaire

1. Quelle est actuellement la fréquence de mes rapports sexuels : par semaine ? Par mois ?
2. Combien de temps durent mes rapports sexuels (approximativement) ?
3. Si je devais mettre une note à la qualité de mes orgasmes, quelle serait-elle (entre 0 et 10) ?
4. Suis-je actuellement en quête d'un ou d'une partenaire qui me satisfasse et que je n'ai pas trouvé(e) ? Quels liens faites-vous avec votre histoire ?
5. En tant qu'homme, qu'est-ce qui selon moi caractérise ma sexualité féminine ? Et ma sexualité masculine ?

   En tant que femme, qu'est-ce qui selon moi caractérise ma sexualité féminine ? Et ma sexualité masculine ?
6. Quand je jouis, qu'exprime spontanément mon corps ?
7. Un couple, c'est...
8. Si j'imagine mon père faisant l'amour, c'est....
9. Si j'imagine ma mère faisant l'amour, c'est....

Quelques éléments de réponses au questionnaire

1\. 2. et 3. Une fois que vous avez répondu à ces trois premières questions sur la fréquence, la durée et le niveau de satisfaction ressenti dans vos rapports sexuels : que pensez-vous de vos réponses ? Trop plein et compulsion ? Manque et frustration ? Qu'en déduisez-vous sur votre plaisir sexuel et votre niveau d'acceptation du plaisir ? Vous percevez-vous réellement autorisé(e) à accéder au plaisir ? Ou le plaisir demeure t-il freiné par un tabou ou un interdit tapi au fond de votre conscience ? Peut-être avez-vous transféré votre sexualité sur d'autres sources de plaisir. Dans ce cas, est-ce un choix conscient ou non ? Peut-être considérez-vous votre sexualité comme l'unique source de vrai plaisir ; est-ce également un choix conscient ou non ?

4. Que cherchez-vous exactement ? Quels sont vos critères ? En quoi le fait de ne pas trouver de partenaire vient-il répondre à votre histoire ?
5. Ces questions sont là pour vous permettre de faire un état des lieux de vos polarités sexuelles. Parfois, faute d'informations, il est difficile de faire la différence entre les deux.
6. Lorsque le corps est dans la jouissance, cela permet de voir où et comment l'énergie circule et se déploie dans le corps. Est-ce que vous sentez votre ventre, votre poitrine, votre voix, votre tête ? Tout à la fois ?
7. Avec cette question, explorez vos croyances sur le couple et le plaisir.

8., 9. et 10. Ce que nous imaginons de la sexualité de nos parents donne des indications sur nos limites conflictuelles. Tant que nous n'avons pas réussi à sexuer nos parents, un aspect de nous reste très enfant...

Protocoles

1. Photo de son couple ou de son/sa partenaire

Prenez une photo de votre couple ou de votre partenaire. En regardant cette photo, visualisez que vous faites l'amour de façon agréable et positive.

2. Le programme du couple

Prendre un rendez-vous avec son ou sa partenaire et aborder les sujets suivants :

- Les sorties : avec quelle fréquence chacun se sent-il bien ? Quand (décidez de dates) ? (cinéma, restaurant, sports, balades, nature, vacances, etc.)
- Les rendez-vous intimes : dîners en tête-à-tête, massages, lectures, temps de dialogues, etc.
- Les nouvelles expériences à partager : groupes de développement personnel sur la communication, le massage, la danse, groupes de discussion, café sexo, philo... S'informer sur les modes sexuelles actuelles, etc.

3. Défaire l'histoire d'une difficulté

Protocole extrait de *Les protocoles de retour à la santé,* page 245.

La ligne de temps permet de voyager dans un espace virtuel et d'accéder à un événement programmant ou structurant de son histoire personnelle. Utilisez ce protocole en localisant les couples de votre vie.

4. Guérison par le dessin

Protocole extrait de *Les protocoles de retour à la santé*, page 250.

Le dessin révèle des éléments inconscients de l'individu : observer et comprendre ces éléments en pleine conscience ouvre la voie du changement. Sujet : mon/ma partenaire et moi.

5. Renforcement des muscles périnéaux (pour l'homme et la femme)

Le périnée est constitué d'un ensemble de muscles (voir l'illustration du périnée chez la femme dans le chapitre sur la naissance). Apprendre à fortifier et contrôler le périnée permet à l'homme ou à la femme d'améliorer ses perceptions durant l'acte sexuel. Toute personne, à tout âge, et avec un peu de persévérance, obtiendra un résultat satisfaisant.

Installez-vous à genoux sur ou entre les talons, ou simplement sur une chaise. Fermez les yeux et concentrez-vous sur votre périnée. Quand vous y serez bien intériorisé, sans hâte, contractez successivement et concevez tous les muscles reliés au périnée comme autant de rayons. Serrez à fond tout le plancher pelvien pendant environ deux secondes. L'idée ici n'est pas de serrer les fesses, l'anus, les cuisses ou le bas du dos mais si, au début, vous serrez toutes ces zones, ne vous inquiétez pas car, après un peu d'entraînement, vous serez capable de dissocier les différents muscles. Restez ainsi contracté(e) le temps d'une respiration complète (inspiration+expiration) ; puis relâchez également le temps d'une respiration complète. Ne lâchez pas prise d'un seul coup mais laissez la tension se dissoudre graduellement, de la périphérie vers le point de départ, le périnée.

Progressivement, vous augmentez le temps de contraction jusqu'à 15 secondes. Il se peut que vous sentiez votre plancher pelvien vibrer ; ainsi, vous élevez le niveau de chaleur interne. Maintenez le temps de relâchement à 2 secondes environ. Vous terminez l'exercice lorsque vous ressentez une sorte de saturation. Petit à petit, vous pourrez allonger le temps de l'exercice. Les temps indiqués sont arbitraires, c'est à vous de trouver le rythme qui vous convient en conservant la notion d'un temps de contraction du périnée qui augmente.

6. Dialogue

Imaginez un dialogue homme/femme sur la sexualité, l'intimité, le plaisir, l'orgasme.

Vous pouvez utiliser les jeux de mots et l'écriture, faire par exemple une liste de tous les mots et expressions qui vous évoquent le plaisir et le sexe (comme : oui, encore, sexe, chatte, bourses, couilles, pénis, lécher, sucer, mordre, prends-moi, se branler, caresse-moi, baiser, boire ton nectar divin, goûter à ton miel, etc.). Osez les écrire sans jugement et observez comment cela résonne en vous.

Ensuite, exprimez-les à haute voix en modulant votre voix, peut-être en les murmurant au début puis en les criant, variez les tons, amusez-vous. Observez ce qui se passe en vous.

Faites cet exercice seul d'abord puis, quand vous êtes à l'aise, intégrez-le dans vos jeux amoureux avec votre partenaire.

Pour une sexualité mature ou quand le plaisir est partagé...

> « *La plupart des gens s'imaginent que nous ne pensons qu'avec la partie supérieure de notre corps et je me demande même si les pensées les plus intéressantes ne nous viennent pas de nos entrailles et de notre sexe. [...] Si mon corps ne comprend pas une chose, rien de moi ne peut réellement fonctionner*[1] ».

Le premier stade de maturité à atteindre est la découverte de ses deux polarités sexuelles : cela permet d'ouvrir une palette de sensations, des plus extraverties dans la polarité masculine aux plus réceptives dans la polarité féminine.

Une deuxième phase est la différenciation entre plaisir, orgasme et éjaculation. Cette étape permet le développement progressif de la multi-orgasmie.

La troisième étape est la connexion entre son pôle génital et son pôle affectif, c'est-à-dire entre son sexe et son cœur. La rencontre énergétique de ces deux pôles prédétermine la possibilité de se lier à l'autre dans la sexualité et l'amour.

La quatrième est de pouvoir rencontrer un(e) partenaire désirant autant que soi améliorer sa qualité relationnelle, un(e) partenaire avec lequel ou laquelle intégrer tous ces éléments, les amplifier afin d'emmener la relation dans et au-delà de la génitalité.

Quelles impressions avez-vous ressenties à la lecture de ce chapitre ?...

Notes personnelles sur ce chapitre :

1. Henri Gougaud, *Le livre des amours,* Seuil.

Chapitre 17.

Parce que le désir n'a pas d'âge

Décodez votre vieillesse ou l'idée que vous vous en faites

« *Tandis que les forces ou les années le permettent, affrontez les fatigues : bientôt, de son pas silencieux, viendra la vieillesse qui vous courbera. [...] Consacrez aux femmes votre vigueur virile et vos soins. [...] Ajoutez qu'à cet âge, les femmes sont plus savantes en l'amoureux travail, et qu'elles possèdent l'expérience, qui seule fait les artistes. Par des soins, elles compensent l'outrage des ans [...] Suivant ta fantaisie, elles se prêteront, pour l'amour, à mille attitudes ; nul recueil de peintures voluptueuses n'a imaginé plus de poses diverses. [...] Ces avantages, la nature ne les a pas accordés à la première jeunesse. Si tu veux t'adresser à Vénus mûre, tu en seras récompensé.*[1] »

1. *L'art d'aimer,* Ovide, Éd. Poche.

La vieillesse ne signe pas la fin de la sexualité car nous avons dans nos gènes un potentiel suffisant d'orgasmes pour nous permettre d'en profiter toute notre vie ! Nous pouvons dire que l'âge mûr débute vers la quarantaine dans cette phase charnière de milieu de vie, appelée aussi « entre deux âges ». Biologiquement et cellulairement parlant, il semblerait qu'à ce moment-là nous soyons conscient d'avoir déjà vécu la moitié de notre vie.

Avec le temps, des modifications physiques et physiologiques apparaissent mais notre capacité au plaisir demeure vive jusqu'à un âge avancé – à condition que cette fonction ait été suffisamment stimulée tout au long de notre vie. Mais alors, quel est le potentiel de notre sexualité à 50, 60, 70 ans et plus ? Quels sont les conflits que nous pouvons rencontrer ? Quels sont les trésors auxquels nous pouvons accéder ?

Les modifications corporelles

Pour la femme, c'est la ménopause qui marque surtout cette période. À partir de 40 ans, la quantité d'ovulations diminue et vers la cinquantaine, les règles disparaissent complètement. Pendant l'excitation sexuelle, les seins augmentent moins de volume mais ils restent sensibles à la stimulation. La sensibilité clitoridienne demeure la même. L'élasticité du vagin diminue ; il est plus long à se lubrifier car l'irrigation vaginale a chuté en raison de la baisse des taux d'hormones dans les ovaires. Cette variation hormonale est spécifique pour chaque femme et est aggravée par divers facteurs (stress, dépression, mauvaise alimentation, toxines, etc.). 75 à 80 % des femmes souffrent de bouffées de chaleur ; c'est le symptôme le plus courant. Il se caractérise par une impression de chaleur soudaine dans la partie haute du corps, accompagnée de rougeurs, de transpiration et d'étourdissement.

Parler de normalité ou d'anormalité de taux hormonaux est délicat. À chaque femme d'observer ses symptômes et de trouver un traitement approprié en n'omettant pas d'y inclure une bonne hygiène de vie. Les modifications hormonales entraînent des transformations physiques ; des rides apparaissent, le corps peut grossir ou maigrir, entraînant une palette de ressentis plus ou moins conflictuels.

Les femmes qui sont sexuellement actives ont un taux d'androgènes et d'hormones hypophysaires (LH et FSH) plus élevé que les autres, ce qui atténue ces transformations.

Cette phase de vie peut correspondre à un soulagement, à un renouveau et signer pour la femme le début d'une nouvelle vie. Libérée de l'éducation de ses enfants devenus grands et des risques de grossesse non désirée, elle peut prendre soin d'elle, de ses désirs d'intimité et de relation et (re)découvrir une sexualité placée sous le signe de la maturité et de la plénitude.

Entre 45 et 55 ans, l'homme a, dans la plupart des cas, acquis une maturité sociale et il est reconnu dans sa profession. Sur le plan sexuel, il peut par contre se sentir plus vulnérable. Le volume de sa prostate a tendance à augmenter, le pénis perd de sa fermeté. L'homme constate qu'il a besoin de plus de stimulations pour atteindre l'érection, que celle-ci est moins ferme et dure moins longtemps. Son éjaculation est moins intense et la période réfractaire est plus longue. La sécrétion de sperme ralentit.

À partir de 60 ans débute une période délicate, l'andropause. Elle est à mettre en relation avec la ménopause. Elle se manifeste par une fatigue, un manque d'appétit, une diminution du désir sexuel, des difficultés à se concentrer et une perte de force. Mais tout cela est à nuancer et dépend surtout de l'équilibre émotionnel, physique et psychique de l'individu.

Entre 65 et 70 ans, les modifications corporelles se font plus nettes. Chez l'homme et la femme, les cheveux blanchissent, la peau se ride et la quantité de neurones dans le cerveau diminue. Les différents systèmes de l'organisme subissent un ralentissement de leur activité (digestion, excrétion, respiration, circulation sanguine, etc.). Les muscles s'atrophient, les tendons et les cartilages perdent de leur résistance et de leur élasticité.

Soit ces transformations physiques sont très conflictuelles et nous plongent dans un regret constant d'une jeunesse évanouie, soit nous entamons une nouvelle relation à notre corps. Le vieillissement est une invitation à lâcher prise sur l'apparence et la performance pour laisser la place à une relation au corps empreinte de profondeur et de respect.

« Il y a des années,
Lorsque je t'ai rencontré et que nous somme tombés
Amoureux l'un de l'autre,
Ta beauté m'avait attirée :
Longs cheveux châtains et dorés,
Yeux verts limpides et pleins de sérénité,
Pommettes hautes, muscles allongés,
Mais, tu le sais, c'est de ton âme dont je me suis éprise,
De ton essence véritable,
Qui, elle, ne peut perdre sa beauté.
Ces derniers jours,
Même ton âme a semblé s'obscurcir,
Mais je te reconnais toujours.
Sans doute sommes-nous effrayés,
Désireux de dissimuler notre tristesse.
Peut-être nous faudra-t-il encore du temps
Pour reconnaître la vérité, pourtant je ne souhaite être nulle part ailleurs :
Je suis là, près de toi,
Tu peux perdre ta beauté aux yeux du monde,
Sois sans crainte –
Je t'aimerai toujours.[1] »

Considérations psychologiques

Avoir une panne et être impuissant pour un homme est difficilement acceptable. Sa virilité est remise en cause. Il est inquiet, déprimé et perd confiance en ses capacités.

Les femmes réagissent de différentes façons ; certaines se sentent coupables et humiliées des pannes de leur compagnon ; d'autres vont l'encourager et rendre l'événement anodin. Il y a aussi celles qui soupçonnent une infidélité et, enfin, celles qui sont lasses et mettent un terme à leur vie sexuelle.

Un autre aspect de la sexualité des seniors est la solitude des femmes. Leur espérance de vie est plus grande que celle des hommes. De plus, les femmes épousent en général des hommes du même âge

1. Extrait de *Trouver l'espoir face à la mort*, Christine Longaker, 1998.

qu'elles ou plus âgés. Arrivées à l'âge de la maturité, les femmes se retrouvent donc souvent seules avec leurs envies et leurs désirs toujours vifs.

Croyances sociales

En Occident, certains préjugés existent autour de la sexualité des seniors : le sexe chez les personnes âgées est considéré comme choquant, que ce soit chez les hétérosexuels ou chez les homosexuels.

On ne tient pas compte de l'importance du plaisir chez les seniors et il passe souvent derrière les préoccupations de santé et du maintien de niveau de vie. Les personnes âgées sont donc souvent considérées comme des êtres asexués.

Sous le poids de l'inconscient collectif et de leurs conflits personnels, les retraités ressentent une culpabilité à vivre leurs aspirations hédonistes.

Descendance

En plus d'être mère et père, nous devenons grand-mère et grand-père ou au contraire nous réalisons que nous ne le deviendrons jamais. Comment vivons-nous ce passage ?

Les modifications comportementales

Les aventures extraconjugales peuvent être fréquentes pour les femmes vers la fin de la période reproductive. Elles y recherchent en général plus l'attachement émotionnel que le désir sexuel.

Pour les hommes, les relations extraconjugales ne sont pas significatives de cette période car elles sont plutôt réparties tout au long de leur vie sexuelle. Dans ce genre d'aventures, ce sont surtout des relations purement sexuelles qui les intéressent.

Cette phase peut être aussi l'occasion d'un nouveau souffle pour le couple. Les deux partenaires se retrouvent sans les enfants, partis vivre leur vie. Au niveau social, c'est l'occasion de partir en voyage, de sortir, de rencontrer des amis. Libérée des contraintes familiales, l'intimité du couple est vivifiée. De pulsion passionnelle, la sexualité se transforme en une tendre complicité. D'autres formes de stimulations sont appréciées, comme la stimulation manuelle ou orale. Ce sont des sources de plaisir, de détente et de changement. C'est maintenant l'amour qui guide le désir de l'homme. Sa partenaire commence alors à être plus spontanément active et initiatrice.

Conserver sa sexualité et une activité physique soutenue à un âge avancé préserve les fonctions sexuelles et intellectuelles. En effet, l'exercice stimule la synthèse de substances favorables au développement et au maintien des cellules sexuelles et cérébrales.

Les cycles biologiques

Étudier nos cycles biologiques permet de mieux comprendre ce que l'on est susceptible de revivre en termes de conflits biologiques. Les calculs sont basés sur l'âge auquel on a pris son indépendance financière et affective. Prenons par exemple 22 ans. Cela veut dire qu'à 22, 44, 66 et 88 ans, nous revivons des harmoniques de notre naissance au niveau familial, professionnel, social, intime, spirituel... Si des événements clés ont eu lieu entre 0 et 22 ans, nous retrouverons les échos de ces événements dans les cycles suivants. Si, par exemple, lorsque j'avais 10 ans (soit 12 ans avant ma prise d'autonomie) j'ai assisté à la séparation conflictuelle de mes parents, je pourrais retrouver la peur de la séparation ou vivre une séparation réelle à 32 (44-12), 54 et 76 ans.

Bien entendu, ces échos fonctionnent si le mal-être relié à ces événements n'a pas été éliminé antérieurement. Dans ce cas, notre inconscient nous propose à nouveau des situations conflictuelles similaires et, par là-même, une nouvelle opportunité de les clarifier.

Les joyaux de l'âge mûr

> « *Dans la tradition chamanique de Touza (Asie centrale), on est : enfant jusqu'à quinze ans ; jeune adolescent de quinze à trente ans ; jeune adulte de trente à quarante-cinq ans ; adulte de quarante-cinq à soixante ans : c'est seulement à cet âge que les gens ont l'esprit suffisamment formé pour pouvoir créer et entrer en contact avec l'invisible. De soixante à soixante-quinze ans, on est adulte mûr, et de soixante-quinze à quatre-vingt-dix, un vieux. Au-delà de quatre-vingt-dix ans, on devient un ancien.*[1] »

Même si notre deuxième partie de vie nous confronte au vieillissement progressif de notre organisme, nous avons néanmoins la possibilité de ralentir ce processus et de surtout nous ouvrir au potentiel inhérent à cette période.

Avant tout, rappelons-nous que l'enkystement des conflits se nourrit beaucoup de notre énergie vitale. Aussi, l'élimination de nos conflits doit rester une priorité afin de mieux vivre les changements de notre corps et de pouvoir restaurer notre vitalité (et donc de notre sexualité).

Le temps n'est plus à exiger des choses de son corps mais plutôt à se laisser vivre dans sa globalité. Cela passe par :

- La justesse du rapport qu'on entretient avec son corps (oui, à tout âge il est bon de se toucher, d'être touché et d'écouter ses besoins corporels).
- Une meilleure écoute sexuelle (de soi et de l'autre).
- Un nouveau sens donné à sa vie (faire confiance au savoir que l'on a engrangé jusque-là, récolter les fruits de son expérience).
- Un nouveau souffle donné à sa sexualité (il n'est jamais trop tard pour stimuler une fonction en vue de son plein développement).

Nombre des notions évoquées dans les chapitres sur le plaisir et la spiritualité s'appliquent à cette phase de notre vie car peut-être sommes-nous enfin plus réceptifs et plus disponibles.

---

1. Patrice Van Eersel et Alain Grosrey, *Le Cercle des anciens : Des hommes-médecine du monde entier autour du Dalaï-Lama*, Albin Michel.

Les indices physiques, comportementaux, sexuels... reliés au vieillissement

Si vous vous sentez mentalement ou corporellement concerné par le vieillissement (quel que soit votre âge actuel), voici quelques manifestations qu'il vous est possible de ressentir.

Indices verbaux

Ne plus s'autoriser à parler du futur.

Parler tout le temps de la mort ou se refuser à en parler.

Indices corporels

Douleurs osseuses, articulaires (qui peuvent être le signe de toutes sortes de conflits de dévalorisation...).

Douleurs de prostate et problèmes aux testicules (reliés à des conflits de filiation, de frustration sexuelle et d'absence de projet...).

Problèmes aux ovaires, seins, col et corps de l'utérus, fibromes (reliés à des conflits de séparation, de contact et de frustration sexuels...).

Manque de contact, carence affective.

Peau fripée à l'excès (conflits de contact et d'esthétique...).

Problèmes cardiaques (reliés à la perte de territoire réel ou symbolique...) .

Indices sexuels

Difficulté à surmonter les changements inhérents à l'âge : lubrification, érection.

Frustration sexuelle.

Manque de désir ou désir non satisfait.

Indices comportementaux

Angoisse concernant le temps qui passe.

Angoisse concernant le départ des enfants lorsqu'ils quittent définitivement la maison.

Rester jeune coûte que coûte.

Vouloir tout le temps se reposer.

Peur de la maladie.

Angoisse concernant la filiation : peur qu'il n'y ait plus personne après soi.

Dévalorisation et dépréciation de soi.

L'impression de ne plus servir à rien.

L'excès d'affection portée à un animal domestique peut être due à une frustration relationnelle.

L'isolement relationnel.

Indices professionnels

Métiers autour de la mort, du deuil, de la vieillesse, du rajeunissement, du recyclage...

Angoisse concernant la retraite

Tous les points qui sont évoqués dans la partie 'Indices' peuvent relever d'une difficulté à prendre un nouveau virage aux niveaux corporel et sexuel. Dans cette phase de vie, que cela concerne un symptôme léger ou une pathologie plus lourde, il peut être utile d'aborder les angoisses reliées au temps qui passe et à la mort.

Croyances et idées reçues

Les « vieux » ne servent à rien.

Les « vieux » sentent mauvais.

Les « vieux » sont méchants.

Les « vieux » sont caractériels.

Les personnes âgées ne font pas l'amour.

Plus on vieillit, plus on se dégrade.

Après la retraite, je suis fichu.

À quoi ça sert, puisque je vais bientôt mourir.

Fatalisme transgénérationnel : je vais mourir comme mon père ou comme ma mère...

La vieillesse : quelques points sur lesquels porter son attention

Se libérer de ses différentes angoisses sur le fait de vieillir, la maladie, l'impotence, la mort.

Pouvoir renoncer à certains projets qu'on n'a pas fait aboutir.

Se donner les moyens de faire aboutir les projets qui sont encore réalisables et auxquels on tient.

Redécouvrir une certaine innocence : libérés de certaines contraintes familiales et professionnelles, l'homme et la femme ont l'occasion de réveiller leur créativité ou de mettre à disposition de la société leurs ressources et leur sagesse.

Apprendre à gérer la perte de travail, d'argent ou d'ami(e)s, etc.

Apprendre à s'accepter tel que l'on est, dans ce corps vieillissant fait aussi partie des défis de cette période.

Questionnaire

1. Pour moi vieillir, c'est... (Décrire toutes les images et impressions)
2. À quel âge, selon moi, commence-t-on à vieillir ?
3. Comment j'imagine l'évolution de ma sexualité au fil des âges ?
4. Quelle relation ai-je eue avec les personnes âgées de mon enfance ? (Qui sont-elles ?)
5. Si je devais faire une liste des qualités d'une personne âgée, ce serait...

   Si je devais faire une liste des défauts d'une personne âgée, ce serait...
6. Comment je m'imagine grand-père ou grand-mère ?

Quelques éléments de réponses au questionnaire

1. et 2. Mes réponses m'indiquent mes croyances les plus évidentes sur la vieillesse et mes références d'âge (qui sont souvent très personnelles et différentes d'une personne à l'autre).

3. L'évolution de ma sexualité dépend de différents facteurs : de l'éducation familiale que j'ai reçue, de mes expériences sexuelles traumatisantes, de mes expériences sexuelles et sensuelles agréables et de mon niveau de curiosité à propos de la sexualité et du plaisir.
4. En fonction de mon histoire et de ma relation avec les personnes âgées de mon enfance, soit je les honore (si je les ai aimées), soit je les

néglige (si elles ont été plutôt absentes de la relation), soit je les déteste (si elles ont été vécues comme un poids au niveau familial).

5. Qualités et défauts sont très représentatifs de ce que j'ai rencontré avec la question 4.
6. Être grand-parent est une nouvelle étape biologique avec ses ressources, ses peurs et ses conflits. Quelles sont mes propres références ?

Protocoles

1. Les personnes âgées de mon enfance

Retrouvez les photos des personnes âgées de votre enfance, promenez-vous avec, regardez-les et laissez-vous dialoguer avec elles.

2. Je mène l'enquête

Dans votre famille et hors de votre famille, allez discuter avec des personnes âgées à propos de leurs désirs, de leurs besoins, de leur vie, de leur expérience et notez vos sensations et impressions.

Les anciens de la famille ont souvent beaucoup d'informations pertinentes à vous transmettre sur ceux qui vous ont précédé. En les écoutant, vous apprendrez beaucoup sur vous.

3. Le massage

Massez-vous ou faites-vous masser régulièrement avec l'idée de vous accepter tel que vous êtes. On peut avoir tendance à traiter par le déni les marques du temps ; acceptez de mettre de la conscience sur la totalité de votre corps, y compris sur les parties vieillissantes que vous n'aimez pas ou par rapport auxquelles vous sentez de la gêne, etc. Faites ce message régulièrement jusqu'à sentir une amélioration de vos sensations et un changement des considérations que vous avez à propos de votre corps.

L'état de maturité relié au vieillissement...

Avec l'âge, la différence hormonale entre l'homme et la femme devient moins marquée. Aussi cette période est-elle une véritable opportunité, pour chacun des partenaires, d'explorer sa double polarité féminine et masculine. En effet, on sait que pour vivre son plein potentiel sexuel, affectif et spirituel, on doit intégrer ces deux tendances.

Bien sûr, les grandes questions existentielles s'imposent à soi comme le sens de la Vie, la mort, l'espèce humaine, la filiation, etc.

Quelles sont les valeurs que j'incarne concernant la sexualité et l'amour et que j'aurais envie de transmettre ?

Dans cette phase de ma vie, je deviens le produit vivant de ce que j'ai compris et travaillé toute ma vie. Je partage mes connaissances, cultive la compassion et transmets tout cela aux générations futures, comme un hommage à la vie.

Je pressens aussi que ma mort pourra être une nouvelle étape de libération et l'exploration possible d'autres espaces. Cette idée est plutôt agréable...

Ma sexualité s'est modifiée et a gagné en profondeur. Elle est restée active et mon corps tout entier respire cela. Ce n'est plus la quantité qui compte (sexe, nourriture, etc.) mais la qualité ; des moments d'abstinence ou de méditation sont tout à fait agréables et permettent à mon corps d'améliorer son équilibre.

Quelles impressions avez-vous ressenties à la lecture de ce chapitre ?...

Notes personnelles sur ce chapitre :

Conclusion

En hommage à la sexualité...

La *diversité* dont est composé chaque humain est une sorte de miracle qui chaque jour continue de m'étonner. Ce concept de diversité m'encourage à essayer de regarder sous un angle nouveau toute situation qui se présente à moi. Il m'incite aussi à repousser plus loin mes propres conditionnements afin de comprendre le creuset dans lequel se sont bâties les références de mon interlocuteur. Cela me fait parfois dire que tout le monde a raison puisque chacun ne voit, n'agit et n'interprète qu'à la lumière de ses références personnelles... Cela m'invite également à poursuivre mon chemin. Me rendre plus conscient de mes propres références familiales, culturelles, sociales, les comprendre, les relativiser si nécessaire ou me les réapproprier si je le souhaite.

Et la sexualité dans tout ça ?

Comme je l'ai abordé tout au long de ces pages, la sexualité se situe, selon moi, au cœur de toutes nos références, car elle est un pivot existentiel de notre processus d'élaboration interne. En moi est imprimée la mémoire des relations sexuelles qu'ont eues mes ancêtres. Dans mon corps et mes pensées perdure ce fœtus qui fut l'incarnation du désir de mes géniteurs. Je suis aussi ce nourrisson, cet enfant et cet adolescent qui, à la recherche de son identité et de ses valeurs, s'est construit pas à pas, avec la vulnérabilité dont est habité tout objet non abouti mais aussi avec la force de vie inhérente à tout ce qui est en croissance. Je suis cet adulte qui revendique son territoire identitaire et son autonomie. Je suis ce parent et ce géniteur qui crée son clan et partage son expérience avec les générations montantes.

Tout ce que je suis aujourd'hui est habité de la rémanence de ces étapes de construction. Si je considère ces étapes comme autant de pierres qui ont forgé mon édifice personnel, sexuel et relationnel, je peux aussi les appréhender comme d'authentiques rites de passage.

Un rite de passage est une sorte d'initiation qui, en latin, signifie « commencement ». Être initié, c'est mourir à quelque chose, accepter de traverser le tumulte généré par cette mort symbolique pour accéder à une nouvelle naissance.

Par exemple, la jeune fille meurt pour renaître femme à l'arrivée de ses premières règles.

Chaque passage nous emmène ainsi un peu plus loin sur notre chemin, vers plus de conscience et de maturité.

Nous vivons aujourd'hui dans une société ayant oublié l'existence des rites de passage. Le prix à payer est peut-être de nous maintenir dans un état d'enfant car ces renaissances ne peuvent pas se faire ou très difficilement. Même si nous devenons, à un moment donné, physiquement indépendant de notre famille, nous conservons néanmoins une difficulté à trouver notre indépendance psychologique et à devenir un véritable adulte.

Nous pourrions, bien sûr, penser que nous sommes adulte dès que nous sommes parti(e) de chez nos parents ou quand nous sommes père ou mère pour la première fois. Ce n'est pourtant pas le cas. L'adulte vrai est un être spirituellement conscient qui se sent pleinement responsable de ses actes, qui les reconnaît et qui les assume entièrement. Il sait qu'il fait partie d'un tout complet, divin, spirituel. L'être humain adulte ose entrer en toute conscience dans ses conflits, les explorer et les dépasser.

Du microscopique à l'infiniment grand, qu'elle soit réelle, imaginaire ou symbolique, la sexualité est inscrite en nous et se compose de mille et une nuances. Elle participe à la création de l'humanité tout entière... Vouloir comprendre notre sexualité, c'est nous intéresser au composant essentiel de notre matérialité. Décoder notre sexualité nous permettrait donc d'approcher le noyau de certaines de nos problématiques récurrentes mais aussi de mieux comprendre le sens de notre vie.

Alors, à vous lecteur qui m'avez suivi jusqu'ici, si j'ai pu vous aider à réfléchir sur ce vaste sujet qu'est la construction de votre sexualité, j'en suis ravi. Et si j'ai pu participer à votre processus de maturation personnelle et relationnelle, j'en suis alors honoré.

J'honore

J'honore ces hommes et ces femmes qui ne renoncent pas à leur vitalité,

j'honore ces hommes et ces femmes qui affrontent avec courage les démons de leurs mémoires relationnelles et sexuelles,

j'honore ces hommes et ces femmes qui explorent leur vulnérabilité pour mieux renaître à eux-mêmes,

j'honore ces hommes et ces femmes qui considèrent à chaque instant leur corps comme un temple sacré source de connaissance,

j'honore ces hommes et ces femmes qui cultivent leur sexualité avec la conscience qu'elle est le joyau qui a permis leur présence sur cette Terre...

Bibliographie

Première partie

• Chapitre 1 : Les lois essentielles du *Décodage Biologique* et de sa pratique thérapeutique

De chair et d'âme, Boris Cyrulnik, éditions Odile Jacob, 2006

Décodage biologique des maladies, Christian Flèche, éditions Le Souffle d'Or, 2001

Des ancêtres encombrants, Hervé et Mireille, éditions Le Souffle d'Or, 2004

La logique du symptôme, Laurent Daillie, éditions Bérangel, 2006

La revue *Causes & Sens*, éditions Bérangel

Les maladies, mémoires de l'évolution, Dr Robert Guinée ; auto-édition, 2004

Les nourritures affectives, Boris Cyrulnik, Poche, 2000

Mon corps est malade, Dr Salomon Sellam, éditions Bérangel, 2006

• Chapitre 2 : Les empreintes

Le comportement animal, David Mc Farland, De Boeck Université, 2001

L'enfant, Maria Montessori, éditions Desclée de Brouwer, 2006

Pédagogie scientifique, Tome 1 et 2, Maria Montessori, éditions Desclée de Brouwer, 2004

• Chapitre 3 : Les neuf langages de l'inconscient biologique

Ce corps haï et adoré, Marc-Alain Descamps, éditions Tchou/Sand, 1988

Dictionnaire de la symbolique, George Romey, éditions Albin Michel, 2001

Faussement vrai et vraiment faux, Solange Cuenod, Presses polytechniques et universitaires romandes, 1999

Hasard, chance, synchronicité, Marc Alain Descamps, B.Dutheil, M.Fromaget, J.Martal, A.Munteanu, éditions Trismégiste, 2005

Langue des oiseaux, Yves Monin, auto-édité, 1982

Le sens caché des désordres amoureux, Dr Salomon Sellam, éditions Bérangel, 2005

Le syndrome du gisant, Dr Salomon Sellam, éditions Bérangel, 2005

Nos paysages intérieurs, Sylvie Tenenbaum, Interédition, 1992

- **Chapitre 4 : Le ressenti**

101 expériences de philosophie quotidienne, Roger-Pol Droit, éditions Odile Jacob, 2001

Focusing : au centre de soi, E.T. Gendlin, éditions de l'Homme, 2006

La puissance des émotions, Michelle Larivey, éditions de l'Homme, 2002

L'instant de la guérison, Christian Flèche et Jean-Jacques Lagardet, éditions Le Souffle d'Or, 2004

L'intelligence émotionnelle, Daniel Goleman, éditions Robert Laffont, 1999

PNL et reconstruction familiale, Katharina Stresius, Joachim Castella, Klaus Grochowiak, éditions Grancher, 2001

Que se passe-t-il en moi ?, Isabelle Filliozat, éditions Marabout, 2001

Sentir, ressentir et agir. L'anatomie expérimentale du Body-Mind Centering, Bonnie Bainbridge Cohen, Nouvelles de Danse, 2003

The second brain, Michael D. Gershon, Quill edition, 2003

Vivre sans stress, Douglas Harding, éditions l'Originel, 1990

Seconde partie

- **Chapitre 5 : Comment ai-je été pensé(e) ?**

Le Projet-sens : la toute première étape de mon existence

Mon corps pour me guérir, Christian Flèche, éditions Le Souffle d'Or, 2006

• Chapitre 6 : Comment ai-je été conçu(e) ?
La conception : première étape de mon existence sexuée

La respiration consciente, Anne-Marie de Vinci, édition Ronan Deniel, 1994

Pourquoi l'amour ne suffit pas, Claude Halmos, Nil éditions, 2006

Sexual Evolution, Rhonda Levand, éditions CA, 1991

• Chapitre 7 : Et dans le ventre de ma mère, c'était comment ?
Décodez la phase in utero

La biologie de l'amour, Dr Arthur Janov, éditions du Rocher, 2001

Le monde selon bébé, documentaire réalisé par Bernard George, diffusé sur Arte le 3/12/05

L'éternel féminin ou la mission sacrée, Christine Sionnet, éditions le Souffle d'Or, 1998

Mon bébé comprend tout, Dr Aletha Solter, édition Marabout, 2006

Pour le bien naître de notre bébé, Françoise Braun et Hélène Valentini, Collection vie et santé,

Principes d'anatomie et de physiologie, Tortora et Grabowski, Deboeck Université, 2001

Psychologie pathologique théorique et clinique, Jean Bergeret, éditions Masson, 2004

Thalassa, psychanalyse des origines de la vie sexuelle, Sandor Ferenczi, éditions Payot, 2002

Sites Internet

www.haptonomie.org

Ressources filmographiques

Les dents de la mer de Steven Spielberg, 1975

La saison estivale va bientôt commencer dans la station balnéaire d'Amity quand les habitants découvrent sur la plage le corps mutilé d'une jeune femme. Martin Brody, le chef de police, est sûr que c'est le fait d'un requin. Il décide d'interdire l'accès aux plages mais le maire est hostile à cette fermeture car, pour lui, seuls comptent les gains financiers générés par l'arrivée des touristes. Pendant ce temps, le requin continue à semer la terreur le long des côtes et à dévorer les baigneurs... Ce film dévoile deux aspects : le côté monstrueux et puissant de la mer (métaphore de la mère envahissante) et le combat pour la survie (métaphore du fœtus non désiré).

Le grand bleu de Luc Besson, 1988

C'est l'histoire d'un homme de 30 ans qui a fui la réalité pour un monde idéal, celui de la grande bleue. Il plonge, au sens propre comme au sens figuré, dans cette bulle de liquide aquatique qui rappelle celle du ventre de sa mère. Jacques, le héros du film, sent son corps ralentir dans cette apnée primordiale et ressent une sérénité profonde. Cette obsession du retour dans ces eaux nous montre à quel point il n'a pas finalisé cette étape de sa vie et donc pourquoi il ressent constamment le besoin de la revivre.

Pour lui, la relation amoureuse est difficile. Il est très juvénile, refuse d'assumer la responsabilité d'une paternité et demande conseil à un ami. Finalement, ce qui l'intéresse surtout c'est de se fondre dans les profondeurs de la mer.

- **Chapitre 8 : La sortie, c'est par là !**
  Décodez votre naissance

Le bébé est une personne, Bernard Martino, film documentaire, 1984

Lorsque le bébé naît, il a déjà une histoire : dans le ventre de sa mère, il voit, il entend, il réagit, et ces neuf mois le marqueront pour la vie. Cette vidéo aborde également de quelle façon, à peine né, le bébé communique déjà ; un langage que nous autres, adultes, avons oublié.

L'éternel féminin ou la mission sacrée, Christine Sionnet, éditions le Souffle d'Or, 1998

Le traumatisme de la naissance, Otto Rank, Poche, 2002

Mère et bébé l'un contre l'autre. Du processus d'attachement à l'appartenance sociale, Willi Maurer, éditions du Souffle d'Or, 2004

Pour le bien naître de notre bébé, Françoise Braun et Hélène Valentini, Collection vie et santé

Psychologie transpersonnelle, Stanislas Grof, éditions du Rocher, 1984

Revue électronique *Regard conscient* http ://www.regardconscient.net/ dédiée à la mise à jour des souffrances refoulées et à leurs mises en actes sur les différentes scènes de la vie.

Royaumes de l'inconscient humain, Stanislas Grof, éditions du Rocher, 1983

Ressource filmographique

Le parfum de Tom Tykwer, 2006

Jean-Baptiste Grenouille naît en 1744 dans un contexte sordide ; dès sa naissance, sa mère, vendeuse de poissons, le jette dans des détritus poissonneux puis l'abandonne. Enfant solitaire, malade, il devient un jeune homme à part grâce à un don unique : son odorat. Chaque seconde de sa vie est guidée par ce sens surdéveloppé, comme si seule la forte odeur des immondices dans lesquels il avait été jeté avait constitué un lien possible. Son don lui permet de composer quelques chefs-d'œuvre olfactifs, mais son but ultime devient rapidement la mise au point de la fragrance idéale, celle qui lui permettrait de séduire instantanément tous ceux qui croiseraient son sillage. Dans sa recherche d'ingrédients, Grenouille est irrésistiblement attiré par le parfum naturel des jeunes filles. Il va aller jusqu'à en tuer beaucoup pour leur voler leur odeur... Est-ce que seule la mort peut le lier à la femme ?

- **Chapitre 9 : Le toucher, une histoire de peau**

Décodez votre contact

Césariennes : questions, effets, enjeux, Dr Michel Odent, éditions Le Souffle d'Or, 2005

La sexualité masculine, Didier Dumas, éditions Hachette littérature, 1990

Le bien-être au bout des doigts, Clare Maxwell-Hudson, éditions Hachette, 1999

Le massage des bébés, Peter Walker, éditions Robert Laffont, 1988

L'émerveille du toucher, Nade Thiery, éditions Nade Thiery, 1990

Loczy ou le maternage insolite, Myriam David et Geneviève Appell, éditions du Scarabée, Paris 1973

Ocytocine : l'hormone de l'amour, Pr.Kerstin Uvnäs Moberg, éditions Le Souffle d'Or, 2006

Site Internet

www.pikler.fr

- **Chapitre 10 : Mise en bouche**
  Décodez votre oralité

Anatomie et Physiologie humaines, Elaine N. Marieb, éditions Debœck Université, 1999

Je t'aime, Vicky Ceelen, livre de photos qui compare l'allaitement chez l'animal avec celui de l'être humain. Site Internet : www.vicky-ceelen.com

L'allaitement de mon enfant, M.D Linder et C. Maupas, éditions Hachette, 2000

L'art de l'allaitement maternel, éditions Ligue internationale La Leche, 1995

La voix pluridimensionnelle, Dr Patrick Véret et Christina Cuomo, Éd. Désiris, 2006

Les 10 plus gros mensonges sur l'allaitement, Claude Suzanne Didierjean-Jouveau, éditions Dangles, 2006

Les voies de l'extase, Gabrielle Roth, éditions Carthame, 1993

Mon bébé comprend tout, Dr Aletha Solter, éditions Marabout, 2006

Site Internet

www.info-allaitement.org

Ressource filmographique

La grande bouffe de Marco Ferreri, 1973

Quatre amis en mal de vivre décident de s'organiser un week-end gastronomique et orgiaque. Ils se cuisinent de nombreux plats et font venir des prostituées, sous le regard bienveillant d'une institutrice qui fera office de substitut maternel.

• Chapitre 11 : Et par derrière, comment c'est ?
Décodez votre anus

Et si nous n'avions encore rien compris à la sexualité, Didier Dumas, éditions Albin Michel, 2004

Histoire du derrière, Godin J. Marty, édition du Rocher

La fonction de l'orgasme, Wilhelm Reich, L'Arche, 1997

La fessée, Olivier Maurel, éditions La plage, 2001

Ressource filmographique

La mauvaise éducation de Pedro Almodovar, 2004

Ce film retrace l'histoire de deux jeunes garçons, Enrique et Ignacio, utilisés et abusés par l'un des pères d'une institution religieuse dans les années 60.

• Chapitre 12 : Mon sexe et moi
Décodez votre conscience génitale

Amour et sexualité, Masters et Johnson, InterEditions, 1987

Femme désirée, femme désirante, Dr Danièle Flaumenbaum, éditions Payot, 2006

La nouvelle fonction érotique, Dr Gérard Zwang, éditions Ramsay, 1997

Pleurs et colères des enfants et des bébés, Aletha Solter, éditions Jouvence, 1998

Vivre la sexualité, Denis Vaginay et Daniel Balvet, éditions Chronique sociale, 2002

• Chapitre 13 : Plaisir pour soi au masculin, plaisir pour soi au féminin
Décodez votre capacité à vous donner du plaisir

ABC de la sexualité, Jean-Michel Fitremann, éditions Grancher, 2002

Femmes qui courent avec les loups, Clarissa Pinkola Ester, éditions Grasset, 1995

La masturbation, Yvon Dallaire, éditions Option santé, 1998

La réponse d'Oedipe, Thorwald Dethlefsen, éditions Randin, 1996

Le point G, Alice Kahn Ladas, Beverly Whipple, John D. Perry, éditions Robert Laffont, 1982

Le sexe de l'homme, Dr R. Virag, éditions Albin Michel, 1997

Ressources filmographiques

American Pie de Paul Weitz, 1999

Le thème central de ce film est l'adolescence et l'apprentissage de la sexualité. Nous suivons une bande d'amis qui n'ont plus que trois semaines avant la fin des cours pour arrêter de se masturber et devenir de vrais hommes. Ils parient à celui qui y parviendra !

Crustacés et coquillages de Olivier Ducastel et Jacques Martineau, 2004

Ce sont les vacances d'été. Marc et Béatrix emmènent leurs deux enfants adolescents, un garçon et une fille, dans la maison où le père passait ses vacances quand il était jeune.

Une fois arrivée, Béatrix doit concilier vie de famille et rendez-vous avec son amant.

Leur fille a hâte que son petit ami l'emmène vers d'autres horizons ; leur fils est accompagné de son meilleur ami, homosexuel.

Ce film traite de l'adolescence vue sous l'angle de la famille.

Site Internet

http ://www.beautifulagony.com

Site qui, à travers toutes sortes d'expressions du visage, révèle la nature de notre plaisir ! Étonnant et stimulant sans être pornographique.

Vidéos sur la masturbation

Male orgasm, evolutionary masturbation du Dr Kramer : les hommes pourront découvrir comment se caresser en incluant la globalité de leur corps ; les femmes se libérer de certaines croyances au sujet du sexe de l'homme et s'inspirer de cette vidéo pour de nouveaux plaisirs partagés.

Vulva massage de Joseph Kramer : avec cette vidéo, les femmes pourront expérimenter différentes pratiques de plaisir pour soi ; les hommes se laisser observer et inspirer.

Site : http ://www.tantraskydancing.ch

- **Chapitre 14 : Et quand je rencontre l'autre...**
  Décodez vos relations

Le défi des relations, Michelle Larivey, éditions de l'Homme, 2004

Les 10 plus gros mensonges sur l'amour et la vie de couple, Yves-Alexandre Thalmann, éditions Dangles, 2005

Mais tu ne m'avais jamais dit ça !, Ajanta et Serge Vidal-Graf, éditions Jouvence, 1998

Manuel universel d'éducation sexuelle à l'usage de toutes les espèces, Olivia Judson, Éd. Seuil, 2004

Que se passe-t-il en moi ?, Isabelle Filliozat, éditions Marabout, 2001

Ressources filmographiques

Ce que veulent les femmes de Nancy Meyers, 2000

Un homme très macho travaille sur un nouveau projet publicitaire concernant les femmes. Ses opinions revendicatrices et dépassées vont bientôt vaciller quand il se découvre un étrange pouvoir : celui d'entendre les pensées des femmes. Lui qui se croyait être un homme idéal, beau et séduisant, va tomber de haut.

C'est une comédie sur la bataille des polarités et sur les stratégies que les hommes et les femmes mettent en place pour entrer en relation.

Ma mère de Christophe Honoré, 2003

Ce film est l'histoire d'un Œdipe.

Pierre est adolescent. Il aime sa mère passionnément. Refusant d'être admirée et aimée pour ce qu'elle n'est pas, elle décide de montrer à son fils qui elle est vraiment, c'est-à-dire une femme pour qui le sexe est devenu une drogue.

Pierre veut être initié par sa mère ; ils vont alors entrer dans des jeux de plus en plus dangereux.

• **Chapitre 15 : Plongez au cœur de vos pensées secrètes**
Décodez vos fantasmes

Carnet de notes, Patrick Sébastien, Le Cherche Midi Editeur, 2002
Dictionnaire des fantasmes et des perversions, Brenda B. Love, éditions Bibliothèque Blanche, 2000
La femme de papier, Françoise Rey, Éd. Pocket, 2002

Ressources filmographiques

À la folie pas du tout de Laeticia Colombani, 2001

Une jeune femme nommée Angélique tombe amoureuse de Loïc, un cardiologue dont la conjointe attend un enfant. Angélique va mettre en scène différents stratagèmes pour que Loïc la remarque car elle croit qu'il l'aime et qu'ils vont partir vivre ensemble. Elle fantasme sur lui et leurs projets à chaque instant et lui voue une véritable passion qui tourne bientôt à l'érotico-manie.

Monique, toujours contente de Valérie Guignabodet, 2002

Ce film raconte l'histoire d'Alex et de sa femme Claire pris au cœur de leurs difficultés de couple. Lui, ne parle plus. Elle, ne supporte plus son mutisme. Elle décide alors de le quitter.

Alex prend progressivement conscience du départ de sa femme et va sombrer dans un début de dépression. Son état dépressif sera jugulé par l'arrivée surprise de Monique, une superbe et sexy poupée de silicone... Monique va changer la vie d'Alex et lui redonner goût au plaisir et à la vie.

7 ans de mariage, de Didier Bourdon, 2003

Audrey et Alain sont mariés depuis sept ans. Ils vivent un quotidien très routinier qui a érodé leur désir. Ils travaillent tous les deux et ont un enfant.

Audrey est devenue frigide ; Alain visite des sites pornographiques en cachette.

Un ami sexologue conseille à Alain de parler de ses fantasmes à sa femme afin qu'ils les mettent en pratique ensemble. C'est ainsi qu'ils vont se mettre à visiter tous ces jeux érotiques qui vont de l'érotisme raffiné à l'échangisme en passant par le voyeurisme et le triolisme. Audrey, au début très réservée sur ces pratiques, va commencer à se libérer de sa frigidité et retrouver goût au plaisir. C'est Alain qui va être rapidement dépassé par les événements...

- **Chapitre 16 : La plénitude sexuelle**
Décodez votre capacité à partager le plaisir

Comment faire l'amour toute la nuit ?, Barbara Keesling, Albin Michel, 1996

Éloge de l'intimité, Willy Pasini, éditions Payot, 1991

Faire l'amour de manière divine, Barry Long, éditions Altess, 1998

La fonction de l'orgasme, Wilhem Reich, éditions L'arche, 1997

La magie du tantra dans la sexualité, Margo Anand, éditions G.Trédaniel, 1997

L'art de l'extase quotidienne, Margo Anand, éditions G.Trédaniel, 2000

L'art de l'extase sexuelle, Margo Anand, éditions G.Trédaniel, 1989

La sexualité, regards actuels, B. German et L.Langis, éditions Études vivantes, 1990

La spiritualité du corps, Dr Alexander Lowen, éditions Dangles, 1993

Le corps libéré, psychosomatique de la sexualité, Suzanne Képès, Le grand livre du Mois, 2001

Le plaisir, Dr Alexander Lowen, éditions Tchou, 1993

Le prophète, Khalil Gibran, Poche, 1996

Les stratégies de l'amour, David Buss, Interéditions, 1994

Quatre étapes pour commencer à vivre, Tim Laurence, éditions Souffle d'Or, 2005

Tout savoir sur les maladies sexuellement transmissibles, Dr H.Saada, éditions Favre, 1984

Tout savoir sur le point G et l'éjaculation féminine, Deborah Sundahl, éditions Guide tabou, 2005

- **Chapitre 17 : Parce que le désir n'a pas d'âge**
Décodez votre vieillesse ou l'idée que vous vous en faites

À la recherche des câlins perdus, Giulio Cesare Giacobbe, éditions Albin Michel, 2005

Anatomie de l'esprit, Caroline Myss, éditions J'ai lu, 1996

Grand atlas d'anatomie humaine, Vigué-Martin, éditions Désiris, 2006

L'art d'aimer, Ovide, éditions Folio classique, 2004

L'extase sexuelle, Diana Richardson, Gange éditions, 2002

Messages du corps, besoin et croyances, Pierre Catelin, éditions le Souffle d'Or, 1998

Rites de passages, Kathleen Wall et Gary Ferguson, éditions Jouvence, 2005

Tout savoir sur la préménopause, Dr John R. Lee, éditions Sully, 2001

Trouver l'espoir face à la mort, Christine Longaker, éditions J'ai lu, 1998

Les écoles

Christian Flèche à Aix-en-Provence (www.biodecodage.com), Philippe Lévy à Lyon (www.edblyon.com) et Salomon Sellam à Montpellier (www.idebio.com) forment régulièrement des praticiens en psycho-bio-thérapie. Les cursus de formation qu'ils proposent sont à la fois différents et complémentaires. Ils unissent régulièrement leurs compétences lors de séminaires. Vous pouvez visiter leurs sites respectifs et demander leurs programmes.

L'approche proposée dans cet ouvrage est enseignée à EDB-Lyon. Tout renseignement peut être obtenu sur simple demande auprès de l'éditeur.

dans la collection Décodage Biologique

Christian FLECHE

Décodage biologique des maladies

Manuel pratique des correspondances émotions / organes

Et si le meilleur " *corps médical* " était le nôtre ?

En effet, notre corps possède tout en lui : **l'origine** des maladies, le **sens** des maladies, le **maintien** des maladies et la **prévention** de toute nouvelle maladie. Notre corps, physique – psychique – émotionnel – énergétique, a en lui toutes les questions, et toutes les réponses!

Christian Flèche explique comment la «mise en maladie» est le résultat de certains principes biologiques. **Le symptôme est la réaction d'adaptation à un événement non abouti et qui se fige dans le temps**. Et chaque symptôme indique **précisément** l'origine du trouble. D'ennemi, il devient alors un allié précieux.

Faisant suite à ***Mon corps pour me guérir***, livre dans lequel Christian Flèche présente une vision nouvelle de la santé à la lumière du ressenti biologique, ce manuel pratique apporte le sens biologique de toutes les maladies, présentées par appareils, avec de nombreux exemples.

Fonctionnel, cet ouvrage guidera les thérapeutes, les chercheurs et toute personne désireuse de prendre sa santé en mains, pour décoder chaque symptôme et en libérer le sens. Cela aidera chacun à mieux comprendre les mécanismes de la santé, à traiter la cause et non pas seulement l'effet.

Ce qui remonte à la conscience peut être traité et cesse alors de se manifester sous forme de destin, de maladie, de symptôme, d'accident.

Un éclairage essentiel pour une vraie santé !

De formation paramédicale (Infirmier D. E.), ***Christian FLECHE*** *aborde la maladie sous l'angle de la biologie, et non de la psychologie. Maître-Praticien en PNL, Praticien en Métaphore, écrivain ('Mon corps pour me guérir'), psychothérapeute, formateur depuis des années dans le domaine de la thérapie et du Décodage Biologique des Maladies, c'est avant tout un chercheur de sens et des chemins de la guérison, mêlant la simplicité du modèle PNL (structure de l'expérience et du changement) à sa connaissance du corps humain (qu'est que la maladie apporte de plus à la physiologie ?).*

dans la collection Décodage Biologique

Christian FLÈCHE & Philippe LÉVY

Les protocoles de retour à la santé

Les précédents livres* de Christian Flèche sur le Décodage Biologique des maladies ont éclairé les liens corps-esprit en répondant à la question : »quel conflit a généré tel ou tel symptôme ?»

Ce nouveau livre nous accompagne dans la prochaine étape : «Une fois un conflit ou un sur-stress identifié, que faire ? comment faire ?».

Pour la première fois est proposée une **présentation claire de protocoles pratiques** créés par deux thérapeutes, formateurs et spécialistes du Décodage Biologique. Partant d'une compréhension initiatique du conte “ Blanche Neige et les 7 nains ”, ils livrent dans ce manuel un **grand nombre d'outils efficaces issus de leur expérience quotidienne en cabinet**.

Ces protocoles permettront de franchir les étapes vers la résolution de vos conflits qu'ils soient physiques, émotionnels, psychologiques ou comportementaux.

Cet ouvrage, grâce à un double niveau de lecture, s'adresse aux thérapeutes et à toute personne désirant devenir plus autonome dans la résolution de ses problématiques.

Un manuel pratique riche en ressources !

* *Mon corps pour me guérir, Décodage biologique des maladies, Le Roy se crée, L'instant de la guérison* (co-écrit avec J-J Lagardet), éd. Le Souffle d'Or

Christian FLÈCHE *est psycho-bio-thérapeute, Master en PNL et en langage métaphorique, formateur réputé en Décodage Biologique. Il utilise aussi l'hypnose Ericksonienne, les cycles biologiques mémorisés, la psychogénéalogie. Il dirige l'école de Décodage Biologique d'Aix-en-Provence.*

Philippe LÉVY *est heilpraktiker, ostéopathe et psycho-bio-thérapeute. Il est formateur en thérapies psycho corporelles et en Décodage Biologique des maladies. Il dirige l'école de Décodage Biologique de Lyon.*

Achevé d'imprimer par
Vasti-Dumas - 42000 Saint-Étienne
Dépôt légal : avril 2008
N° d'imprimeur : 08-03-0249

Imprimé en France